唐房玄齡等撰

晉書

第八册

卷八九至卷一〇〇（傳）

中華書局

晉書卷八十九

列傳第五十九

忠義

古人有言：「君子殺身以成仁，不求生以害仁。」又云：「非死之難，處死之難。」信哉斯言也！是知隕節苟合其宜，義夫豈吝其沒；捐軀若得其所，烈士不愛其存。故能守鐵石之深衷，厲松筠之雅操，見貞心於歲暮，標勁節於嚴風，赴鼎鑊其如歸，履危亡而不顧，書名竹帛，畫象丹青，前史以爲美談，後來仰其徽烈者也。

晉自元康之後，政亂朝昏，禍難荐興，艱虞孔熾，遂使姦凶放命，戎狄交侵，函夏沸騰，蒼生塗炭，干戈日用，戰爭方興。雖背恩忘義之徒不可勝載，而蹈節輕生之士無乏於時。至若嵇紹之衞難乘輿，卞壼之亡軀鋒鏑，桓雄之義高田叔，周崎之節邁解揚，羅丁致命于舊君，辛吉恥臣于戎虜，張禕引鴆以全節，王諒斷臂以厲忠，莫不志烈秋霜，精貫白日，足以激清風于萬古，厲薄俗于當年者歟！所謂亂世識忠臣，斯之謂也。卞壼、劉超、鍾雅、周虓等已入列傳，其餘即敍其行事以爲忠義傳，用旌晉氏之有人焉。

嵇紹 從子含

嵇紹字延祖，魏中散大夫康之子也。十歲而孤，事母孝謹。以父得罪，靖居私門。山濤領選，啓武帝曰：「康誥有言：『父子罪不相及。』嵇紹賢侔郤缺，宜加旌命，請爲祕書郎。」帝謂濤曰：「如卿所言，乃堪爲丞，何但郎也。」乃發詔徵之，起家爲祕書丞。

紹始入洛，或謂王戎曰：「昨於稠人中始見嵇紹，昂昂然如野鶴之在鷄羣。」戎曰：「君復未見其父耳。」累遷汝陰太守。尙書左僕射裴頠亦深器之，每曰：「使延祖爲吏部尙書，可使天下無復遺才矣。」沛國戴晞少有才智，與紹從子含相友善，時人許以遠致，紹以爲必不成器。晞後爲司州主簿，以無行被斥，州黨稱紹有知人之明。轉豫章內史，以母憂，不之官。服闋，拜徐州刺史。時石崇爲都督，性雖驕暴，而紹將之以道，崇甚親敬之。後以長子喪去職。

元康初，爲給事黃門侍郎。時侍中賈謐以外戚之寵，年少居位，潘岳、杜斌等皆附託焉。謐求交於紹，紹距而不答。及謐誅，紹時在省，以不阿比凶族，封弋陽子，遷散騎常侍，領國子博士。太尉、廣陵公陳準薨，太常奏諡，紹駮曰：「諡號所以垂之不朽，大行受大名，細行受細名，文武顯於功德，靈厲表於闇蔽。自頃禮官協情，諡不依本。準諡爲過，宜諡曰繆。」事下太常。時雖不從，朝廷憚焉。

趙王倫簒位，署爲侍中。惠帝復阼，遂居其職。司空張華爲倫所誅，議者追理其事，欲復其爵，紹又駮之曰：「臣之事君，當除煩去惑。華歷位內外，雖粗有善事，然闔棺之責，著于遠近，兆禍始亂，華實爲之。故鄭討幽公之亂，斲子家之棺；魯戮隱罪，終篇貶翬。未忍重戮，事已弘矣，謂不宜復其爵位，理其無罪。」時帝初反正，紹又上疏曰：「臣聞改前轍者則車不傾，革往弊者則政不爽。太一統于元首，百司役于多士，故周文興于上，成康穆于下也。存不忘亡，易之善義；願陛下無忘金墉，大司馬無忘潁上，大將軍無忘黃橋，則禍亂之萌無由而兆矣。」

齊王冏既輔政，大興第舍，驕奢滋甚，紹以書諫曰：「夏禹以卑室稱美，唐虞以茅茨顯德，豐屋蔀家，無益危亡。竊承毀敗太樂以廣第舍，興造功力爲三王立宅，此豈今日之先急哉！今大事始定，萬姓顒顒，咸待覆潤，宜省起造之煩，深思謙損之理。復主之勳不可棄矣，矢石之殆不可忘也。」冏雖謙順以報之，而卒不能用。紹嘗詣冏諮事，遇冏讌會，召董艾、葛旟等共論時政。艾言於冏曰：「嵇侍中善於絲竹，公可令操之。」左右進琴，紹推不受。

冏曰：「今日爲歡，卿何吝此邪！」紹對曰：「公匡復社稷，當軌物作則，垂之于後。紹雖虛鄙，忝備常伯，腰紱冠冕，鳴玉殿省，豈可操執絲竹，以爲伶人之事！若釋公服從私宴，所不敢辭也。」冏大慚。艾等不自得而退。頃之，以公事免，冏以爲左司馬。旬日，冏被誅。初，兵交，紹奔散赴宮，有持弩在東閤下者，將射之，遇有殿中將兵蕭隆，見紹姿容長者，疑非凡人，趣前拔箭，於此得免。遂還滎陽舊宅。

尋徵爲御史中丞，未拜，復爲侍中。河間王顒、成都王穎舉兵向京都，以討長沙王乂，大駕次于城東。乂宣言於衆曰：「今日西討，欲誰爲都督乎？」六軍之士皆曰：「願嵇侍中勠力前驅，死猶生也。」遂拜紹使持節、平西將軍。屬乂被執，紹復爲侍中。公王以下皆詣鄴謝罪於穎，紹等咸見廢黜，免爲庶人。尋而朝廷復有北征之役，徵紹，復其爵位。紹以天子蒙塵，承詔馳詣行在所。值王師敗績于蕩陰，百官及侍衞莫不散潰，唯紹儼然端冕，以身捍衞，兵交御輦，飛箭雨集，紹遂被害于帝側，血濺御服，天子深哀歎之。及事定，左右欲浣衣，帝曰：「此嵇侍中血，勿去。」

初，紹之行也，侍中秦準謂曰：「今日向難，卿有佳馬否？」紹正色曰：「大駕親征，以正伐逆，理必有征無戰。若使皇輿失守，臣節有在，駿馬何爲！」聞者莫不歎息。及張方逼帝遷長安，河間王顒表贈紹司空，進爵爲公。會帝還洛陽，事遂未行。東海王越屯許，路經滎陽，過紹墓，哭之悲慟，刊石立碑，又表贈官爵。帝乃遣使册贈侍中、光祿大夫，加金章紫綬，進爵爲侯，賜墓田一頃，客十戶，祠以少牢。元帝爲左丞相，承制，以紹死節事重，而贈禮未副勳德，更表贈太尉，祠以太牢。及帝卽位，賜諡曰忠穆，復加太牢之祠。

紹誕于行己，不飾小節，然曠而有檢，通而不雜。與從子含等五人共居，撫卹如所同生。門人故吏思慕遺愛，行服墓次，畢三年者三十餘人。長子眕，有父風，早夭，以從孫翰襲封。成帝時追述紹忠，以翰爲奉朝請。翰以無兄弟，自表還本宗。太元中，孝武帝詔曰：「褒德顯仁，哲王令典。故太尉、忠穆公執德高邈，在否彌宣，貞潔之風，義著千載。每念其事，愴然傷懷。忠貞之胤，蒸嘗宜遠，所以大明至節，崇獎名教。可訪其宗族，襲爵主祀。」於是復以翰孫曠爲弋陽侯。

含字君道。祖喜，徐州刺史。父蕃，太子舍人。含好學能屬文。家在鞏縣亳丘，自號亳丘子，門曰歸厚之門，室曰愼終之室。楚王瑋辟爲掾。瑋誅，坐免。舉秀才，除郎中。

時弘農王粹以貴公子尚主，館宇甚盛，圖莊周于室，廣集朝士，使含爲之讚。含援筆爲弔文，文不加點。其序曰：「帝壻王弘遠華池豐屋，廣延賢彥，圖莊生垂綸之象，記先達辭聘之事，畫眞人於刻桷之室，載退士於進趣之堂，可謂託非其所，可弔不可讚也。」其辭曰：「邁矣莊周，天縱特放，大塊授其生，自然資其量，器虛神清，窮玄極曠。人僞俗季，眞風既散，野無訟屈之聲，朝有爭寵之歎，上下相陵，長幼失貫，於是借玄虛以助溺，引道德以自獎，戶詠恬曠之辭，家畫老莊之象。今王生沈淪名利，身尚帝女，連耀三光，有出無處，池非巖石之溜，宅非茅茨之宇，馳屈產於皇衢，畫茲象其焉取！嗟乎先生，高跡何局！生處巖岫之居，死寄彫楹之屋，託非其所，沒有餘辱，悼大道之湮晦，遂含悲而吐曲。」粹有愧色。

齊王冏辟爲征西參軍，襲爵武昌鄉侯。長沙王乂召爲驃騎記室督、尚書郎。乂與成都王穎交戰，〔二〕穎軍轉盛，尚書郎旦出督戰，夜還理事。含言于乂曰：「昔魏武每有軍事，增置掾屬。青龍二年，尚書令陳矯以有軍務，亦奏增郎。今姦逆四逼，王路擁塞，倒懸之急，不復過此。但居曹理事，尚須增郎，況今都官中騎三曹晝出督戰，夜還理事，一人兩役，內外廢乏。」含謂今有十萬人，都督各有主帥，推轂授綏，委付大將，不宜復令臺僚雜與其間。」乂從之，乃增郎及令史。

懷帝爲撫軍將軍，以含爲從事中郎。惠帝北征，轉中書侍郎。及蕩陰之敗，含走歸滎陽。永興初，除太弟中庶子。西道阻閡，未得應召。范陽王虓爲征南將軍，屯許昌，復以含爲從事中郎。尋授振威將軍、襄城太守。虓爲劉喬所破，含奔鎮南將軍劉弘於襄陽，弘待以上賓之禮。含性通敏，好薦達才賢，常欲崇趙武之謚，加臧文之罪。屬陳敏作亂，江揚震蕩，南越險遠，而廣州刺史王毅病卒，弘表含爲平越中郎將、廣州刺史、假節。未發，會弘卒，時或欲留含領荆州。含性剛躁，素與弘司馬郭勱有隙，勱疑含將爲己害，夜掩殺之，時年四十四。懷帝即位，謚曰憲。

王豹

王豹，順陽人也。少而抗直。初爲豫州別駕，齊王冏爲大司馬，以豹爲主簿。冏驕縱，失天下心，豹致牋於冏曰：

豹聞王臣蹇蹇，匪躬之故，將以安主定時，保存社稷者也。是以爲人臣而欺其君者，刑罰不足以爲誅；爲人主而逆其諫者，靈厲不足以爲謚。伏惟明公虛心下士，開懷納善，款誠以著，而逆耳之言未入於聽。豹伏思晉政漸缺，始自元康以來，宰相在位，未有一人獲終，乃事勢使然，未爲輒有不善也。今公克平禍亂，安國定家，故復因前傾敗之法，尋中間覆車之軌，欲冀長存，非所敢聞。今河間樹根於關右，成都盤桓於舊魏，新野大封於江漢，三面貴王，各以方剛强盛，並典戎馬，處險害之地。且明公興義討逆，功蓋天下，聖德光茂，名震當世。今以難賞之功，挾震主之威，獨據京都，專執大權，進則亢龍有悔，退則蒺藜生庭，冀此求安，未知其福。敢以淺見，陳寫愚情。

昔武王伐紂，封建諸侯爲二伯，自陝以東，周公主之，自陝以西，召公主之。及至其末，霸國之世，不過數州之地，四海强兵不敢入闚九鼎，所以然者，天下習於所奉故也。今誠能尊用周法，以成都爲北州伯，統河北之王侯，明公爲南州伯，以攝南土之官長，各因本職，出居其方，樹德於外，盡忠於內，歲終率所領而貢於朝，簡良才，命賢儁，以爲天子百官，則四海長寧，萬國幸甚，明公之德當與周召同其至美，危敗路塞，社稷可保。願明公思高祖納婁敬之策，悟張良履足之謀，遠臨深之危，保泰山之安。若合聖思，宛許可都也。

書入，無報，豹重牋曰：

豹書御已來，十有二日，而聖旨高遠，未垂採察，不賜一字之令，不敕可否之宜。蓋霸王之神寶，安危之祕術，不可須臾而忽者也。伏思明公挾大功，抱大名，懷大德，執大權，此四大者，域中所不能容，賢聖所以戰戰兢兢，日昃不暇食，雖休勿休者也。昔周公以武王爲兄，成王爲君，伐紂有功，以親輔政，執德弘深，聖恩博遠，〔二〕至忠至仁，至孝至敬。而攝事之日，四國流言，離主出奔，居東三年，賴風雨之變，成王感悟。若不遭皇天之應，神人之察，恐公旦之禍未知所限也。〔三〕至于執政，猶與召公分陝爲伯。今明公自視功德孰如周公。且元康以來，宰相之患，危機竊發，不及容思，密禍潛起，輒在呼嗡，豈復晏然得全生計！前鑒不遠，公所親見也。君子不有遠慮，必有近憂，憂至乃悟，悔無所及也。

今若從豹此策，皆遣王侯之國，北與成都分河爲伯，成都在鄴，明公都宛，寬方千里，以與圻內侯伯子男小大相率，結好要盟，同獎皇家；貢御之法，一如周典。若合聖規，可先旨與成都共論。雖以小才，願備行人。昔厮養，燕趙之微者耳，百里奚，秦楚之商人也，一開其說，兩國以寧。況豹雖陋，大州之綱紀，加明公起事險難之主簿也。故身雖輕，其言未必否也。

冏令曰：「得前後白事，具意，輒別思量也。」

會長沙王乂至，于冏案上見豹牋，謂冏曰：「小子離間骨肉，何不銅駝下打殺！」冏既不能嘉豹之策，遂納乂言，乃奏豹曰：「臣忝姦凶肆逆，皇祚顚墜，與成都、長沙、新野共興義兵，安復社稷，唯欲勠力皇家，與親親宗室腹心從事，此臣夙夜自誓，無負神明。而主簿王豹比有白事，敢造異端，謂臣忝備宰相，必遘危害，慮在一旦，不祥之聲可蹻足而待，欲臣與成都分陜爲伯，盡出藩王。上誣聖朝鑒御之威，下長妖惑，疑阻衆心，噂喈背憎，巧賣兩端，訕上謗下，讒內間外，遘惡導姦，坐生猜嫌。昔孔丘匡魯，乃誅少正；子產相鄭，先戮鄧析，誠以交亂名實，若趙高詭怪之類也。豹爲臣不忠不順不義，輒敕都街考竟，以明邪正。」豹將死，曰：「懸吾頭大司馬門，見兵之攻齊也。」衆庶冤之。俄而冏敗。

劉沈

劉沈字道眞，燕國薊人也。世爲北州名族。少仕州郡，博學好古。太保衞瓘辟爲掾，領本邑大中正。敦儒道，愛賢能，進霍原爲二品，及申理張華，皆辭旨明峻，爲當時所稱。齊王冏輔政，引爲左長史，遷侍中。于時李流亂蜀，詔沈以侍中、假節，統益州刺史羅尙、梁州刺史許雄等以討流。行次長安，河間王顒請留沈爲軍司，遣席薳代之。後領雍州刺史。及張昌作亂，詔顒遣沈將州兵萬人幷征西府五千人，自藍田關以討之，顒不奉詔。沈自領州兵至藍田，顒又逼奪其衆。長沙王乂命沈將武吏四百人還州。

張方既逼京都，王師屢敗，王瑚、〔四〕祖逖言于乂曰：「劉沈忠義果毅，雍州兵力足制河間，宜啓上詔與沈，使發兵襲顒，顒窘急，必召張方以自救，此計之良也。」乂從之。沈奉詔馳檄四境，合七郡之衆及守防諸軍、塢壁甲士萬餘人，以安定太守衞博、〔五〕新平太守張光、安定功曹皇甫澹爲先登，襲長安。顒時頓于鄭縣之高平亭，爲東軍聲援，聞沈兵起，還鎭渭城，遣督護虞夔率步騎萬餘人逆沈于好時。接戰，夔衆敗，顒大懼，退入長安，果急呼張方。沈渡渭而壘，顒每遣兵出鬬，輒不利。沈乘勝攻之，使澹、博以精甲五千，從長安門而入，力戰至顒帳下。沈軍來遲，顒軍見澹等無繼，氣益倍。馮翊太守張輔率衆救顒，橫擊之，大戰于府門，博父子皆死之，澹又被擒。顒奇澹壯勇，將活之。澹不爲之屈，於是見殺。沈軍遂敗，率餘卒屯于故營。張方遣其將敦偉夜至，沈軍大驚而潰，與麾下百餘人南遁，爲陳倉令所執。沈謂顒曰：「夫知己之顧輕，在三之節重，不可違君父之詔，量強弱以苟全。投袂之日，期之必死，菹醢之戮，甘之如薺。」辭義慷慨，見者哀之。顒怒，鞭之而後腰斬。有識者以顒干上犯順，虐害忠義，知其滅亡不久也。

麴允 焦嵩

麴允，金城人也。與游氏世爲豪族，西州爲之語曰：「麴與游，牛羊不數頭。南開朱門，北望青樓。」

洛陽傾覆，閻鼎等立秦王爲皇太子於長安，鼎總攝百揆。允時爲安夷護軍、始平太守，心害鼎功，且規權勢，因鼎殺京兆太守梁綜，乃與綜弟馮翊太守緯等攻鼎，〔六〕走之。會雍州刺史賈疋爲屠各所殺，允代其任。

愍帝即尊位，以允爲尚書左僕射、領軍、持節、西戎校尉、錄尚書事，雍州如故。時劉曜、殷凱、趙染數萬衆逼長安，〔七〕允擊破之，擒凱於陣。曜復攻北地，允爲大都督、驃騎將軍，次于青白城以救之。〔八〕曜聞而轉寇上郡，允軍于靈武，以兵弱不敢進。曜後復圍北地，太守麴昌遣使求救，允率步騎赴之。去城數十里，羣賊繞城放火，煙塵蔽天，縱反間詐允曰：「郡城已陷，焚燒向盡，無及矣。」允信之，衆懼而潰。後數日，麴昌突圍赴長安，北地遂陷。

允性仁厚，無威斷，吳皮、王隱之徒，無賴凶人，皆加重爵，新平太守竺恢、始平太守楊像、扶風太守竺爽、安定太守焦嵩，皆征鎮杖節，加侍中、常侍，村塢主帥小者，猶假銀青、將軍之號，欲以撫結衆心。然諸將驕恣，恩不及下，人情頗離，由是羌胡因此跋扈，關中淆亂，劉曜復攻長安，百姓飢甚，死者太半。久之，城中窘逼，帝將出降，歎曰：「誤我事者，麴、索二公也。」帝至平陽，爲劉聰所幽辱，允伏地號哭不能起。聰大怒，幽之於獄，允發憤自殺。聰嘉其忠烈，贈車騎將軍，謚節愍侯。

焦嵩，安定人。初率衆據雍。曜之逼京都，允告難於嵩，嵩素侮允，曰：「須允困，當救之。」及京都敗，嵩亦尋爲寇所滅。

賈渾

賈渾，不知何郡人也。太安中，爲介休令。及劉元海作亂，遣其將喬晞攻陷之。渾抗節不降，曰：「吾爲晉守，不能全之，豈苟求生以事賊虜，何面目以視息世間哉！」晞怒，執將殺之，晞將尹嵩曰：「將軍舍之，以勸事君。」晞不聽，遂害之。

王育

王育字伯春，京兆人也。少孤貧，爲人傭牧羊，每過小學，必歔欷流涕。時有暇，卽折蒲學書，忘而失羊，爲羊主所責，育將鬻己以償之。同郡許子章，敏達之士也，聞而嘉之，代育償羊，給其衣食，使與子同學，遂博通經史。身長八尺餘，鬚長三尺，容貌絕異，音聲動人。子章以兄之子妻之，爲立別宅，分之資業，育受之無愧色。然行己任性，頗不偶俗。妻喪，弔之者不過四五人，然皆鄉閭名士。

太守杜宣命爲主簿。俄而宣左遷萬年令，杜令王攸詣宣，〔九〕宣不迎之，攸怒曰：「卿往爲二千石，吾所敬也。今吾儕耳，何故不見迎？欲以小雀遇我，使我畏死鷂乎？」育執刀叱攸曰：「君辱臣死，自昔而然。我府君以非罪黜降，如日月之蝕耳，小縣令敢輕辱吾君！汝謂吾刀鈍邪，敢如是乎！」前將殺之。宣懼，跣下抱育，乃止。自此知名。

司徒王渾辟爲掾，除南武陽令。爲政清約，宿盜逃奔他郡。遷幷州督護。成都王穎在鄴，又以育爲振武將軍。劉元海之爲北單于，育說穎曰：「元海今去，育請爲殿下促之，不然，懼不至也。」穎然之，以育爲破虜將軍。元海遂拘之，其後以爲太傅。

韋忠

韋忠字子節，平陽人也。少慷慨，有不可奪之志。好學博通，性不虛諾。閉門修己，不交當世，每至吉凶，親表贈遺，一無所受。年十二，喪父，哀慕毁悴，杖而後起。司空裴秀弔之，匍匐號訴，哀慟感人。秀出而告人曰：「此子長大必爲佳器。」歸而命子頠造焉。服闋，遂廬於墓所。頠慕而造之，皆託行不見。家貧，藜藿不充，人不堪其憂，而忠不改其樂。頠爲僕射，數言之於司空張華，華辟之，辭疾不起。人問其故，忠曰：「吾茨簷賤士，本無宦情。且茂先華而不實，裴頠慾而無厭，棄典禮而附賊后，若此，豈大丈夫之所宜行邪！裴常有心託我，常恐洪濤蕩嶽，餘波見漂，況可臨尾閭而闚沃焦哉！」

太守陳楚迫爲功曹。會山羌破郡，楚攜子出走，賊射之，中三創。忠冒刃伏楚，以身捍之，泣曰：「韋忠願以身代君。」〔一〇〕乞諸君哀之。」亦遭五矢。賊相謂曰：「義士也！」舍之。忠於是負楚以歸。後仕劉聰，爲鎮西大將軍、平羌校尉，討叛羌，矢盡，不屈節而死。

辛勉

辛勉字伯力，隴西狄道人也。父洪，左衞將軍。勉博學，有貞固之操。懷帝世，累遷爲侍中。及洛陽陷，隨帝至平陽。劉聰將署爲光祿大夫，勉固辭不受。聰遣其黃門侍郎喬度齎藥酒逼之，勉曰：「大丈夫豈以數年之命而虧高節，事二姓，下見武皇帝哉！」引藥將飲，度遽止之曰：「主上相試耳，君眞高士也！」歎息而去。聰嘉其貞節，深敬異之，爲築室于平陽西山，月致酒米，勉亦辭而不受。年八十，卒。

勉族弟賓，愍帝時爲尙書郎。及帝蒙塵於平陽，劉聰使帝行酒洗爵，欲觀晉臣在朝者意。賓起而抱帝大哭。聰曰：「前殺庾珉輩，故不足爲戒邪！」引出，遂加害焉。

劉敏元

劉敏元字道光，北海人也。厲己修學，不以險難改心。好星曆陰陽術數，潛心易、太玄，不好讀史，常謂同志曰：「誦書當味義根，何爲費功於浮辭之文！易者，義之源，太玄，理之門，能明此者，即吾師也。」

永嘉之亂，自齊西奔。同縣管平年七十餘，隨敏元而西，行及滎陽，爲盜所劫。敏元已免，乃還謂賊曰：「此公孤老，餘年無幾，敏元請以身代，願諸君舍之。」賊曰：「此公於君何親？」敏元曰：「同邑人也。窮窶無子，依敏元爲命。諸君若欲役之，老不堪使，若欲食之，復不如敏元，乞諸君哀也。」有一賊瞋目叱敏元曰：「吾不放此公，憂不得汝乎！」敏元奮劍曰：「吾豈望生邪！當殺汝而後死。此公窮老，神祇尚當哀矜之。吾親非骨肉，義非師友，但以見投之故，乞以身代。諸大夫慈惠，皆有聽吾之色，汝何有靦面目而發斯言！」顧謂諸盜長曰：「夫仁義何常，寧可失諸君子！上當爲高皇、光武之事，下豈失爲陳項乎！當取之由道，使所過稱詠威德，柰何容畜此人以損盛美！當爲諸君除此人，以成諸君霸王之業。」前將斬之。盜長遽止之，而相謂曰：「義士也！害之犯義。」乃俱免之。後仕劉曜，爲中書侍郎、太尉長史。

周該

周該，天門人也。性果烈，以義勇稱。雖不好學，而率由名教。叔父級爲宜都內史，亦忠節士也。聞譙王承立義湘州，甘卓又不同王敦之舉，而書檄不至，級謂該曰：「吾嘗疾王敦挾陵上之心，今稱兵構逆，有危社稷之勢。譙王宗室之望，據方州之重，建旗誓衆，圖襲武昌。甘安南少著勇名，士馬器械當今爲盛，聞與譙王剋期舉義。此乃烈士急病之秋，吾致死之時也，汝其成吾之志，申款于譙王乎？」該欣然奉命，潛至湘州，與承相見，口陳至誠。承大悅。會王敦遣其將魏乂圍承甚急，該乃與湘州從事周崎間出反命，俱爲乂所執，考之至死，竟不言其故，紱由是獲免王敦之難。

桓雄

桓雄，長沙人也。少仕州郡。譙王承爲湘州刺史，命爲主簿。王敦之逆，承爲敦將魏乂所執，佐吏奔散，雄與西曹韓階、從事武延並毁服爲僮豎，隨承向武昌。乂見雄姿貌長者，進退有禮，知非凡人，有畏憚之色，因害之。

韓階

韓階，長沙人也。性廉謹篤慎，爲閭里所敬愛。刺史、譙王承辟爲議曹祭酒，轉西曹書佐。及承爲魏乂所執，送武昌，階與武延等同心隨從，在承左右。桓雄被害之後，二人執志愈固。及承遇禍，階、延親營殯斂，送柩還都，朝夕哭奠，俱葬畢乃還。

周崎

周崎，邵陵人也。爲湘州從事。王敦之難，譙王承使崎求救于外，與周該俱爲魏乂偵人所執，乂責崎辭情，臨以白刃。崎曰：「州將使求援于外，本無定指，隨時制宜耳。」又謂崎曰：「汝爲我語城中，稱大將軍已破劉隗、戴若思，甘卓住襄陽，無復異議，三江州郡，萬里肅清，外援理絕。如是者，我當活汝。」崎僞許之。既到城下，大呼曰：「王敦軍敗於于湖，甘安南已克武昌，即日分遣大衆來赴此急，努力堅守，賊今散矣！」乂於是數而殺之。

易雄

易雄字興長，長沙瀏陽人也。少爲縣吏，自念卑賤，無由自達，乃脫幘挂縣門而去。因習律令及施行故事，交結豪右，州里稍稱之。仕郡，爲主簿。張昌之亂也，執太守萬嗣，將斬之，雄與賊爭論曲直。賊怒，叱使牽雄斬之，雄趨出自若。賊又呼問之，雄對如初。如此者三，賊乃舍之。嗣由是獲免，雄遂知名。舉孝廉，爲州主簿，遷別駕。自以門寒，不宜久處上綱，謝職還家。後爲舂陵令。

刺史、譙王承既距王敦，將謀起兵以赴朝廷。雄承符馳檄遠近，列敦罪惡，宣募縣境，數日之中，有衆千人，負糧荷戈而從之。承既固守，而湘中殘荒之後，城池不完，兵資又闕。敦遣魏乂、李恒攻之，雄勉厲所統，扞禦累旬，士卒死傷者相枕。力屈城陷，爲乂所虜，意氣慷慨，神無懼色。送到武昌，敦遣人以檄示雄而數之。雄曰：「此實有之，惜雄位微力弱，不能救國之難。王室如燬，雄安用生爲！今日即戮，得作忠鬼，乃所願也。」敦憚其辭正，釋之。衆人皆賀，雄笑曰：「昨夜夢乘車，挂肉其傍。夫肉必有筋，筋者斤也，車傍有斤，吾其戮乎！」尋而敦遣殺之。當時見者，莫不傷惋。

樂道融

樂道融，丹楊人也。少有大志，好學不倦，與朋友信，每約己而務周給，有國士之風。爲王敦參軍。

敦將圖逆，謀害朝賢，以告甘卓。卓以爲不可，遲留不赴。敦遣道融召之。道融雖爲敦佐，忿其逆節，因說卓曰：「主上躬統萬機，非專任劉隗。今慮七國之禍，故割湘州以削諸侯，而王氏擅權日久，卒見分政，便謂被奪耳。王敦背恩肆逆，舉兵伐主，國家待君至厚，今若同之，豈不負義！生爲逆臣，死爲愚鬼，永成宗黨之恥邪！君當僞許應命，而馳襲武昌，敦衆聞之，必不戰自散，大勳可就矣。」卓大然之，乃與巴東監軍柳純等露檄陳敦過逆，率所統致討，又遣齎表詣臺。卓性不果決，且年老多疑，遂待諸方同進，出軍稽遲。至猪口，敦聞卓已下兵，卓兄子卬時爲敦參軍，使卬求和於卓，令其旋軍。卓信之，將旋，主簿鄧騫與道融勸卓曰：「將軍起義兵而中廢，爲敗軍之將，竊爲將軍不取。今將軍之下，士卒各求其利，一旦而還，恐不可得也。」卓不從。道融晝夜涕泣諫卓，憂憤而死。

虞悝

虞悝，長沙人也。弟望，字子都。並有士操，孝悌廉信爲鄉黨所稱，而俱好臧否，以人倫爲己任。少仕州郡，兄弟更爲治中、別駕。元帝爲丞相，招延四方之士，多辟府掾，時人謂之「百六掾」。望亦被召，恥而不應。

譙王承臨州，知其名，檄悝爲長史。未到，遭母喪。會王敦作逆，承往弔悝，因留與語曰：「吾前被詔，遣鎭此州，正以王敦專擅，防其爲禍。今敦果爲逆謀，吾受任一方，欲率所領馳赴朝廷，而衆少糧乏，且始到貴州，恩信未著。卿兄弟南夏之翹儁，而智勇遠聞，古人墨絰卽戎，況今鯨鯢塞路，王室危急，安得遂罔極之情，忘忠義之節乎！如今起事，將士器械可以濟不？」悝、望對曰：「王敦居分陝之任，一旦構逆，圖危社稷，此天地所不容，人神所忿疾。大王不以猥劣，枉駕訪及，悝兄弟並受國恩，敢不自奮！今天朝中興，人思晉德，大王以宗子之親，奉信順而誅有罪，孰不荷戈致命！但鄙州荒弊，糧器空竭，舟艦寡少，難以進討。宜且收衆固守，傳檄四方，其勢必分，然後圖之，事可捷也。」承以爲然，乃命悝爲長史，望爲司馬，督護諸軍。

湘東太守鄭澹，敦之姊夫也，不順承旨，遣望討之。望率衆一旅，直入郡斬澹，以徇四境。及魏乂來攻，望每先登，力戰而死。城破，悝復爲乂所執，將害之，子弟對之號泣，悝謂曰：「人生有死，闔門爲忠義鬼，亦何恨哉！」及王敦平，贈悝襄陽太守，望滎陽太守，遣謁者至墓，祭以少牢。

沈勁

沈勁字世堅，吳興武康人也。父充，與王敦構逆，衆敗而逃，爲部曲將吳儒所殺。勁當坐誅，鄉人錢舉匿之得免。其後竟殺讎人。

勁少有節操，哀父死于非義，志欲立勳以雪先恥。年三十餘，以刑家不得仕進。郡將王胡之深異之，及遷平北將軍、司州刺史，將鎮洛陽，上疏曰：「臣當藩衞山陵，式遏戎狄，雖義督羣心，人思自百，然方翦荆棘，奉宣國恩，艱難急病，非才不濟。吳興男子沈勁，淸操著於鄉邦，貞固足以幹事。且臣今西，文武義故，吳興人最多，若令勁參臣府事者，見人旣悅，義附亦衆。勁父充昔雖得罪先朝，然其門戶累蒙曠蕩，不審可得特垂沛然，許臣所上否？」詔聽之。勁旣應命，胡之以疾病解職。

升平中，慕容恪侵逼山陵。時冠軍將軍陳祐守洛陽，衆不過二千，勁自表求配祐效力，因以勁補冠軍長史，令自募壯士，得千餘人，以助祐擊賊，頻以寡制衆。而糧盡援絕，祐懼不能保全。會賊寇許昌，祐因以救許昌爲名，興寧三年，〔二〕留勁以五百人守城，祐率衆而東。會許昌已沒，祐因奔崖塢。勁志欲致命，欣獲死所。尋爲恪所攻，城陷，被執，神氣自若。恪奇而將宥之，其中軍將軍慕容虔曰：「勁雖奇士，觀其志度，終不爲人用。今若赦之，必爲後患。」遂遇害。恪還，從容言於慕容暐曰：「前平廣固，不能濟辟閭，今定洛陽而殺沈勁，實有愧於四海。」朝廷聞而嘉之，贈東陽太守。子赤黚爲大長秋。赤黚子叔任，義熙中爲益州刺史。

吉挹

吉挹字祖沖，馮翊蓮芍人也。祖朗，愍帝時爲御史中丞。西朝不守，朗歎曰：「吾智不能謀，勇不能死，何忍君臣相隨北面事賊虜乎！」乃自殺。

挹少有志節。孝武帝初，苻堅陷梁益，桓豁表挹爲魏興太守，尋加輕車將軍，領晉昌太守。以距堅之功，拜員外散騎侍郎。苻堅將韋鍾攻魏興，挹遣衆距之，斬七百餘級，加督五郡軍事。鍾率衆欲趣襄陽，挹又邀擊，斬五千餘級。鍾怒，迴軍圍之，挹又屢挫其銳。其後賊衆繼至，挹力不能抗，城將陷，引刃欲自殺，其友止之曰：「且苟存以展他計，爲計不立，死未晚也。」挹不從，友人逼奪其刀。會賊執之，挹閉口不言，不食而死。

車騎將軍桓沖上言曰：「故輕車將軍、魏興太守吉挹祖朗，西臺傾覆，隕身守節。挹世篤忠孝，乃心本朝。臣亡兄溫昔伐咸陽，軍次灞水，挹攜將二弟，單馬來奔，錄其此誠，仍加擢授，自新野太守轉在魏興。久處兵任，委以邊戍，疆埸歸懷，著稱所莅。前年狄氐縱逸，浮河而下，挹孤城獨立，衆無一旅，外摧凶銳，內固津要，虜賊舟船，俘馘千計。而賊并力攻圍，經歷時月，會襄陽失守，邊情沮喪，加衆寡勢殊，以至陷沒。挹辭氣慷慨，志在不辱，杖刃推戈，期之以隕，將吏持守，用不即斃，遂乃杜口無言，絕粒而死。挹參軍史穎，近於賊中得還，〔三〕齎挹臨終手疏，并具說意狀。挹之忠志，猶在可錄。若蒙天地垂曲宥之恩，則榮加枯朽，惠隆泉壤矣。」帝嘉之，追贈益州刺史。

王諒

王諒字幼成，丹楊人也。少有幹略，爲王敦所擢，參其府事，稍遷武昌太守。

初，新昌太守梁碩專威交土，迎立陶咸爲刺史。咸卒，王敦以王機爲刺史，碩發兵距機，自領交阯太守，乃迎前刺史修則子湛行州事。永興三年，敦以諒爲交州刺史。諒將之任，敦謂曰：「修湛、梁碩皆國賊也，卿至，便收斬之。」諒既到境，湛退還九真。廣州刺史陶侃遣人誘湛來詣諒所，諒敕從人不得入閤，既前，執之。碩時在坐，曰：「湛故州將之子，有罪可遣，不足殺也。」詵曰：「是君義故，無豫我事。」即斬之。碩怒而出。詵陰謀誅碩，使客刺之，弗克，遂率衆圍詵於龍編。陶侃遣軍救之，未至而詵敗。碩逼詵奪其節，詵固執不與，遂斷詵右臂。詵正色曰：「死且不畏，臂斷何有！」十餘日，憤恚而卒。碩據交州，凶暴酷虐，一境患之，竟爲侃軍所滅，傳首京都。

宋矩

宋矩字處規，敦煌人也。慷慨有志節。張重華據涼州地，以矩爲宛戍都尉。石季龍遣將麻秋攻大夏，護軍梁式〔一三〕執太守宋晏，以城應秋。秋遣晏以書致矩。矩既至，謂秋曰：「辭父事君，當立功與義；苟功義不立，當守名節。矩終不背主覆宗，偸生於世。」先殺妻子，自刎而死。秋曰：「義士也！」命葬之。重華嘉其誠節，贈振威將軍。

車濟

車濟字萬度，敦煌人也。果毅有大量。張重華以爲金城令，爲石季龍將麻秋所陷，濟不爲秋屈。秋必欲降之，乃臨之以兵。濟辭色不撓，曰：「吾雖才非龐德，而受任同之。身可殺，志不可移。」乃伏劍而死。秋歎其忠節，以禮葬之。後重華迎致其喪，親臨慟哭，贈宜禾都尉。

丁穆

丁穆字彥遠，譙國人也。積功勞，封眞定侯，累遷爲順陽太守。太元四年，除振武將軍、梁州刺史。受詔未發，會苻堅遣衆寇順陽，穆戰敗，被執至長安，稱疾不仕僞朝。堅又傾國南寇，穆與關中人士唱義，謀襲長安，事泄，遇害，臨死作表以付其妻周。其後周得至京師，詣闕上之。孝武帝下詔曰：「故順陽太守、眞定侯丁穆力屈身陷，而誠節彌固，直亮壯勁，義貫古烈。其喪柩始反，言尋傷悼。可贈龍驤將軍、雍州刺史，賻賜一依周虓故事。爲立屋宅，并給其妻衣食，以終厥身。」

辛恭靖

辛恭靖，隴西狄道人也。少有器幹，才量過人。隆安中，爲河南太守。會姚興來寇，恭靖固守百餘日，以無救而陷，被執至長安。興謂之曰：「朕將任卿以東南之事，可乎？」恭靖厲色曰：「我寧爲國家鬼，不爲羌賊臣。」興怒，幽之別室。經三年，至元興中，誑守者，乃踰垣而遁，歸于江東，安帝嘉之。桓玄請爲諮議參軍，置之朝首。尋而病卒。

羅企生

羅企生字宗伯，豫章人也。多才藝。初拜佐著作郎，以家貧親老，求補臨汝令，刺史王凝之請爲別駕。殷仲堪之鎭江陵，引爲功曹。累遷武陵太守。未之郡而桓玄攻仲堪，仲堪更以企生爲諮議參軍。仲堪多疑少決，企生深憂之，謂弟遵生曰：「殷侯仁而無斷，事必無成。成敗，天也，吾當死生以之。」仲堪果走，文武無送者，唯企生從焉。路經家門，遵生曰：「作如此分離，何可不執手！」企生迴馬授手，遵生有勇力，便牽下之，謂曰：「家有老母，將欲何之？」企生揮涙曰：「今日之事，我必死之。汝等奉養不失子道，一門之中有忠與孝，亦復何恨！」遵生抱之愈急。仲堪於路待之，企生遙呼曰：「生死是同，願少見待。」仲堪見企生無脫理，策馬而去。

玄至荊州，人士無不詣者，企生獨不往，而營理仲堪家。或謂之曰：「玄猜忍之性，未能取卿誠節，若遂不詣，禍必至矣。」企生正色曰：「我是殷侯吏，見遇以國士，爲弟以力見制，遂不我從，不能共殄醜逆，致此奔敗，亦何面目復就桓求生乎！」玄聞之大怒，然素待企生厚，先遣人謂曰：「若謝我，當釋汝。」企生曰：「爲殷荊州吏，荊州奔亡，存亡未判，何顏復謝！」玄卽收企生，遣人問欲何言，答曰：「文帝殺嵇康，嵇紹爲晉忠臣，從公乞一弟，以養老母。」玄許之。又引企生於前，謂曰：「吾相遇甚厚，何以見負？今者死矣！」企生對曰：「使君既興晉陽之甲，軍次尋陽，並奉王命，各還所鎭，升壇盟誓，口血未乾，而生姦計。自傷力劣，不能翦滅凶逆，恨死晚也。」玄遂害之，時年三十七，衆咸悼焉。先是，玄以羔裘遺企生母胡氏，及企生遇害，卽日焚裘。

張禕

張禕，〔一四〕吳郡人也。少有操行。恭帝爲琅邪王，以禕爲郎中令。及帝踐阼，劉裕以禕帝之故吏，素所親信，封藥酒一甖付禕，密令鴆帝。禕既受命而歎曰：「鴆君而求生，何面目視息世間哉，不如死也！」因自飲之而死。

史臣曰：中散以膚受見誅，王儀以抗言獲戾，時皆可謂死非其罪也。偉元恥臣晉室，延祖甘赴危亡，所由之理雖同，所趣之塗卽異，而並見稱當世，垂芳竹帛，豈不以君父居在三之極，忠孝爲百行之先者乎！且哀獨善其身，故得全其孝，而紹兼濟于物，理宜竭其忠，可謂蘭桂異質而齊芳，韶武殊音而並美。或有論紹者以死難獲譏，揚搉言之，未爲篤論。夫君，天也，天可讎乎！安既享其榮，危乃違其禍，進退無據，何以立人！嵇生之隕身全節，用此道也。

贊曰：重義輕生，亡軀殉節。勁松方操，嚴霜比烈。白刃可陵，貞心難折。道光振古，芳流來哲。

校勘記

〔一〕乂與成都王穎交戰　「乂」，各本誤作「又」，今從宋本。冊府七二二亦作「乂」。

〔二〕聖恩博遠　「恩」，各本作「思」，今從宋本。冊府七一三亦作「恩」。

〔三〕未知所限　「限」，各本作「恨」，今從殿本。

〔四〕王瑚　「瑚」，各本作「湖」。校文：據王隱傳、馬隆傳當作「瑚」。按：通鑑八五亦作「瑚」，今據改。

〔五〕衛博　通鑑八五作「衙博」。華陽國志八、廣韻九麻皆有「衙博」。

〔六〕馮翊太守緯　通鑑八八「緯」作「肅」。

〔七〕趙染　愍紀、劉琨傳作「趙冉」。

〔八〕青白城　參卷五校記。

〔九〕杜令　斠注：「杜」下當脫「陵」字。

〔一〇〕願以身代君　通志一六六「君」上有「使」字。

〔一一〕興寧三年　周校：哀紀在興寧二年。按：通鑑亦在興寧二年，疑「三」为「二」之誤。

〔一二〕於賊中得還　各本均無「還」字，局本有，蓋據通志一六六補，今從之。

〔一三〕梁式　「式」，各本作「或」，唯宋本作「式」，與張重華傳、通鑑九七合，今從之。

〔一四〕張禕　通鑑一一九作「張偉」。

晉書卷九十

列傳第六十

良吏

漢宣帝有言：「百姓所以安其田里而無歎息愁恨之心者，政平訟理也。與我共此者，其唯良二千石乎！」此則長吏之官實爲撫導之本。是以東里相鄭，西門宰鄴，潁川黃霸，蜀郡文翁，或吏不敢欺，或人懷其惠，或教移齊魯，或政務寬和，斯並惇史播其徽音，良吏以爲準的。〔一〕

有晉肇茲王業，光啓霸圖，授方任能，經文緯武。泰始受禪，改物君臨，纂三葉之鴻基，膺百王之大寶，勞心庶績，垂意黎元，申敕守宰之司，屢發憂矜之詔，辭旨懇切，誨諭殷勤，欲使直道正身，抑末敦本。當此時也，可謂農安其業，吏盡其能者歟！而帝寬厚足以君人，明威未能厲俗，政刑以之私謁，賄賂於此公行，結綬者以放濁爲通，彈冠者以苟得爲貴，流遁忘反，寖以爲常。劉毅抗賣官之言，當時以爲矯枉，察其風俗，豈虛也哉！爰及惠懷，中州鼎沸，逮於江左，晉政多門，元帝比少康之隆，處仲爲梗，海西微昌邑之罪，元子亂常，既權偪是憂，故羈縻成俗。莅職者爲身擇利，銓綜者爲人擇官，下僚多英儁之才，勢位必高門之胄，遂使良能之績僅有存焉。雖復茂弘以明允贊經綸，安石以時宗鎮雅俗，然外虞孔熾，內難方殷，而匡救彌縫，方免傾覆，弘風革弊，彼則未遑。今采其政績可稱者，以爲良吏傳。

魯芝

魯芝字世英，扶風郿人也。世有名德，爲西州豪族。父爲郭氾所害，芝襁褓流離，年十七，乃移居雍，耽思墳籍。郡舉上計吏，州辟別駕。魏車騎將軍郭淮爲雍州刺史，深敬重之。舉孝廉，除郎中。會蜀相諸葛亮侵隴右，淮復請芝爲別駕。事平，薦於公府，辟大司馬曹眞掾，轉臨淄侯文學。鄭袤薦於司空王朗，朗卽加禮命。後拜騎都尉、參軍事、行安南太守，〔三〕遷尙書郎。曹眞出督關右，又參大司馬軍事。眞薨，宣帝代焉，乃引芝參驃騎軍事，轉天水太守。郡鄰于蜀，數被侵掠，戶口減削，寇盜充斥，芝傾心鎭衞，更造城市，數年間舊境悉復。遷廣平太守。天水夷夏慕德，老幼赴闕獻書，乞留芝。魏明帝許焉，仍策書嘉歎，勉以黃霸之美，加討寇將軍。

曹爽輔政，引爲司馬。芝屢有讜言嘉謀，爽弗能納。及宣帝起兵誅爽，芝率餘衆犯門斬關，馳出赴爽，勸爽曰：「公居伊周之位，一旦以罪見黜，雖欲牽黃犬，復可得乎！若挾天子保許昌，杖大威以羽檄徵四方兵，孰敢不從！捨此而去，欲就東市，豈不痛哉！」爽懦惑不能用，遂委身受戮。芝坐爽下獄，當死，而口不訟直，志不苟免。宣帝嘉之，赦而不誅。俄而起爲使持節、領護匈奴中郎將、振威將軍、幷州刺史。以綏緝有方，遷大鴻臚。高貴鄉公卽位，賜爵關內侯，邑二百戶。毋丘儉平，隨例增邑二百戶，拜揚武將軍、荆州刺史。諸葛誕以壽春叛，文帝奉魏帝出征，徵兵四方，芝率荆州文武以爲先驅。誕平，進爵武進亭侯，又增邑九百戶。遷大尚書，掌刑理。常道鄉公卽位，進爵纍城鄉侯，又增邑八百戶，遷監青州諸軍事、振武將軍、青州刺史，轉平東將軍。五等建，封陰平伯。

武帝踐阼，轉鎭東將軍，進爵爲侯。帝以芝清忠履正，素無居宅，使軍兵爲作屋五十間。芝以年及懸車，告老遜位，章表十餘上，於是徵爲光祿大夫，位特進，給吏卒，門施行馬。羊祜爲車騎將軍，乃以位讓芝，曰：「光祿大夫魯芝潔身寡欲，和而不同，服事華髮，以禮終始，未蒙此選，臣更越之，何以塞天下之望！」上不從。其爲人所重如是。泰始九年卒，年八十四。帝爲舉哀，賵贈有加，謚曰貞，賜塋田百畝。

胡威

胡威字伯武，〔三〕一名貔，淮南壽春人也。父質，以忠清著稱，少與鄉人蔣濟、朱績俱知名於江淮間，仕魏至征東將軍、荆州刺史。威早厲志尚。質之爲荆州也，威自京都定省，家貧，無車馬僮僕，自驅驢單行。每至客舍，躬放驢，取樵炊爨，食畢，復隨侶進道。既至，見父，停廐中十餘日。告歸，父賜絹一匹爲裝。威曰：「大人清高，不審於何得此絹？」質曰：「是吾俸祿之餘，以爲汝糧耳。」威受之，辭歸。質帳下都督先威未發，請假還家，陰資裝於百餘里，要威爲伴，每事佐助。行數百里，威疑而誘問之，既知，乃取所賜絹與都督，謝而遣之。後因他信以白質，質杖都督一百，除吏名。其父子清愼如此。於是名譽著聞。拜侍御史，歷南鄉侯、安豐太守，遷徐州刺史。勤於政術，風化大行。

後入朝，武帝語及平生，因歎其父清，謂威曰：「卿孰與父清？」對曰：「臣不如也。」帝曰：「卿父以何爲勝耶？」對曰：「臣父清恐人知，臣清恐人不知，是臣不及遠也。」帝以威言直而婉，謙而順。累遷監豫州諸軍事、右將軍、豫州刺史，入爲尚書，加奉車都尉。

威嘗諫時政之寬，帝曰：「尚書郎以下，吾無所假借。」威曰：「臣之所陳，豈在丞郎令史，正謂如臣等輩，始可以肅化明法耳。」拜前將軍、監青州諸軍事、青州刺史，以功封平春侯。

太康元年，卒于位，追贈使持節、都督青州諸軍事、鎭東將軍，餘如故，謚曰烈。子奕嗣。奕字次孫，仕至平東將軍。威弟羆，字季象，亦有幹用，仕至益州刺史、安東將軍。

杜軫

杜軫字超宗，蜀郡成都人也。父雄，緜竹令。軫師事譙周，博涉經書。州辟不就，爲郡功曹史。時鄧艾至成都，軫白太守曰：「今大軍來征，必除舊布新，明府宜避之，此全福之道也。」太守乃出。艾果遣其參軍牽弘自之郡，弘問軫前守所在，軫正色對曰：「前守達去就之機，輒自出官舍以俟君子。」弘器之，命復爲功曹，軫固辭。

察孝廉，除建寧令，導以德政，風化大行，夷夏悅服。秩滿將歸，羣蠻追送，賂遺甚多，軫一無所受，去如初至。又除池陽令，爲雍州十一郡最。百姓生爲立祠，得罪者無怨言。累遷尙書郎。

軫博聞廣涉，奏議駁論多見施用。時涪人李驤亦爲尙書郎，與軫齊名，每有論議，朝廷莫能踰之，號蜀有二郎。軫後拜犍爲太守，甚有聲譽。當遷，會病卒，年五十一。子毗。

毗字長基。州舉秀才，成都王穎辟大將軍掾，遷尙書郎，參太傅軍事。及洛陽覆沒，毗南渡江，王敦表爲益州刺史，將與宜都太守柳純共固白帝。杜弢遣軍要毗，遂遇害。

毗弟秀，字彥穎，爲羅尙主簿。州沒，爲氐賊李驤所得，欲用爲司馬。秀不受，見害。

毗次子歆，舉秀才。

軫弟烈，明政事，察孝廉，歷平康、安陽令，所居有異績，遷衡陽太守。聞軫亡，因自表兄子幼弱，求去官，詔轉犍爲太守，蜀土榮之。後遷湘東太守，爲成都王穎郎中令，病卒。

烈弟良，舉秀才，除新都令、涪陵太守，不就，補州大中正，卒。

竇允

竇允字雅，始平人也。出自寒門，清尙自修。少仕縣，稍遷郡主簿。察孝廉，除浩亹長。勤於爲政，勸課田蠶，平均調役，百姓賴之。遷謁者。泰始中，詔曰：「當官者能潔身修己，然後在公之節乃全。身善有章，雖賤必賞，此興化立教之務也。謁者竇允前爲浩亹長，以修勤清白見稱河右。是輩當擢用，使立行者有所勸。主者詳復參訪，有以旌表之。」拜臨水令。克己厲俗，改修政事，士庶悅服，咸歌詠之。遷鉅鹿太守，甚有政績。卒於官。

王宏

王宏字正宗，高平人，魏侍中粲之從孫也。魏時辟公府，累遷尙書郎，歷給事中。泰始初，爲汲郡太守，撫百姓如家，耕桑樹藝，屋宇阡陌，莫不躬自教示，曲盡事宜，在郡有殊績。司隸校尉石鑒上其政術，武帝下詔稱之曰：「朕惟人食之急，而懼天時水旱之運，夙夜警戒，念在於農。雖詔書屢下，敕厲殷勤，猶恐百姓廢惰以損生植之功。而刺史、二千石、百里長吏未能盡勤，至使地有遺利而人有餘力，每思聞監司糾舉能不，將行其賞罰，以明沮勸。今司隸校尉石鑒上汲郡太守王宏勤恤百姓，導化有方，督勸開荒五千餘頃，而熟田常課頃畝不減。比年普饑，人食不足，而宏郡界獨無匱乏，可謂能矣。其賜宏穀千斛，布告天下，咸使聞知。」

俄遷衞尉、河南尹、大司農，無復能名，更爲苛碎。坐桎梏罪人，以泥墨塗面，置深坑中，餓不與食，又擅縱五歲刑以下二十一人，爲有司所劾。帝以宏累有政績，聽以贖罪論。太康中，代劉毅爲司隸校尉，於是檢察士庶，使車服異制，庶人不得衣紫絳及綺繡錦繢。帝常遣左右微行，觀察風俗，宏緣此復遣吏科檢婦人袒服，至褰發於路。論者以爲暮年謬妄，由是獲譏於世，復坐免官。後起爲尚書。太康五年卒，追贈太常。

曹攄

曹攄字顏遠，譙國譙人也。祖肇，魏衞將軍。攄少有孝行，好學善屬文，太尉王衍見而器之，調補臨淄令。縣有寡婦，養姑甚謹。姑以其年少，勸令改適，婦守節不移。姑愍之，密自殺。親黨告婦殺姑，官爲考鞫，寡婦不勝苦楚，乃自誣。獄當決，適值攄到。攄知其有冤，更加辨究，具得情實，時稱其明。獄有死囚，歲夕，攄行獄，愍之，曰：「卿等不幸致此非所，如何？新歲人情所重，豈不欲暫見家邪？」衆囚皆涕泣曰：「若得暫歸，死無恨也。」攄悉開獄出之，剋日令還。掾吏固爭，咸謂不可。攄曰：「此雖小人，義不見負，自爲諸君任之。」至日，相率而還，並無違者，一縣歎服，號曰聖君。入爲尚書郎，轉洛陽令，仁惠明斷，百姓懷之。時天大雨雪，宮門夜失行馬，羣官檢察，莫知所在。攄使收門士，衆官咸謂不然。攄曰：「宮掖禁嚴，非外人所敢盜，必是門士以燎寒耳。」詰之，果服。以病去官。復爲洛陽令。

及齊王冏輔政，攄與左思俱爲記室督。冏嘗從容問攄曰：「天子爲賊臣所逼，莫有能奮。吾率四海義兵興復王室，今入輔朝廷，匡振時艱，或有勸吾還國，於卿意如何？」攄曰：「蕩平國賊，匡復帝祚，古今人臣之功未有如大王之盛也。然道罔隆而不殺，物無盛而不衰，非唯人事，抑亦天理。竊預下問，敢不盡情。願大王居高慮危，在盈思沖，精選百官，存公屏欲，舉賢進善，務得其才，然後脂車秣馬，高揖歸藩，則上下同慶，攄等幸甚。」冏不納。尋轉中書侍郎，長沙王乂以爲驃騎司馬。乂敗，免官。因丁母憂。惠帝末，起爲襄城太守。時襄城屢經寇難，攄綏懷振理，旬月克復。

永嘉二年，高密王簡鎮襄陽，以攄爲征南司馬。其年流人王逌等聚衆屯冠軍，寇掠城邑。簡遣參軍崔曠討之，令攄督護曠。曠，姦凶人也，譎攄前戰，期爲後繼，旣而不至。攄獨與逌戰于酈縣，軍敗死之。故吏及百姓並奔喪會葬，號哭卽路，如赴父母焉。

潘京

潘京字世長，武陵漢壽人也。弱冠，郡辟主簿，太守趙廞甚器之，嘗問曰：「貴郡何以名武陵？」京曰：「鄙郡本名義陵，在辰陽縣界，與夷相接，數爲所攻，光武時移東出，遂得全完，共議易號。傳曰止戈爲武，詩稱高平曰陵，於是名焉。」爲州所辟，因謁見問策，探得「不孝」字，刺史戲京曰：「辟士爲不孝邪？」京舉版答曰：「今爲忠臣，不得復爲孝子。」其機辯皆此類。後太廟立，州郡皆遣使賀，京白太守曰：「夫太廟立，移神主，應問訊，不應賀。」遂遣京作文，使詣京師，以爲永式。

京仍舉秀才，到洛。尚書令樂廣，京州人也，共談累日，深歎其才，謂京曰：「君天才過人，恨不學耳。若學，必爲一代談宗。」京感其言，遂勤學不倦。時武陵太守戴昌亦善談論，與京共談，京假借之，昌以爲不如己，笑而遣之，令過其子若思，京方極其言論。昌竊聽之，乃歎服曰：「才不可假。」遂父子俱屈焉。歷巴丘、邵陵、泉陵三令。京明於政術，路不拾遺。

遷桂林太守，不就，歸家，年五十卒。

范晷

范晷字彥長，南陽順陽人也。少游學清河，遂徙家僑居。郡命爲五官掾，歷河內郡丞。太守裴楷雅知之，薦爲侍御史。調補上谷太守，遭喪，不之官。後爲司徒左長史，轉馮翊太守，甚有政能，善於綏撫，百姓愛悅之。徵拜少府，出爲涼州刺史，轉雍州。于時西土荒毀，氐羌蹈藉，田桑失收，百姓困弊，晷傾心化導，勸以農桑，所部甚賴之。元康中，加左將軍，卒於官。二子：廣、稚。

廣字仲將。舉孝廉，除靈壽令，不之官。姊適孫氏，早亡，有孫名邁，廣負以南奔，雖盜賊艱急，終不棄之。元帝承制，以爲堂邑令。丞劉榮坐事當死，郡劾以付縣。榮即縣人，家有老母，至節，廣輒聽暫還，榮亦如期而反。縣堂爲野火所及，榮脫械救火，事畢，還自著械。後大旱，米貴，廣散私穀振饑人，至數千斛，遠近流寓歸投之，戶口十倍。卒於官。

稚少知名，辟大將軍掾，早卒。子汪，別有傳。

丁紹

丁紹字叔倫，〔四〕譙國人也。少開朗公正，早歷清官。爲廣平太守，政平訟理，道化大行。于時河北騷擾，靡有完邑，而廣平一郡四境乂安，是以皆悅其法而從其令。及臨漳被圍，南陽王模窘急，紹率郡兵赴之，模賴以獲全。模感紹恩，生爲立碑。遷徐州刺史，士庶戀慕，攀附如歸。未之官，復轉荆州刺史。從車千乘，南渡河至許。時南陽王模爲都督，留紹，啓轉爲冀州刺史。到鎭，率州兵討破汲桑有功，加寧北將軍、假節、監冀州諸軍事。時境內羯賊爲患，紹捕而誅之，號爲嚴肅，河北人畏而愛之。

紹自以爲才足爲物雄，當官莅政，每事克舉，視天下之事若運於掌握，遂慨然有董正四海之志矣。是時王浚盛於幽州，苟晞盛於青州，然紹視二人蔑如也。永嘉三年，暴疾而卒，臨終歎曰：「此乃天亡冀州，豈吾命哉！」懷帝策贈車騎將軍。

喬智明

喬智明字元達，鮮卑前部人也。少喪二親，哀毁過禮，長而以德行著稱。成都王穎辟爲輔國將軍。穎之敗趙王倫也，表智明爲殄寇將軍、隆慮、共二縣令。二縣愛之，號爲「神君」。部人張兌爲父報仇，母老單身，有妻無子，智明愍之，停其獄。歲餘，令兌將妻入獄，兼陰縱之。人有勸兌逃者，兌曰：「有君如此，吾何忍累之！縱吾得免，作何面目視息世間！」於獄產一男。會赦，得免。其仁感如是。

惠帝之伐鄴也，穎以智明爲折衝將軍、參丞相前鋒軍事。智明勸穎奉迎乘輿，穎大怒曰：「卿名曉事，投身事孤。主上爲羣小所逼，將加非罪於孤，卿奈何欲使孤束手就刑邪！共事之義，正若此乎？」智明乃止。尋屬永嘉之亂，仕於劉曜。

鄧攸

鄧攸字伯道，平陽襄陵人也。祖殷，亮直强正。鍾會伐蜀，奇其才，自黽池令召爲主簿。賈充伐吴，請殷爲長史。後授皇太子詩，爲淮南太守。夢行水邊，見一女子，猛獸自後斷其盤囊。〔五〕占者以爲水邊有女，汝字也，斷盤囊者，新獸頭代故獸頭也，不作汝陰，當汝南也。果遷汝陰太守。後爲中庶子。

攸七歲喪父，尋喪母及祖母，居喪九年，以孝致稱。清和平簡，貞正寡欲。少孤，與弟同居。初，祖父殷有賜官，敕攸受之。後太守勸攸去王官，欲舉爲孝廉，攸曰：「先人所賜，不可改也。」嘗詣鎭軍賈混，混以人訟事示攸，使決之。攸不視，曰：「孔子稱聽訟吾猶人也，必也使無訟乎！」混奇之，以女妻焉。舉灼然二品，爲吴王文學，歷太子洗馬、東海王越參軍。越欽其爲人，轉爲世子文學、吏部郎。越弟騰爲東中郎將，請攸爲長史。出爲河東太守。

永嘉末，沒于石勒。然勒宿忌諸官長二千石，聞攸在營，馳召，將殺之。攸至門，門幹乃攸爲郎時幹，識攸，攸求紙筆作辭。幹候勒和悅，致之。勒重其辭，乃勿殺。勒長史張賓先與攸比舍，重攸名操，因稱攸于勒。勒召至幕下，與語，悅之，以爲參軍，給車馬。勒每東西，置攸車營中。勒夜禁火，犯之者死。攸與胡鄰轂，胡夜失火燒車。吏按問，胡乃誣攸。攸度不可與爭，遂對以弟婦散發溫酒爲辭。勒赦之。既而胡人深感，自縛詣勒以明攸，而陰遺攸馬驢，諸胡莫不歎息宗敬之。石勒過泗水，攸乃斫壞車，以牛馬負妻子而逃。又遇賊，掠其牛馬，步走，擔其兒及其弟子綏。度不能兩全，乃謂其妻曰：「吾弟早亡，唯有一息，理不可絕，止應自棄我兒耳。幸而得存，我後當有子。」妻泣而從之，乃棄之。其子朝棄而暮及。明日，攸繫之於樹而去。

至新鄭，投李矩。三年，將去，而矩不聽。荀組以爲陳郡、汝南太守，愍帝徵爲尚書左丞、長水校尉，皆不果就。後密捨矩去，投荀組於許昌，矩深恨焉，久之，乃送家屬還攸。攸與刁協、周顗素厚，遂至江東。元帝以攸爲太子中庶子。時吳郡闕守，人多欲之，帝以授攸。攸載米之郡，俸祿無所受，唯飲吳水而已。時郡中大饑，攸表振貸，未報，乃輒開倉救之。臺遣散騎常侍桓彝、虞騤慰勞饑人，觀聽善不，乃劾攸以擅出穀。俄而有詔原之。攸在郡刑政清明，百姓歡悅，爲中興良守。後稱疾去職。郡常有送迎錢數百萬，攸去郡，不受一錢。百姓數千人留牽攸船，不得進，攸乃小停，夜中發去。吳人歌之曰：「紞如打五鼓，鷄鳴天欲曙。鄧侯拖不留，〔六〕謝令推不去。」百姓詣臺乞留一歲，不聽。拜侍中。歲餘，轉吏部尚書。蔬食弊衣，周急振乏。性謙和，善與人交，賓無貴賤，待之若一，而頗敬媚權貴。

永昌中，代周顗爲護軍將軍。太寧二年，王敦反，明帝密謀起兵，乃遷攸爲會稽太守。初，王敦伐都之後，中外兵數每月言之於敦。攸已出在家，不復知護軍事，有惡攸者，誣攸尚白敦兵數。帝聞而未之信，轉攸爲太常。時帝南郊，攸病不能從。車駕過攸問疾，攸力病出拜。有司奏攸不堪行郊而拜道左，坐免。攸每有進退，無喜慍之色。久之，遷尚書右僕射。咸和元年卒，贈光祿大夫，加金章紫綬，祠以少牢。

攸棄子之後，妻不復孕。過江，納妾，甚寵之，訊其家屬，說是北人遭亂，憶父母姓名，乃攸之甥。攸素有德行，聞之感恨，遂不復畜妾，卒以無嗣。時人義而哀之，爲之語曰：「天道無知，使鄧伯道無兒。」弟子綏服攸喪三年。

吳隱之

吳隱之字處默，濮陽鄄城人，魏侍中質六世孫也。隱之美姿容，善談論，博涉文史，以儒雅標名。弱冠而介立，有清操，雖日晏歠菽，不饗非其粟，儋石無儲，不取非其道。年十餘，丁父憂，每號泣，行人爲之流涕。事母孝謹，及其執喪，哀毁過禮。家貧，無人鳴鼓，每至哭臨之時，恒有雙鶴警叫，及祥練之夕，復有羣雁俱集，時人咸以爲孝感所至。嘗食鹹菹，以其味旨，掇而棄之。

與太常韓康伯鄰居，康伯母，殷浩之姊，賢明婦人也，每聞隱之哭聲，輟餐投筯，爲之悲泣。既而謂康伯曰：「汝若居銓衡，當舉如此輩人。」及康伯爲吏部尚書，隱之遂階清級，解褐輔國功曹，轉參征虜軍事。兄坦之爲袁眞功曹，眞敗，將及禍，隱之詣桓溫，乞代兄命，溫矜而釋之。遂爲溫所知賞，拜奉朝請、尚書郎，累遷晉陵太守。在郡清儉，妻自負薪。入爲中書侍郎、國子博士、太子右衛率，轉散騎常侍，領著作郎。孝武帝欲用爲黃門郎，以隱之貌類簡文帝，乃止。尋守廷尉、祕書監、御史中丞，領著作如故，遷左衛將軍。雖居淸顯，祿賜皆班親族，冬月無被，嘗澣衣，乃披絮，勤苦同於貧庶。

廣州包帶山海，珍異所出，一篋之寶，可資數世，然多瘴疫，人情憚焉。唯貧窶不能自立者，求補長史，〔七〕故前後刺史皆多黷貨。朝廷欲革嶺南之弊，隆安中，以隱之爲龍驤將軍、廣州刺史、假節，領平越中郎將。未至州二十里，地名石門，有水曰貪泉，飲者懷無厭之欲。隱之既至，語其親人曰：「不見可欲，使心不亂。越嶺喪淸，吾知之矣。」乃至泉所，酌而飲之，因賦詩曰：「古人云此水，一歃懷千金。試使夷齊飲，終當不易心。」及在州，清操踰厲，常食不過菜及乾魚而已，帷帳器服皆付外庫，時人頗謂其矯，然亦終始不易。帳下人進魚，每剔去骨存肉，隱之覺其用意，罰而黜焉。元興初，詔曰：「夫孝行篤於閨門，清節厲乎風霜，實立人之所難，而君子之美致也。龍驤將軍、廣州刺史吳隱之孝友過人，祿均九族，菲己潔素，儉愈魚飧。夫處可欲之地，而能不改其操，饗惟錯之富，而家人不易其服，革奢務嗇，南域改觀，朕有嘉焉。可進號前將軍，賜錢五十萬、穀千斛。」

及盧循寇南海，隱之率厲將士，固守彌時，長子曠之戰沒。循攻擊百有餘日，踰城放火，焚燒三千餘家，死者萬餘人，城遂陷。隱之攜家累出，欲奔還都，爲循所得。循表朝廷，以隱之黨附桓玄，宜加裁戮，詔不許。劉裕與循書，令遣隱之還，久方得反。歸舟之日，裝無餘資。及至，數畝小宅，籬垣仄陋，內外茅屋六間，不容妻子。劉裕賜車牛，更爲起宅，固辭。尋拜度支尚書、太常，以竹篷爲屏風，坐無氈席。後遷中領軍，清儉不革，每月初得祿，裁留身糧，其餘悉分振親族，家人績紡以供朝夕。時有困絕，或并日而食，身恒布衣不完，妻子不霑寸祿。

義熙八年，請老致事，優詔許之，授光祿大夫，加金章紫綬，賜錢十萬、米三百斛。九年，卒，追贈左光祿大夫，加散騎常侍。隱之清操不渝，屢被褒飾，致事及於身沒，常蒙優錫顯贈，廉士以爲榮。

初，隱之爲奉朝請，謝石請爲衞將軍主簿。隱之將嫁女，石知其貧素，遣女必當率薄，乃令移廚帳助其經營。使者至，方見婢牽犬賣之，此外蕭然無辦。後至自番禺，其妻劉氏齎沈香一斤，隱之見之，遂投於湖亭之水。

子延之復厲淸操，爲鄱陽太守。延之弟及子爲郡縣者，常以廉愼爲門法，雖才學不逮隱之，而孝悌潔敬猶爲不替。

史臣曰：魯芝等建旟剖竹，布政宣條，存樹威恩，沒留遺愛，咸見知明主，流譽當年。若伯武之潔己克勤，顏遠之申寃緩獄，鄧攸贏糧以述職，吳隱酌水以厲淸，晉代良能，此焉爲最。而攸棄子存姪，以義斷恩，若力所不能，自可割情忍痛，何至預加徽纆，絕其奔走者乎！斯豈慈父仁人之所用心也？卒以絕嗣，宜哉！勿謂天道無知，此乃有知矣。世英盡節曹氏，犯門斬關，宣帝收雷霆之威，獎忠貞之烈，豈非旣已在我，欲其罵人者歟！

贊曰：猗歟良宰，嗣美前賢。威同御黠，靜若烹鮮。唯嘗吳水，但挹貪泉。人風旣偃，俗化斯遷。

校勘記

〔一〕良吏以爲準的　「良吏」，各本均作「良能」，今從宋本。

〔二〕行安南太守　周校：地理志無安南郡，秦州有南安郡，故下就近轉天水太守，當作「南安」。

〔三〕伯武　斠注：魏志胡質傳注、世說德行注引晉陽秋均作「伯虎」，此唐人避諱改。按：通志一七〇亦作「伯虎」。

〔四〕丁紹　考證：「紹」，南陽王模傳作「邵」。校文：東海王越傳作「劭」。

〔五〕盤囊　斠注：書鈔七六引王隱晉書作「鞶囊」。按：御覽六九一引亦作「鞶囊」。鞶囊見班固與竇將軍牋及東觀漢記，詳桂馥札樸。

〔六〕鄧侯拖不留　局本作「拖」，宋本、殿本及御覽二六一、四六五引並作「挽」，職官分紀四一、樂府詩集八六「拖不留」作「挽不來」，局本蓋從通志一七〇改。

〔七〕求補長史　「長史」，李校：當作「長吏」。

晉書卷九十一

列傳第六十一

儒林

昔周德既衰，諸侯力政，禮經廢缺，雅頌陵夷。夫子將聖多能，固天攸縱，歎鳳鳥之不至，傷麟出之非時，於是乃删詩書，定禮樂，贊易道，修春秋，載籍逸而復存，風雅變而還正。其後卜商、衞賜、田、吳、孫、孟之儔，或親稟微言，或傳聞大義，猶能强晉存魯，藩魏郤秦，既抗禮於邦君，亦馳聲於海內。及嬴氏慘虐，棄德任刑，煬墳籍於埃塵，塡儒林於坑穽，嚴是古之法，抵挾書之罪，先王徽烈，靡有孑遺。漢祖勃興，救焚拯溺，粗修禮律，未遑俎豆。逮于孝武，崇尚文儒。爰及東京，斯風不墜。於是傍求蠹簡，博訪遺書，創甲乙之科，擢賢良之舉，莫不紆青拖紫，服冕乘軒，或徒步而取公卿，或累旬以膺台鼎，故搢紳之士靡然嚮風，餘芳遺烈，煥乎可紀者也。洎當塗草創，深務兵權，而主好斯文，朝多君子，鴻儒碩學，無乏於時。

武帝受終，憂勞軍國，時既初并庸蜀，方事江湖，訓卒厲兵，務農積穀，猶復修立學校，臨幸辟雍。而荀顗以制度贊惟新，鄭沖以儒宗登保傅，茂先以博物參朝政，子眞以好禮居秩宗，雖媿明揚，亦非遐棄。既而荆揚底定，區寓乂安，羣公草封禪之儀，天子發謙沖之詔，未足比隆三代，固亦擅美一時。惠帝纘戎，朝昏政弛，釁起宮掖，禍成藩翰。惟懷逮愍，喪亂弘多，衣冠禮樂，掃地俱盡。元帝運鍾百六，光啓中興，賀、荀、刁、杜諸賢並稽古博文，財成禮度。雖尊儒勸學亟降於綸言，東序西膠未聞於弦誦。明皇聰叡，雅愛流略，簡文玄嘿，敦悅丘墳，乃招集學徒，弘獎風烈，並時艱祚促，未能詳備。有晉始自中朝，迄於江左，莫不崇飾華競，祖述虛玄，擯闕里之典經，習正始之餘論，指禮法爲流俗，目縱誕以淸高，遂使憲章弛廢，名教頽毁，五胡乘間而競逐，二京繼踵以淪胥，運極道消，可爲長歎息者矣。鄭沖等名位既隆，自有列傳，其餘編之于左，以續前史儒林云。

范平

范平字子安，吳郡錢塘人也。其先銍侯馥，避王莽之亂適吳，因家焉。平研覽墳素，遍該百氏，姚信、賀邵之徒皆從受業。吳時舉茂才，累遷臨海太守，政有異能。孫皓初，謝病還家，敦悅儒學。吳平，太康中，頻徵不起，年六十九卒。有詔追加謚號曰文貞先生，賀循勒碑紀其德行。

三子：爽、咸、泉，並以儒學至大官。泉子蔚，關內侯。家世好學，有書七千餘卷。遠近來讀者恒有百餘人，蔚爲辦衣食。蔚子文才，亦幼知名。

文立

文立字廣休，巴郡臨江人也。蜀時游太學，專毛詩、三禮，師事譙周，門人以立爲顏回，陳壽、李虔爲游夏，羅憲爲子貢。仕至尚書。蜀平，舉秀才，除郎中。泰始初，拜濟陰太守，入爲太子中庶子。上表請以諸葛亮、蔣琬、費禕等子孫流徙中畿，宜見敍用，一以慰巴蜀之心，其次傾吳人之望，事皆施行。詔曰：「太子中庶子文立忠貞淸實，有思理器幹。前在濟陰，政事修明。後事東宮，盡輔導之節。昔光武平隴蜀，皆收其賢才以敍之，蓋所以拔幽滯而濟殊方也。其以立爲散騎常侍。」

蜀故尙書犍爲程瓊雅有德業，與立深交。武帝聞其名，以問立，對曰：「臣至知其人，但年垂八十，稟性謙退，無復當時之望，不以上聞耳。」瓊聞之曰：「廣休可謂不黨矣，故吾善夫人也。」時西域獻馬，帝問立：「馬何如？」對曰：「乞問太僕。」帝善之。遷衞尉。咸寧末，卒。

所著章奏詩賦數十篇行於世。

陳邵

陳邵字節良，東海襄賁人也。郡察孝廉，不就。以儒學徵爲陳留內史，累遷燕王師。撰周禮評，甚有條貫，行於世。泰始中，詔曰：「燕王師陳邵清貞潔靜，行著邦族，篤志好古，博通六籍，耽悅典誥，老而不倦，宜在左右以篤儒教。可爲給事中。」卒於官。

虞喜

虞喜字仲寧，會稽餘姚人，光祿潭之族也。父察，吳征虜將軍。喜少立操行，博學好古。諸葛恢臨郡，屈爲功曹。察孝廉，州舉秀才，司徒辟，皆不就。元帝初鎭江左，上疏薦喜。懷帝卽位，公車徵拜博士，不就。喜邑人賀循爲司空，先達貴顯，每詣喜，信宿忘歸，自云不能測也。

太寧中，與臨海任旭俱以博士徵，不就。復下詔曰：「夫興化致政，莫尙乎崇道敎，明退素也。喪亂以來，儒雅陵夷，每覽子衿之詩，未嘗不慨然。臨海任旭、會稽虞喜並潔靜其操，歲寒不移，硏精墳典，居今行古，志操足以勵俗，博學足以明道，前雖不至，其更以博士徵之。」喜辭疾不赴。咸和末，詔公卿舉賢良方正直言之士，太常華恒舉喜爲賢良。會國有軍事，不行。咸康初，內史何充上疏曰：「臣聞二八舉而四門穆，十亂用而天下安，徽猷克闡，有自來矣。方今聖德欽明，思恢遐烈，旌輿整駕，俟賢而動。伏見前賢良虞喜天挺貞素，高尚邈世，束脩立德，皓首不倦，加以傍綜廣深，博聞强識，鑽堅研微有弗及之勤，處靜味道無風塵之志，高枕柴門，怡然自足。宜使蒲輪紆衡，以旌殊操，一則翼贊大化，二則敦勵薄俗。」疏奏，詔曰：「尋陽翟湯、會稽虞喜並守道清貞，不營世務，耽學高尚，操擬古人。往雖徵命而不降屈，豈素絲難染而搜引禮簡乎！政道須賢，宜納諸廊廟，其並以散騎常侍徵之。」又不起。

永和初，有司奏稱十月殷祭，京兆府君當遷祧室，征西、豫章、潁川三府君初毀主，內外博議不能決。時喜在會稽，朝廷遣就喜諮訪焉。其見重如此。

喜專心經傳，兼覽讖緯，乃著安天論以難渾、蓋，又釋毛詩略，注孝經，爲志林三十篇。凡所注述數十萬言，行於世。年七十六卒，無子。弟豫自有傳。〔一〕

劉兆

劉兆字延世，濟南東平人，漢廣川惠王之後也。兆博學洽聞，溫篤善誘，從受業者數千人。武帝時五辟公府，三徵博士，皆不就。安貧樂道，潛心著述，不出門庭數十年。以春秋一經而三家殊塗，諸儒是非之議紛然，互爲讎敵，乃思三家之異，合而通之。周禮有調人之官，作春秋調人七萬餘言，皆論其首尾，使大義無乖，時有不合者，舉其長短以通之。又爲春秋左氏解，名曰全綜，公羊、穀梁解詁皆納經傳中，朱書以別之。又撰周易訓注，以正動二體互通其文。凡所讚述百餘萬言。

嘗有人著韡騎驢至兆門外，曰：「吾欲見劉延世。」兆儒德道素，青州無稱其字者，門人大怒。兆曰：「聽前。」既進，踞牀問兆曰：「聞君大學，比何所作？」兆答如上事，末云：「多有所疑。」客問之。兆說疑畢，客曰：「此易解耳。」因爲辯釋疑者是非耳。〔二〕兆別更立意，客一難，兆不能對。客去，已出門，兆欲留之，使人重呼還。客曰：「親親在此營葬，宜赴之，後當更來也。」既去，兆令人視葬家，不見此客，竟不知姓名。兆年六十六卒。有五子：卓、炤、燿、育、臍。

氾毓

氾毓字稚春，濟北盧人也。奕世儒素，敦睦九族，客居青州，逮毓七世，時人號其家「兒無常父，〔三〕衣無常主」。毓少履高操，安貧有志業。父終，居于墓所三十餘載，至晦朔，躬掃墳壠，循行封樹，還家則不出門庭。或薦之武帝，召補南陽王文學、祕書郎、太傅參軍，並不就。

于時青土隱逸之士劉兆、徐苗等皆務教授，惟鯈不蓄門人，淸淨自守。時有好古慕德者諮詢，亦傾懷開誘，以一隅示之。合三傳爲之解注，撰春秋釋疑、肉刑論，凡所述造七萬餘言。年七十一卒。

徐苗

徐苗字叔冑，高密淳于人也。累世相承，皆以博士爲郡守。曾祖華，有至行。嘗宿亭舍，夜有神人告之「亭欲崩」，遽出，得免。祖邵，爲魏尚書郎，以廉直見稱。苗少家貧，晝執鉏耒，夜則吟誦。弱冠，與弟賈就博士濟南宋鈞受業，遂爲儒宗。作五經同異評，又依道家著玄微論，前後所造數萬言，皆有義味。

性抗烈，輕財貴義，兼有知人之鑒。弟患口癰，膿潰，苗爲吮之。其兄弟皆早亡，撫養孤遺，慈愛聞于州里，田宅奴婢盡推與之。鄉鄰有死者，便輟耕助營棺槨，門生亡於家，即斂於講堂。其行己純至，類皆如此。遠近咸歸其義，師其行焉。

郡察孝廉，州辟從事、治中、別駕，舉異行，公府五辟博士，再徵，並不就。武惠時計吏至臺，帝輒訪其安不。永寧二年卒，遺命濯巾澣衣，楡棺雜塼，露車載尸，葦席瓦器而已。

崔遊

崔遊字子相，上黨人也。少好學，儒術甄明，恬靖謙退，自少及長，口未嘗語及財利。魏末，察孝廉，除相府舍人，出爲氐池長，甚有惠政。以病免，遂爲廢疾。泰始初，武帝錄敍文帝故府僚屬，就家拜郎中。年七十餘，猶敦學不倦，撰喪服圖，行於世。及劉元海僭位，命爲御史大夫，固辭不就。卒於家，時年九十三。

范隆

范隆字玄嵩，雁門人。父方，魏雁門太守。隆在孕十五月，生而父亡。年四歲，又喪母，哀號之聲，感慟行路。單孤無緦功之親，疏族范廣愍而養之，迎歸教書，爲立祠堂。隆好學修謹，奉廣如父。博通經籍，無所不覽，著春秋三傳，撰三禮吉凶宗紀，甚有條義。惠帝時，天下將亂，隆隱迹不應州郡之命，晝勤耕稼，夜誦書典。頗習祕曆陰陽之學，知幷州將有氛祲之祥，故彌不復出仕。與上黨朱紀友善，嘗共紀游山，見一父老於窮澗之濱。父老曰：「二公何爲在此？」隆等拜之，仰視則不見。後與紀依于劉元海，元海以隆爲大鴻臚，紀爲太常，並封公。隆死于劉聰之世，聰贈太師。

杜夷

杜夷字行齊，廬江灊人也。世以儒學稱，爲郡著姓。夷少而恬泊，操尙貞素，居甚貧窘，不營產業，博覽經籍百家之書，算曆圖緯靡不畢究。寓居汝潁之間，十載足不出門。年四十餘，始還鄉里，閉門教授，生徒千人。

惠帝時三察孝廉，州命別駕，永嘉初，公車徵拜博士，太傅、東海王越辟，並不就。懷帝詔王公舉賢良方正，刺史王敦以賀循爲賢良，夷爲方正，乃上疏曰：「臣聞有唐疇咨，元凱時登；漢武欽賢，俊彥響應，故能允協時雍，敷崇盛化。伏見太孫舍人會稽賀循、處士廬江杜夷履道彌高，清操絕俗，思學融通，才經王務。循宰二縣，皆有名績，備僚東宮，忠恪允著。夷清虛沖淡，與俗異軌，考槃空谷，肥遁匿跡。蓋經國之良寶，聘命之所急。若得待詔公車，承對册問，必有忠讜良謨，弘益政道矣。」敦於是逼夷赴洛。夷遁於壽陽。鎭東將軍周馥傾心禮接，引爲參軍，夷辭之以疾。馥知不可屈，乃自詣夷，爲起宅宇，供其醫藥。馥敗，夷歸舊居，道遇兵寇，刺史劉陶告廬江郡曰：「昔魏文侯軾干木之閭，齊相曹參尊崇蓋公，皆所以優賢表德，敦勵末俗。徵士杜君德懋行潔，高尙其志，頃流離道路，聞其頓躓，刺史忝任，不能崇飾有道，而使高操之士有此艱屯。今遣吏宣慰，郡可遣一吏，縣五吏，恒營卹之，常以市租供給家人糧廩，勿令闕乏。」尋以胡寇，又移渡江，王導遣吏周贍之。元帝爲丞相，教曰：「今大義穨替，禮典無宗，朝廷滯義莫能攸正，宜特立儒林祭酒官，以弘其事。處士杜夷棲情遺遠，確然絕俗，才學精博，道行優備，其以夷爲祭酒。」夷辭疾，未嘗朝會。帝常欲詣夷，夷陳萬乘之主不宜往庶人之家。帝乃與夷書曰：「吾與足下雖情在忘言，然虛心歷載。正以足下羸疾，故欲相省，寧論常儀也！」又除國子祭酒。建武中，令曰：「國子祭酒杜夷安貧樂道，靜志衡門，日不暇給，雖原憲無以加也。其賜穀二百斛。」皇太子三至夷第，執經問義。夷雖逼時命，亦未嘗朝謁，國有大政，恒就夷諮訪焉。明帝卽位，夷自表請退。詔曰：「先王之道將墜於地，君下帷研思，今之劉、楊。搢紳之徒景仰軌訓，豈得高退，而朕靡所取則焉！」

太寧元年卒，年六十六。贈大鴻臚，謚曰貞子。夷臨終，遺命子晏曰：「吾少不出身，頃雖見羈錄，冠冕之飾，未嘗加體，其角巾素衣，斂以時服，殯葬之事，務從簡儉，亦不須苟取矯異也。」夷所著幽求子二十篇行於世。

晏仕至蒼梧太守。夷兄弟三人。兄崧，〔四〕字行高，亦有志節。惠帝時，俗多浮僞，著任子春秋以刺之。弟援，高平相。援子潛，右衞將軍。

董景道

董景道字文博，弘農人也。少而好學，千里追師，所在惟晝夜讀誦，略不與人交通。明春秋三傳、京氏易、馬氏尙書、韓詩，皆精究大義。三禮之義，專遵鄭氏，著禮通論非駁諸儒，演廣鄭旨。

永平中，知天下將亂，隱於商洛山，衣木葉，食樹果，彈琴歌笑以自娛，毒蟲猛獸皆繞其傍，是以劉元海及聰屢徵，皆礙而不達。至劉曜時出山，廬于渭汭。曜徵爲太子少傅、散騎常侍，並固辭，竟以壽終。

續咸

續咸字孝宗，上黨人也。性孝謹敦重，履道貞素。好學，師事京兆杜預，專春秋、鄭氏易，教授常數十人，博覽羣言，高才善文論。又修陳杜律，明達刑書。

永嘉中，歷廷尉平、東安太守。劉琨承制于幷州，以爲從事中郎。後遂沒石勒，勒以爲理曹參軍。持法平詳，當時稱其淸裕，比之于公。著遠游志、異物志、汲冢古文釋，皆十卷，行於世。年九十七，死于石季龍之世，季龍贈儀同三司。

徐邈

徐邈，東莞姑幕人也。祖澄之爲州治中，屬永嘉之亂，遂與鄉人臧琨等率子弟并閭里士庶千餘家，南渡江，家于京口。父藻，都水使者。

邈姿性端雅，勤行勵學，博涉多聞，以愼密自居。少與鄉人臧壽齊名，下帷讀書，不游城邑。

及孝武帝始覽典籍，招延儒學之士，邈既東州儒素，太傅謝安舉以應選。年四十四，始補中書舍人，在西省侍帝。雖不口傳章句，然開釋文義，標明指趣，撰正五經音訓，學者宗之。遷散騎常侍，猶處西省，前後十年，每被顧問，輒有獻替，多所匡益，甚見寵待。帝宴集酣樂之後，好爲手詔詩章以賜侍臣，或文詞率爾，所言穢雜，邈每應時收斂，還省刊削，皆使可觀，經帝重覽，然後出之。是時侍臣被詔者，或宣揚之，故時議以此多邈。及謝安薨，論者或有異同，邈固勸中書令王獻之奏加殊禮，仍崇進謝石爲尙書令，玄爲徐州。邈轉祠部郎，上南北郊宗廟迭毀禮，皆有證據。

豫章太守范甯欲遣十五議曹下屬城採求風政，并吏假還，訊問官長得失。邈與甯書曰：

知足下遣十五議曹各之一縣，又吏假歸，白所聞見，誠是足下留意百姓，故廣其視聽。吾謂勸導以實不以文，十五議曹欲何所敷宣邪？庶事辭訟，足下聽斷允塞，則物理足矣。上有理務之心，則下之求理者至矣。日昃省覽，庶事無滯，則吏愼其負而人聽不惑，豈須邑至里詣，飾其游聲哉！非徒不足致益，乃是蠶漁之所資，又不可縱小吏爲耳目也。豈有善人君子而干非其事，多所告白者乎！君子之心，誰毀誰譽？如有所譽，必由歷試；如有所毁，必以著明。託社之鼠，政之甚害。自古以來，欲爲左右耳目者，無非小人，皆先因小忠而成其大不忠，先藉小信而成其大不信，遂使君子道消，善人輿尸，前史所書，可爲深鑒。

足下選綱紀必得國士，足以攝諸曹；諸曹皆是良吏，則足以掌文案；又擇公方之人以爲監司，則清濁能否，與事而明。足下但平心居宗，何取於耳目哉！昔明德馬后未嘗顧與左右言，可謂遠識，況大丈夫而不能免此乎！

遷中書侍郎，專掌綸詔，帝甚親昵之。

初，范甯與邈皆爲帝所任使，共補朝廷之闕。甯才素高而措心正直，遂爲王國寶所讒，出守遠郡。邈孤宦易危，而無敢排强族，乃爲自安之計。會帝頗疏會稽王道子，邈欲和協之，因從容言於帝曰：「昔淮南、齊王，漢晉成戒。會稽王雖有酣媟之累，而奉上純一，宜加弘貸，消散紛議，外爲國家之計，內慰太后之心。」帝納焉。邈嘗詣東府，遇衆賓沈湎，引滿諠譁。道子曰：「君時有暢不？」邈對曰：「邈陋巷書生，惟以節儉清修爲暢耳。」道子以邈業尚道素，笑而不以爲忤也。道子將用爲吏部郎，邈以波競成俗，非己所能節制，苦辭乃止。

時皇太子尚幼，帝甚鍾心，文武之選皆一時之俊。以邈爲前衞率，領本郡大中正，授太子經。帝謂邈曰：「雖未敕以師禮相待，然不以博士相遇也。」古之帝王，受經必敬，自魏晉以來，多使微人教授，號爲博士，不復尊以爲師，故帝有云。邈雖在東宮，猶朝夕入見，參綜朝政，修飾文詔，拾遺補闕，劬勞左右。帝嘉其謹密，方之於金霍，有託重之意，將進顯位，未及行而帝暴崩。

安帝即位，拜驍騎將軍。隆安元年，遭父憂。邈先疾患，因哀毀增篤，不踰年而卒，年五十四，州里傷悼，識者悲之。

邈莅官簡惠，達於從政，論議精密，當時多諮稟之，觸類辯釋，問則有對。舊疑歲辰在卯，此宅之左則彼宅之右，何得俱忌於東。邈以爲太歲之屬，自是遊神，譬如日出之時，向東皆逆，非爲藏體地中也。所注穀梁傳，見重於時。

邈長子豁，有父風，以孝聞，爲太常博士、祕書郎。豁弟浩，散騎侍郎。鎮南將軍何無忌請爲功曹，出補西陽太守，與無忌俱爲盧循所害。邈弟廣，別有傳。

孔衍

孔衍字舒元，〔五〕魯國人，孔子二十二世孫也。祖文，〔六〕魏大鴻臚。父毓，征南軍司。衍少好學，年十二，能通詩書。弱冠，公府辟，本州舉異行直言，皆不就。避地江東，元帝引爲安東參軍，專掌記室。書令殷積，而衍每以稱職見知。中興初，與庾亮俱補中書郎。明帝之在東宮，領太子中庶子。于時庶事草創，衍經學深博，又練識舊典，朝儀軌制多取正焉。由是元明二帝並親愛之。

王敦專權，衍私於太子曰：「殿下宜博延朝彥，搜揚才俊，詢謀時政，以廣聖聰。」敦聞而惡之，乃啓出衍爲廣陵郡。時人爲之寒心，而衍不形于色。雖郡鄰接西賊，猶敎誘後進，不以戎務廢業。石勒嘗騎至山陽，敕其黨以衍儒雅之士，不得妄入郡境。視職朞月，以太興三年卒於官，年五十三。

衍雖不以文才著稱，而博覽過於賀循，凡所撰述，百餘萬言。

子啓，廬陵太守。

宗人夷吾有美名，博學不及衍，涉世聲譽過之。元帝以爲主簿，轉參軍，稍遷侍中，徙太子左衞率，卒，追贈太僕。

范宣

范宣字宣子，陳留人也。年十歲，能誦詩書。嘗以刀傷手，捧手改容。人問痛邪，答曰：「不足爲痛，但受全之體而致毁傷，不可處耳。」家人以其年幼而異焉。少尚隱遁，加以好學，手不釋卷，以夜繼日，遂博綜衆書，尤善三禮。家至貧儉，躬耕供養。親沒，負土成墳，廬于墓側。太尉郗鑒命爲主簿，詔徵太學博士、散騎郎，並不就。家于豫章，太守殷羨見宣茅茨不完，欲爲改宅，宣固辭之。庾爰之以宣素貧，加年荒疾疫，厚餉給之，宣又不受。爰之問宣曰：「君博學通綜，何以太儒？」宣曰：「漢興，貴經術，至於石渠之論，實以儒爲弊。正始以來，世尚老莊。逮晉之初，競以裸裎爲高。僕誠太儒，然『丘不與易』。」宣言談未嘗及老莊。客有問人生與憂俱生，不知此語何出。宣云：「出莊子至樂篇。」客曰：「君言不讀老莊，何由識此？」宣笑曰：「小時嘗一覽。」時人莫之測也。

宣雖閑居屢空，常以講誦爲業，譙國戴逵等皆聞風宗仰，自遠而至，諷誦之聲，有若齊、魯。太元中，順陽范甯爲豫章太守，甯亦儒博通綜，在郡立鄉校，教授恒數百人。由是江州人士並好經學，化二范之風也。年五十四卒。著禮易論難皆行於世。

子輯，歷郡守、國子博士、大將軍從事中郎。自免歸，亦以講授爲事。義熙中，連徵不至。

韋謏

韋謏字憲道，京兆人也。雅好儒學，善著述，於羣言祕要之義，無不綜覽。仕於劉曜，爲黃門郎。後又入石季龍，署爲散騎常侍，歷守七郡，咸以淸化著名。又徵爲廷尉，識者擬之于、張。前後四登九列，六在尙書，二爲侍中，再爲太子太傅，封京兆公。好直諫，陳軍國之宜，多見允納。著伏林三千餘言，遂演爲典林二十三篇。凡所述作及集記世事數十萬言，皆深博有才義。

至冉閔，又署爲光祿大夫。時閔拜其子胤爲大單于，而以降胡一千處之麾下。謏諫曰：「今降胡數千，接之如舊，誠是招誘之恩。然胡羯本爲仇敵，今之款附，苟全性命耳。或有刺客，變起須臾，敗而悔之，何所及也！古人有言，一夫不可狃，〔七〕而況千乎！願誅屏降胡，去單于之號，深思聖王苞桑之誡也。」閔志在綏撫，銳於澄定，聞其言，大怒，遂誅之，幷殺其子伯陽。

謏性不嚴重，好徇己之功，論者亦以是少之。嘗謂伯陽曰：「我高我曾重光累徽，我祖我考父父子子，汝爲我對，正値惡抵。」伯陽曰：「伯陽之不肖，誠如尊教，尊亦正値軟抵耳。」

譏慚無言。時人傳之以爲嗤笑。

范弘之

范弘之字長文，安北將軍汪之孫也。襲爵武興侯。雅正好學，以儒術該明，爲太學博士。時衞將軍謝石薨，請謚，下禮官議。弘之議曰：

石階藉門廕，屢登崇顯，總司百揆，翼贊三臺，閑練庶事，勤勞匪懈，內外僉議，皆曰與能。當淮肥之捷，勳拯危墜，雖皇威遐震，狡寇天亡，因時立功，石亦與焉。又開建學校，以延胄子，雖盛化未洽，亦愛禮存羊。然古之賢輔，大則以道事君，侃侃終日；次則厲身奉國，夙夜無怠；下則愛人惜力，以濟時務。此數者，然後可以免惟塵之譏，塞素餐之責矣。今石位居朝端，任則論道，唱言無忠國之謀，守職則容身而已，不可謂事君；貨黷京邑，聚斂無厭，不可謂厲身；坐擁大衆，侵食百姓，大東流於遠近，怨毒結於衆心，不可謂愛人；工徒勞於土木，思慮殫於機巧，紈綺盡於婢妾，財用縻於絲桐，不可謂惜力。此人臣之大害，有國之所去也。

先王所以正風俗，理人倫者，莫尚乎節儉，故夷吾受謗乎三歸，平仲流美於約己。自頃風軌陵遲，奢僭無度，廉恥不興，利競交馳，不可不深防原本，以絕其流。漢文襲弋綈之服，諸侯猶侈；武帝焚雉頭之裘，靡麗不息。良由儉德雖彰，而威禁不肅；道自我建，而刑不及物。若存罰其違，亡貶其惡，則四維必張，禮義行矣。

案謚法，因事有功曰「襄」，貪以敗官曰「墨」，宜謚曰襄墨公。

又論殷浩宜加贈謚，不得因桓溫之黜以爲國典，仍多敍溫移鼎之迹。

時謝族方顯，桓宗猶盛，尙書僕射王珣，溫故吏也，素爲溫所寵，三怨交集，乃出弘之爲餘杭令。將行，與會稽王道子牋曰：

下官輕微寒士，謬得廁在俎豆，實懼辱累淸流，惟塵聖世。竊以人君居廟堂之上，智周四海之外者，非徒聰明內照，亦賴羣言之助也。是以舜之佐堯，以啓闢爲首；咎繇謩禹，以侃侃爲先，故下無隱情之責，上收神明之功。敢緣斯義，志在輸盡。常以謝石黷累，應被淸澄，殷浩忠貞，宜蒙褒顯，是以不量輕弱，先衆言之。而惡直醜正，其徒實繁，雖仰恃聖主欽明之度，俯賴明公愛物之隆，而交至之患，實有無賴。下官與石本無怨忌，生不相識，事無相干，正以國體宜明，不應稍計强弱。與浩年時邈絕，世不相及，無復藉聞，故老語其遺事耳，於下官之身有何痛癢，而當爲之犯時干主邪！

每觀載籍，志士仁人有發中心任直道而行者，有懷知陽愚負情曲從者，所用雖異，而並傳後世。故比干處三仁之中，箕子爲名賢之首。後人用捨，參差不同，各信所見，率應而至，或榮名顯赫，或禍敗係踵，此皆不量時趣，以身嘗禍，雖有硜硜之稱，〔八〕而非大雅之致，此亦下官所不爲也。世人乃云下官正直，能犯艱難，斯談實過。下官知主上聖明，明公虛己，思求格言，必不使盡忠之臣屈於邪枉之門也。是以敢獻愚誠，布之執事，豈與昔人擬其輕重邪！亦以臣之事君，惟思盡忠而已，不應復計利鈍，事不允心則讜言悟主，義感於情則陳辭靡悔。若懷情藏意，蘊而不言，此乃古人所以得罪於明君，明君所以致法於羣下者也。

桓溫事跡，布在天朝，逆順之情，暴之四海。在三者臣子，情豈或異！凡厥黔首，誰獨無心！舉朝嘿嘿，未有唱言者，是以頓筆按氣，不敢多云。桓溫於亡祖，雖其意難測，求之於事，止免黜耳，非有至怨也。亡父昔爲溫吏，推之情禮，義兼他人。所以每懷憤發，痛若身首者，明公有以尋之。王珣以下官議殷浩謚，不宜暴揚桓溫之惡。珣感其提拔之恩，懷其入幙之遇，託以廢黜昏闇，建立聖明，自謂此事足以明其忠貞之節。明公試復以一事觀之。昔周公居攝，道致升平，禮樂刑政皆自己出。以德言之，周公大聖，以年言之，成王幼弱，猶復遽避君位，復子明辟。漢之霍光，大勳赫然，孝宣年未二十，亦反萬機。故能君臣俱隆，道邁千歲。若溫忠爲社稷，誠存本朝，便當仰遵二公，式是令矩，何不奉還萬機，退守藩屏？方提勒公王，匡總朝廷，豈爲先帝幼弱，未可親政邪？將德桓溫，不能聽政邪？又逼脅袁宏，使作九錫，備物光赫，其文具存，朝廷畏怖，莫不景從，惟謝安、王坦之以死守之，故得稽留耳。會上天降怒，姦惡自亡，社稷危而復安，靈命墜而復構。

晉自中興以來，號令威權多出强臣，中宗、肅祖斂衽於王敦，先皇受屈於桓氏。今主上親覽萬機，明公光讚百揆，政出王室，人無異望，復不於今大明國典，作制百代，不審復欲待誰？先王統物，必明其典誥，貽厥孫謀，故令問休嘉，千歲承風。願明公遠覽殷周，近察漢魏，慮其所以危，求其所以安，如此而已。

又與王珣書曰：

見足下答仲堪書，深具義發之懷。夫人道所重，莫過君親，君親所係，忠孝而已。孝以揚親爲主，忠以節義爲先。〔九〕殷侯忠貞居正，心貫人神，加與先帝隆布衣之好，著莫逆之契，契闊艱難，夷嶮以之，雖受屈姦雄，志達千載，此忠貞之徒所以義干其心不獲以已者也。既當時貞烈之徒所究見，亦後生所備聞，吾亦何敢苟避狂狡，以欺聖明。既以虧矣。尊大君以殷侯協契忠規，同戴王室，志厲秋霜，誠貫一時，殷侯所以得宣其義聲，實尊大君協贊之力也。足下不能光大君此之直志，乃感溫小顧，懷其曲澤，公在聖世，欺罔天下，使丞相之德不及三葉，領軍之基一構而傾，此忠臣所以解心，孝子所以喪氣，父子之道固若是乎？足下言臣則非忠，語子則非孝。二者既亡，吾誰畏哉！

吾少嘗過庭，備聞祖考之言，未嘗不發憤衝冠，情見乎辭。當爾之時，惟覆亡是懼，豈暇謀及國家。不圖今日得操筆斯事，是以上憤國朝無正義之臣，次惟祖考有沒身之恨，豈得與足下同其肝膽邪！先君往亦嘗爲其吏，于時危懼，恒不自保，仰首聖朝，心口憤歎，豈復得計策名昔日，自同在三邪！昔子政以五世純臣，子駿以下委質王莽，先典既已正其逆順，後人亦已鑒其成敗。每讀其事，未嘗不臨文痛歎，憤愾交懷。以今況古，乃知一揆耳。

弘之詞雖亮直，終以桓、謝之故不調，卒於餘杭令，年四十七。

王歡

王歡字君厚，樂陵人也。安貧樂道，專精耽學，不營產業，常丐食誦詩，雖家無斗儲，意怡如也。其妻患之，或焚毀其書而求改嫁，歡笑而謂之曰：「卿不聞朱買臣妻邪？」時聞者多哂之。歡守志彌固，遂爲通儒。至慕容暐襲僞號，署爲國子博士，親就受經。遷祭酒。及暐爲苻堅所滅，歡死於長安。

史臣曰：范平等學府儒宗，譽隆望重，或質疑是屬，或師範攸歸，雖爲未及古人，故亦一時之俊。若仲寧之清貞守道，抗志柴門；行齊之居室屢空，棲心陋巷；文博之漱流枕石，鏟跡銷聲；宣子之樂道安貧，弘風闡教：斯並通儒之高尚者也。而邈協和主相，刊削繁辭，可謂將順其美，匡救其惡。舒元入參機務，明主賞其博聞；出莅邊隅，獷狄欽其明德。弘之抗言立論，不避朝權，貶石抵溫，斯爲當矣，遂乃厄於三怨，以至陵遲，悲夫！

贊曰：郁郁周文，洋洋漢典。炙輠流譽，解頤飛辯。雅誥弗淪，微言復顯。爰及晉代，斯風逾闡。

校勘記

〔一〕弟豫自有傳　「豫」當從本傳作「預」。

〔二〕因爲辯釋疑者是非耳　周校：「耳」衍文。

〔三〕皃無常父　斠注：文選奏彈劉整注引王隱晉書「父」作「母」。

〔四〕兄崧　斠注：惠紀作「嵩」。

〔五〕孔衍字舒元　斠注：書鈔五七、七四引晉中興書均作「孔演」，御覽二二〇引晉中興書作「孔演字元舒」。按：隋書經籍志、唐書藝文志俱作「孔衍」。

〔六〕祖文　斠注：魏志三少帝紀有散騎常侍諫議大夫孔乂奏；倉慈傳稱沛國孔乂，注引孔氏譜，孔乂字元儁，是「文」爲「乂」之譌。

〔七〕一夫不可狃　「狃」，各本作「忸」，殿本作「狃」，與左傳僖公十五年原文合，今從之。

〔八〕雖有硜硜之稱　「硜硜」，各本作「踁踁」，殿本則作「硜硜」，今從殿本，蓋此語本論語「鄙哉硜硜」。音義亦云「當作硜」。

〔九〕忠以節義爲先　「節義」，各本作「義節」，宋本作「節義」，今從之。

晉書卷九十二

列傳第六十二

文苑

夫文以化成，惟聖之高義，行而不遠，前史之格言，是以溫洛禎圖，綠字符其丕業；苑山靈篆，金簡成其帝載。既而書契之道聿興，鍾石之文逾廣，移風俗於王化，崇孝敬於人倫，經緯乾坤，彌綸中外，故知文之時義大哉遠矣！

洎姬曆云季，歌頌滋繁，荀宋之流，導源自遠，總金羈而齊騖，揚玉軑而並馳，言泉會於九流，文律諧於六變。自時已降，軌躅同趨，西都賈馬耀靈蛇於掌握，東漢班張發雕龍於綈槧，俱標稱首，咸推雄伯。逮乎當塗基命，文宗鬱起，三祖叶其高韵，七子分其麗則，翰林總其菁華，典論詳其藻絢，彬蔚之美，競爽當年。獨彼陳王，思風遒舉，備乎典奧，懸諸日月。及金行纂極，文雅斯盛，張載擅銘山之美，陸機挺焚研之奇，潘夏連輝，頡頏名輩，並綜採繁縟，杼軸清英，窮廣內之青編，緝平臺之麗曲，嘉聲茂迹，陳諸別傳。至於吉甫、太沖，江右之才傑；曹毗、庾闡，中興之時秀。信乃金相玉潤，林薈川沖，埒美前修，垂裕來葉。今撰其鴻筆之彥，著之文苑云。

應貞

應貞字吉甫，汝南南頓人，魏侍中璩之子也。自漢至魏，世以文章顯，軒冕相襲，爲郡盛族。貞善談論，以才學稱。夏侯玄有盛名，貞詣玄，玄甚重之。舉高第，頻歷顯位。武帝爲撫軍大將軍，以爲參軍。及踐阼，遷給事中。帝於華林園宴射，貞賦詩最美。其辭曰：

悠悠太上，人之厥初。皇極肇建，彝倫攸敷。五德更運，應籙受符。陶唐既謝，天曆在虞。於時上帝，乃顧惟眷。光我晉祚，應期納禪。位以龍飛，文以豹變。玄澤滂流，仁風潛扇。區內宅心，方隅迴面。天垂其象，地耀其文。鳳鳴朝陽，龍翔景雲。嘉禾重穎，蓂莢載芬。率土咸寧，人胥悅欣。

恢恢皇度，穆穆聖容。言思其允，貌思其恭。在視斯明，在聽斯聰。登庸以德，明試以功。其恭惟何？昧旦丕顯。無義不經，無理不踐。行舍其華，言去其辯。游心至虛，同規易簡。六府孔修，九有來踐。澤罔不被，化莫不加。聲敎南暨，西漸流沙。幽人肆險，遠國忘遐；越常重譯，充牣皇家。峨峨列辟，赫赫武臣。內和五品，外威四賓。順時貢職，入覲天人。備言錫命，羽蓋朱輪。

貽宴好會，不常厥數。神心所授，不言而喻。於時肆射，弓矢斯具。發彼互的，〔一〕有酒斯飫。文武之道，厥猷未墜。在昔先王，射御茲器。示武懼荒，過則有失。凡厥羣后，無懈于位。

初置太子中庶子官，貞與護軍長史孔恂俱爲之。後遷散騎常侍，以儒學與太尉荀顗撰定新禮，未施行。泰始五年卒，文集行於世。

弟純。純子紹，永嘉中，至黃門郎，爲東海王越所害。純弟秀，秀子儋，自有傳。

成公綏

成公綏字子安，東郡白馬人也。幼而聰敏，博涉經傳。性寡欲，不營資產，家貧歲飢，常晏如也。少有俊才，詞賦甚麗，閑默自守，不求聞達。時有孝烏，每集其廬舍，綏謂有反哺之德，以爲祥禽，乃作賦美之，文多不載。又以「賦者貴能分賦物理，敷演無方，天地之盛，可以致思矣。歷觀古人未之有賦，豈獨以至麗無文，難以辭贊；不然，何其闕哉？」遂爲天地賦曰：

惟自然之初載兮，道虛無而玄清，太素紛以溷淆兮，始有物而混成，何元一之芒昧兮，廓開闢而著形。爾乃清濁剖分，玄黃判離。太極既殊，是生兩儀，星辰煥列，日月重規，天動以尊，地靜以卑，昏明迭炤，或盈或虧，陰陽協氣而代謝，寒暑隨時而推移。三才殊性，五行異位，千變萬化，繁育庶類，授之以形，稟之以氣。色表文采，聲有音律，覆載無方，流形品物。鼓以雷霆，潤以慶雲，八風翺翔，六氣氤氳。蚑行蠕動，方聚類分，鱗殊族別，羽毛異羣，各含精而鎔冶，咸受範於陶鈞，何滋育之罔極兮，偉造化之至神！

若夫懸象成文，列宿有章，三辰燭燿，五緯重光，河漢委蛇而帶天，虹蜺偃蹇於昊蒼，望舒彌節於九道，羲和正轡於中黃，衆星回而環極，招搖運而指方，白獸峙據於參伐，青龍垂尾於心房，玄龜匿首於女虛，朱鳥奮翼於注張，帝皇正坐於紫宮，輔臣列位於文昌，垣屛駱驛而珠連，三台差池而雁翔，軒轅華布而曲列，攝提鼎峙而相望。若乃徵瑞表祥，災變呈異，交會薄蝕，抱暈帶珥，流逆犯歷，譴悟象事，蓬容著而妖害生，老人形而主受喜，天矢黃而國吉祥，彗孛發而世所忌。

爾乃旁觀四極，俯察地理，川瀆浩汗而分流，山嶽磊落而羅峙，滄海沆漭而四周，懸圃隆崇而特起，昆吾嘉於南極，燭龍曜於北阯，扶桑高于萬仞，尋木長于千里，崑崙鎭於陰隅，赤縣據於辰巳。於是八十一域，區分方別，風乖俗異，險斷阻絕。萬國羅布，九州並列。青冀白壤，荆衡塗泥，海岱赤埴，華梁青黎，兗帶河洛，揚有江淮。辯方正土，經略建邦，王圻九服，列國一同，連城比邑，深池高墉，康衢交路，四達五通。東至暘谷，西極泰濛，南曁丹炮，北盡空同。遐方外區，絕域殊鄰，人首蛇軀，鳥翼龍身，衣毛被羽，或介或鱗，棲林浮水，若獸若人，居于大荒之外，處于亘海之濱。

於是六合混一而同宅，宇宙結體而括囊，渾元運流而無窮，陰陽循度而率常，回動糾紛而乾乾，天道不息而自强。統羣生而載育，人託命於所繫，尊太一於上皇，奉萬神於五帝，故萬物之所宗，必敬天而事地。

若乃共工赫怒，天柱摧折，東南俄其既傾，西北豁而中裂，斷鼇足而續毁，鍊玉石而補缺。豈斯事之有徵，將言者之虚設？何陰陽之難測，偉二儀之參闊！

坤厚德以載物，乾資始而至大，俯盡鑒於有形，仰蔽視於所蓋，游萬物而極思，故一言于天外。

綏雅好音律，嘗當暑承風而嘯，泠然成曲，因爲嘯賦曰：

逸羣公子，體奇好異，傲世忘榮，絕棄人事，希高慕古，長想遠思，將登箕山以抗節，浮滄海以游志。於是延友生，集同好，精性命之至機，研道德之玄奧，愍流俗之未悟，獨超然而先覺，狹世路之阨僻，仰天衢而高蹈，邈跨俗而遺身，乃慷慨而長嘯。于時曜靈俄景，流光濛汜，逍遙攜手，躊躇步趾，發妙聲於丹脣，激哀音於皓齒，響抑揚而潛轉，氣衝鬱而熛起，協黄宮於淸角，雜商羽於流徵，飄浮雲於泰淸，集長風于萬里。曲旣終而響絶，遺餘玩而未已，良自然之至音，非絲竹之所擬。是故聲不假器，用不借物，近取諸身，役心御氣。動脣有曲，發口成音，觸類感物，因歌隨吟。大而不洿，細而不沈，淸激切於竽笙，優潤和於瑟琴，玄妙足以通神悟靈，精微足以窮幽測深，收激楚之哀荒，節北里之奢淫，濟洪災於炎旱，反亢陽於重陰。引唱萬變，曲用無方，和樂怡懌，悲傷摧藏。時幽散而將絶，中矯厲而慨慷，徐婉約而優游，紛繁騖而激揚。情旣思而能反，心雖哀而不傷。總八音之至和，固極樂而無荒。

若乃登高臺以臨遠，披文軒而騁望，喟仰抃而抗首，嘈長引而憀亮。或舒肆而自反，或徘徊而復放，或冉弱而柔撓，或澎濞而奔壯。横鬱鳴而滔涸，冽繚眺而淸昶。逸氣奮涌，繽紛交錯，烈烈飈揚，啾啾響作。奏胡馬之長思，迴寒風乎北朔，又似鴻雁之將雛，羣鳴號乎沙漠。故能因形創聲，隨事造曲，應物無窮，機發響速，怫鬱衝流，參譚雲屬，若離若合，將絶復續。飛廉鼓於幽隧，猛獸應於中谷；南箕動於穹蒼，淸飈振於喬木；散滯積而播揚，蕩埃藹之溷濁，變陰陽於至和，移淫風之穢俗。

若乃游崇岡，陵景山，臨巖側，望流川，坐磐石，漱淸泉，藉皐蘭之猗靡，蔭修竹之蟬蜎，乃吟詠而發歎，聲驛驛而響連，舒蓄思之悱憤，奮久結之纏緜，心滌蕩而無累，志離俗而飄然。

若夫假象金革，擬則陶匏，衆聲繁奏，若笳若簫；磞硠震隱，訇礚啷嘈。發徵則隆冬熙烝，騁羽則嚴霜夏凋，動商則秋霖春降，奏角則谷風鳴條。音均不恒，曲無定制，行而不流，止而不滯，隨口吻而發揚，假芳氣而遠逝，音要妙而流響，聲激嚁而清厲。信自然之極麗，羌殊尤而絕世，越韶夏與咸池，何徒取異乎鄭衛！

于時緜駒結舌而喪精，王豹杜口而失色，虞公輟聲而止歌，甯子斂手而歎息，鍾期棄琴而改聽，尼父忘味而不食，百獸率儛而抃足，鳳皇來儀而拊翼。乃知長嘯之奇妙，此音聲之至極。

張華雅重緩，每見其文，歎伏以爲絕倫，薦之太常，徵爲博士。歷祕書郎，轉丞，遷中書郎。每與華受詔並爲詩賦，又與賈充等參定法律。泰始九年卒，年四十三，所著詩賦雜筆十餘卷行於世。

左思

左思字太沖，齊國臨淄人也。其先齊之公族有左右公子，因爲氏焉。家世儒學。父雍，起小吏，以能擢授殿中侍御史。思少學鍾、胡書及鼓琴，並不成。雍謂友人曰：「思所曉解，不及我少時。」思遂感激勤學，兼善陰陽之術。貌寢，口訥，而辭藻壯麗。不好交遊，惟以閑居爲事。

造齊都賦，一年乃成。復欲賦三都，會妹芬入宮，移家京師，乃詣著作郎張載訪岷邛之事。遂構思十年，門庭藩溷皆著筆紙，遇得一句，卽便疏之。自以所見不博，求爲祕書郎。及賦成，時人未之重。思自以其作不謝班張，恐以人廢言，安定皇甫謐有高譽，思造而示之。謐稱善，爲其賦序。張載爲注魏都，劉逵注吳蜀而序之曰：「觀中古以來爲賦者多矣，相如子虛擅名於前，班固兩都理勝其辭，張衡二京文過其意。至若此賦，擬議數家，傅辭會義，抑多精致，非夫研覈者不能練其旨，非夫博物者不能統其異。世咸貴遠而賤近，莫肯用心於明物。斯文吾有異焉，故聊以餘思爲其引詁，亦猶胡廣之於官箴，蔡邕之於典引也。」〔二〕陳留衞權又爲思賦作略解，〔三〕序曰：「余觀三都之賦，言不苟華，必經典要，品物殊類，稟之圖籍；辭義瓌瑋，良可貴也。有晉徵士故太子中庶子安定皇甫謐，西州之逸士，耽籍樂道，高尚其事，覽斯文而慷慨，爲之都序。中書著作郎安平張載、中書郎濟南劉逵，並以經學洽博，才章美茂，咸皆悅玩，爲之訓詁；其山川土域，草木鳥獸，奇怪珍異，僉皆研精所由，紛散其義矣。余嘉其文，不能默已，聊藉二子之遺忘，又爲之略解，祇增煩重，覽者闕焉。」自是之後，盛重於時，文多不載。司空張華見而歎曰：「班張之流也。使讀之者盡而有餘，久而更新。」於是豪貴之家競相傳寫，洛陽爲之紙貴。初，陸機入洛，欲爲此賦，聞思作之，撫掌而笑，與弟雲書曰：「此間有傖父，欲作三都賦，須其成，當以覆酒甕耳。」及思賦出，機絕歎伏，以爲不能加也，遂輟筆焉。

祕書監賈謐請講漢書，謐誅，退居宜春里，專意典籍。齊王冏命爲記室督，辭疾，不就。及張方縱暴都邑，舉家適冀州。數歲，以疾終。

趙至

趙至字景眞，代郡人也。寓居洛陽。緱氏令初到官，至年十三，與母同觀。母曰：「汝先世本非微賤，世亂流離，遂爲士伍耳。爾後能如此不？」至感母言，詣師受業。聞父耕叱牛聲，投書而泣。師怪問之，至曰：「我小未能榮養，使老父不免勤苦。」師甚異之。

年十四，詣洛陽，游太學，遇嵇康於學寫石經，徘徊視之不能去，而請問姓名。康曰：「年少何以問邪？」曰：「觀君風器非常，所以問耳。」康異而告之。後乃亡到山陽，求康不得而還。又將遠學，母禁之，至遂陽狂，走三五里，輒追得之。年十六，游鄴，復與康相遇，隨康還山陽，改名浚，字允元。康每曰：「卿頭小而銳，童子白黑分明，有白起之風矣。」及康卒，至詣魏興見太守張嗣宗，甚被優遇。嗣宗遷江夏相，隨到涓川，欲因入吳，而嗣宗卒，乃向遼西而占戶焉。

初，至與康兄子蕃友善，及將遠適，乃與蕃書敍離，并陳其志曰：

昔李叟入秦，及關而歎；梁生適越，登嶽長謠。夫以嘉遁之舉，猶懷戀恨，況乎不得已者哉！惟別之後，離羣獨逝，背榮讌，辭倫好，經迴路，造沙漠。雞鳴戒旦，則飄爾晨征；日薄西山，則馬首靡託。尋歷曲阻，則沈思紆結；登高遠眺，則山川攸隔。或乃迴風狂厲，白日寢光，徙倚交錯，陵隰相望，徘徊九皋之內，慷慨重阜之顛，進無所由，退無所據，涉澤求蹊，披榛覓路，嘯咏溝渠，良不可度。斯亦行路之艱難，然非吾心之所懼也。至若蘭茝傾頓，桂林移殖，根萌未樹而牙淺弦急，每恐風波潛駭，危機密發，此所以怵惕於長衢也。又北土之性，難以託根，投人夜光，鮮不按劍。今將殖橘柚於玄朔，蔕華藕於修陵，表龍章於裸壤，奏韶武於聾俗，固難以取貴矣。夫物不我貴則莫之與，莫之與則傷之者至矣。飄颻遠游之士，託身無人之鄉，總轡遐路，則有前言之難；懸鞍陋宇，則有後慮之戒；朝霞啓暉，則身疲而遄征；太陽戢曜，則情劬而夕惕；肆目平隰，則寥廓而無覩；極聽修原，則掩寂而無聞。吁其悲矣！心傷瘁矣！然後知步驟之士不足爲貴也。

顧景中原，憤氣雲踊，哀物悼世，激情風厲。龍嘯大野，獸睇六合，猛志紛紜，雄心四據。思躡雲梯，横奮八極，披艱掃穢，蕩海夷嶽，蹴崑崙使西倒，蹋太山令東覆，平滌九區，恢維宇宙，斯吾之鄙願也。時不我與，垂翼遠逝，鋒距靡加，六翮摧屈，自非知命，孰能不憤悒者哉！吾子殖根芳苑，濯秀清流，晞葉華崖，飛藻雲肆，俯據潛龍之渚，仰蔭游鳳之林，榮曜眩其前，艷色餌其後，良疇交其左，聲名馳其右，翺翔倫黨之間，弄姿帷房之裏，從容顧眄，綽有餘裕，俯仰吟嘯，自以爲得志矣，豈能與吾曹同大丈夫之憂樂哉！

去矣嵇生，遠離隔矣！煢煢飄寄，臨沙漠矣！悠悠三千，路難涉矣！攜手之期，邈無日矣！思心彌結，誰云釋矣！無金玉爾音而有遐心。身雖胡越，意存斷金。各敬爾儀，敦履璞沈，繁華流蕩，君子弗欽。臨紙意結，知復何云。

至身長七尺四寸，論議精辯，有從横才氣。遼西舉郡計吏，到洛，與父相遇。時母已亡，父欲令其宦立，弗之告，仍戒以不歸，至乃還遼西。幽州三辟部從事，斷九獄，見稱精審。太康中，以良吏赴洛，方知母亡。初，至自恥士伍，欲以宦學立名，期於榮養。既而其志不就，號憤慟哭，歐血而卒，時年三十七。

鄒湛

鄒湛字潤甫，南陽新野人也。父軌，魏左將軍。湛少以才學知名，仕魏歷通事郎、太學博士。泰始初，轉尚書郎、廷尉平、征南從事中郎，深爲羊祜所器重。入爲太子中庶子。太康中，拜散騎常侍，出補渤海太守，轉太傅楊駿長史，遷侍中。駿誅，以僚佐免官。尋起爲散騎常侍、國子祭酒，轉少府。元康末卒，所著詩及論事議二十五首，爲時所重。

初，湛嘗夢見一人，自稱甄舒仲，餘無所言，如此非一。久之，乃悟曰：「吾宅西有積土敗瓦，其中必有死人。甄舒仲者，予舍西土瓦中人也。」檢之，果然，厚加斂葬。葬畢，遂夢此人來謝。

子捷，字太應，亦有文才。永康中，爲散騎侍郎。及趙王倫篡逆，捷與陸機等俱作禪文。倫誅，坐下廷尉，遇赦免。後爲太傅參軍。永嘉末，卒。

棗據

棗據字道彥，潁川長社人也。本姓棘，其先避仇改焉。父叔禕，魏鉅鹿太守。據美容貌，善文辭。弱冠，辟大將軍府，出爲山陽令，有政績。遷尚書郎，轉右丞。賈充伐吳，請爲從事中郎。軍還，徙黃門侍郎、冀州刺史、太子中庶子。太康中卒，時年五十餘。所著詩賦論四十五首，遇亂多亡失。

子腆，字玄方，亦以文章顯。永嘉中爲襄城太守。弟嵩，字臺產，才藝尤美，爲太子中庶子、散騎常侍，爲石勒所殺。

褚陶

褚陶字季雅，吳郡錢塘人也。弱不好弄，少而聰慧，清淡閑默，以墳典自娛。年十三，作鷗鳥、水碓二賦，見者奇之。陶嘗謂所親曰：「聖賢備在黃卷中，捨此何求！」州郡辟，不就。吳平，召補尚書郎。張華見之，謂陸機曰：「君兄弟龍躍雲津，顧彥先鳳鳴朝陽，謂東南之寶已盡，不意復見褚生。」機曰：「公但未覩不鳴不躍者耳。」華曰：「故知延州之德不孤，〔四〕川嶽之寶不匱矣。」遷九眞太守，轉中尉。年五十五卒。

王沈

王沈字彥伯，高平人也。少有俊才，出於寒素，不能隨俗沈浮，爲時豪所抑。仕郡文學掾，鬱鬱不得志，乃作釋時論，其辭曰：

東野丈人觀時以居，隱耕汙腴之墟。有冰氏之子者，出自沍寒之谷，過而問塗。丈人曰：「子奚自？」曰：「自涸陰之鄉。」「奚適？」曰：「欲適煌煌之堂。」丈人曰：「入煌煌之堂者，必有赫赫之光。今子困於寒而欲求諸熱，無得熱之方。」冰子瞿然曰：「胡爲其然也？」丈人曰：「融融者皆趣熱之士，其得爐冶之門者，惟挾炭之子。苟非斯人，不如其已。」冰子曰：「吾聞宗廟之器不要華林之木，四門之賓何必冠蓋之族。前賢有解韋索而佩朱韍，舍徒擔而乘丹轂。由此言之，何恤而無祿！惟先生告我塗之速也。」

丈人曰：「嗚呼！子聞得之若是，不知時之在彼。吾將釋子。夫道有安危，時有險易，才有所應，行有所適。英奇奮於從橫之世，賢智顯於霸王之初，當厄難則騁權譎以良圖，值制作則展儒道以暢攄，是則衰龍出於縕褐，卿相起於匹夫，故有朝賤而夕貴，先卷而後舒。當斯時也，豈計門資之高卑，論勢位之輕重乎！今則不然。上聖下明，時隆道寧，羣后逸豫，宴安守平。百辟君子，奕世相生，公門有公，卿門有卿。指禿腐骨，不簡蚩儜。多士豐於貴族，爵命不出閨庭。四門穆穆，綺襦是盈，仍叔之子，皆爲老成。賤有常辱，貴有常榮，肉食繼踵於華屋，疏飯襲跡於耨耕。談名位者以諂媚附勢，舉高譽者因資而隨形。至乃空囂者以泓噌爲雅量，瑣慧者以淺利爲鎗鎗，脢胎者以無檢爲弘曠，僂垢者以守意爲堅貞，嘲哮者以粗發爲高亮，韞蠢者以色厚爲篤誠，痷婪者以博納爲通濟，眡眡者以難入爲凝淸，拉答者有沈重之譽，嗛閃者得淸剿之聲，嗆哼怯畏於謙讓，闒茸勇敢於饕諍。斯皆寒素之死病，榮達之嘉名。凡茲流也，視其用心，察其所安，責人必急，於己恒寬。德無厚而自貴，位未高而自尊，眼罔嚮而遠視，鼻䶌䶌而刺天。忌惡君子，悅媚小人，敖蔑道素，懾吁權門。心以利傾，智以勢惛，姻黨相扇，毀譽交紛。當局迷於所受，聽採惑於所聞。京邑翼翼，羣士千億，奔集勢門，求官買職，童僕闚其車乘，閽寺相其服飾，親客陰參於靖室，疏賓徙倚於門側。時因接見，矜厲容色，心懷內荏，外詐剛直，譚道義謂之俗生，論政刑以爲鄙極。高會曲宴，惟言遷除消息，官無大小，問是誰力。今以子孤寒，懷眞抱素，志陵雲霄，偶景獨步，直順常道，關津難渡，欲騁韓盧，時無狡兔，衆塗圮塞，投足何錯！」

於是冰子釋然乃悟曰：「富貴人之所欲，貧賤人之所惡。僕少長於孔顏之門，久處於淸寒之路，不謂熱勢自共遮錮。敬承明誨，服我初素，彈琴詠典，以保年祚。伯成、延陵，高節可慕。丹轂滅族，呂霍哀吟，朝榮夕滅，旦飛暮沈。聃周道師，巢由德林，豐屋蔀家，易著明箴。人薄位尊，積罰難任，三郤尸晉，宋華咎深，投局正幅，實獲我心。」是時王政陵遲，官才失實，君子多退而窮處，遂終于里閭。

元康初，松滋令吳郡蔡洪字叔開，有才名，作孤奮論，與釋時意同，讀之者莫不歎息焉。

張翰

張翰字季鷹，吳郡吳人也。父儼，吳大鴻臚。翰有清才，善屬文，而縱任不拘，時人號爲「江東步兵」。會稽賀循赴命入洛，經吳閶門，於船中彈琴。翰初不相識，乃就循言譚，便大相欽悅。問循，知其入洛，翰曰：「吾亦有事北京。」便同載卽去，而不告家人。

齊王冏辟爲大司馬東曹掾。冏時執權，翰謂同郡顧榮曰：「天下紛紛，禍難未已。夫有四海之名者，求退良難。吾本山林間人，無望於時。子善以明防前，以智慮後。」榮執其手，愴然曰：「吾亦與子採南山蕨，飲三江水耳。」翰因見秋風起，乃思吳中菰菜、蓴羹、鱸魚膾，曰：「人生貴得適志，何能羈宦數千里以要名爵乎！」遂命駕而歸。著首丘賦，文多不載。俄而冏敗，人皆謂之見機。然府以其輒去，除吏名。

翰任心自適，不求當世。或謂之曰：「卿乃可縱適一時，獨不爲身後名邪？」答曰：「使我有身後名，不如卽時一杯酒。」時人貴其曠達。性至孝，遭母憂，哀毀過禮。年五十七卒。其文筆數十篇行於世。

庾闡

庾闡字仲初，潁川鄢陵人也。祖輝，安北長史。父東，以勇力聞。武帝時，有西域健胡趫捷無敵，晉人莫敢與校。帝募勇士，惟東應選，遂撲殺之，名震殊俗。闡好學，九歲能屬文。少隨舅孫氏過江。母隨兄肇爲樂安長史，在項城。永嘉末，爲石勒所陷，闡母亦沒。闡不櫛沐，不婚宦，絕酒肉，垂二十年，鄉親稱之。州舉秀才，元帝爲晉王，辟之，皆不行。後爲太宰、西陽王羕掾，累遷尚書郎。蘇峻之難，闡出奔郗鑒，爲司空參軍。峻平，以功賜爵吉陽縣男，拜彭城內史。鑒復請爲從事中郎。尋召爲散騎侍郎，領大著作。頃之，出補零陵太守，入湘川，弔賈誼。其辭曰：

中興二十三載，余忝守衡南，鼓檝三江，路次巴陵，望君山而過洞庭，涉湘川而觀汨水，臨賈生投書之川，慨以永懷矣。及造長沙，觀其遺象，喟然有感，乃弔之云。

偉哉蘭生而芳，玉產而潔，陽葩熙冰，寒松負雪，莫邪挺鍔，天驥汗血，苟云其雋，誰與比傑！是以高明倬茂，獨發奇秀，道率天眞，不議世疚，煥乎若望舒耀景而焯羣星，矯乎若翔鸞拊翼而逸宇宙也。飛榮洛汭，擢穎山東，質淸浮磬，聲若孤桐，琅琅其璞，巖巖其峯，信道居正，而以天下爲公，方駕逸步，不以曲路期通。是以張高弦悲，聲激柱落，淸唱未和，而桑濮代作，雖有惠音，莫過韶濩，雖有騰鱗，終仆一壑。嗚呼！大庭既邈，玄風悠緬，皇道不以智隆，上德不以仁顯。三五親譽，其軌可仰而標，霸功雖逸，其塗可翼而闡，悲矣先生，何命之蹇！懷寶如玉，而生運之淺！

昔咎繇暮虞，呂尚歸昌，德協充符，乃應帝王。夷吾相桓，漢登蕭張；草廬三顧，臭若蘭芳。是以道隱則蠖屈，數感則鳳覩，若棲不擇木，翔非九五，雖曰玉折，儁才何補！夫心非死灰，智必存形，形託神王，〔五〕故能全生。奈何蘭膏，揚芳漢庭，摧景飈風，獨喪厥明。悠悠太素，存亡一指，道來斯通，世往斯圮。吾哀其生，未見其死，敢不敬弔，寄之淥水。

後以疾，徵拜給事中，復領著作。吳國內史虞潭爲太伯立碑，闡製其文。又作揚都賦，爲世所重。年五十四卒，謚曰貞，所著詩賦銘頌十卷行於世。

子肅之，亦有文藻著稱，歷給事中、相府記室、湘東太守。太元中卒。

曹毗

曹毗字輔佐，譙國人也。高祖休，魏大司馬。父識，右軍將軍。毗少好文籍，善屬詞賦。郡察孝廉，除郎中，蔡謨舉爲佐著作郎。父憂去職。服闋，遷句章令，徵拜太學博士。時桂陽張碩爲神女杜蘭香所降，毗因以二篇詩嘲之，并續蘭香歌詩十篇，甚有文彩。又著揚都賦，亞於庾闡。

累遷尚書郎、鎭軍大將軍從事中郎、下邳太守。以名位不至，著對儒以自釋。其辭曰：

或問曹子曰：「夫寶以含珍爲貴，士以藏器爲峻，麟以絕迹標奇，松以負霜稱雋，是以蘭生幽澗，玉輝千仞。故子州浮滄瀾而龍蟠，吳季忽萬乘以解印，虞公潛崇巖以頤神，梁生適南越以保愼，固能全眞養和，夷跡洞潤，陵冬揚芳，披雪獨振也。

今子少睎冥風，弱挺秀容，奇發幼齡，翰披孺童。吐辭則藻落楊班，抗心則志擬高鴻，味道則理貫莊肆，研妙則穎奪豪鋒。固以騰廣莫而萋蒨，排素薄而青蔥者矣，何必以刑禮爲己任，申韓爲宏通！旣登東觀，染史筆；又據太學，理儒功。曾無玄韵淡泊，逸氣虛洞，養采幽翳，晦明蒙籠。不追林棲之迹，不希抱鱗之龍，不營練眞之術，不慕內聽之聰。而處汎位以核物，扇塵教以自濛，負鹽車以顯能，飾一己以求恭。退不居漆園之場，出不躡曾城之衝，游不踐綽約之室，趣不希騄駬之蹤；徒以區區之懷而整名目之典，覆簣之量而塞北川之洪，檢名實於俄頃之間，定得失乎一管之鋒。

子若謂我果是邪？則是不必以合俗。子若云俗果非邪？則俗非不可以苟從。〔六〕俗我紛以交爭，利害渾而彌重，何異執朽轡以御逸駟，承勁風以握秋蓬，役恬性以充勞府，對羣物以耦怨雙者乎？子不聞乎終軍之穎，賈生之才，拔奇山東，玉映漢臺，可謂響播六合，聲駭嬰孩，而見毀絳灌之口，身離狼狽之災。由此言之，名爲實賓，福萌禍胎，朝敷榮華，夕歸塵埃，未若澄虛心於玄圃，蔭瑤林於蓬萊，絕世事而雋黃綺，鼓滄川而浪龍鰓者矣。蒙竊惑焉。」

主人煥耳而笑，欣然而言曰：「夫兩儀既闢，陰陽汗浩，五才迭用，化生紛擾，萬類云云，孰測其兆！故不登閬風，安以瞻殊目之形？不步景宿，何以觀恢廓之表？是以迷粗者循一往之智，狷介者守一方之矯，豈知火林之蔚炎柯，冰津之擢陽草！故大人達觀，任化昏曉，出不極勞，處不巢皓，在儒亦儒，在道亦道，運屈則紓其淸暉，時申則散其龍藻，此蓋員動之用舍，非尋常之所寶也。

今三明互照，二氣載宣，玄教夕凝，朗風晨鮮，道以才暢，化隨理全。故五典克明於百揆，虞音齊響於五絃，安期解褐於秀林，漁父擺鉤於長川。如斯則化無不融，道無不延，風澄于俗，波淸于川。方將舞黃虯於慶雲，招儀鳳於靈山，流玉醴乎華闔，秀朱草於庭前。何有違理之患，累眞之嫌！子徒知辯其說而未測其源，明朝菌不可喩晦朔，〔七〕蟪蛄無以觀大年，固非管翰之所述，聊敬對以終篇。」

累遷至光祿勳，卒。凡所著文筆十五卷，傳於世。

李充

李充字弘度，江夏人。父矩，江州刺史。充少孤，其父墓中柏樹嘗爲盜賊所斫，充手刃之，由是知名。善楷書，妙參鍾索，世咸重之。辟丞相王導掾，轉記室參軍。幼好刑名之學，深抑虛浮之士，嘗著學箴，稱：

老子云：「絕仁棄義，家復孝慈。」豈仁義之道絕，然後孝慈乃生哉？蓋患乎情仁義者寡而利仁義者衆也。道德喪而仁義彰，仁義彰而名利作，禮教之弊，直在茲也。先王以道德之不行，故以仁義化之，行仁義之不篤，故以禮律檢之；檢之彌繁，而僞亦愈廣，老莊是乃明無爲之益，塞爭欲之門。夫極靈智之妙、總會通之和者，莫尙乎聖人。革一代之弘制，垂千載之遺風，則非聖不立。然則聖人之在世，吐言則爲訓辭，莅事則爲物軌，運通則與時隆，理喪則與世弊矣。是以大爲之論以標其旨。物必有宗，事必有主，寄責於聖人而遺累乎陳迹也。故化之以絕聖棄智，鎭之以無名之樸。聖教救其末，老莊明其本，本末之塗殊而爲教一也。人之迷也，其日久矣！見形者衆，及道者尠，不覿千仞之門而逐適物之迹，逐迹逾篤，離本逾遠，遂使華端與薄俗俱興，妙緒與淳風並絕，所以聖人長潛而迹未嘗滅矣。懼後進惑其如此，將越禮棄學而希無爲之風，見義教之殺而不覩其隆矣，略言所懷，以補其闕。引道家之弘旨，會世教之適當，義之違本，言不流放，庶以袪困蒙之蔽，悟一往之惑乎！其辭曰：

芒芒太初，悠悠鴻荒，蚩蚩萬類，與道兼忘。聖迹未顯，賢名不彰，怡此鼓腹，率我猖狂。資生既廣，羣塗思通，闇實師明，匪予求蒙，遺己濟物而天下爲公。大庭唱基，羲農宏贊，六位時成，離暉大觀，澤洽雨濡，化流風散，比屋同塵而人罔僭亂。爰暨中古，哲王胥承，質文代作，禮統迭興，事藉用以繁，化因阻而凝，動非性擾，靜豈神澄！名之攸彰，道之攸廢，乃損所隆，乃崇所替，刑作由於德衰，三辟興乎叔世，既敦既誘，乃矯乃厲。敦亦既備，矯亦既深，彫琢生文，抑揚成音，羣能騁技，衆巧竭心，野無陸馬，山無散林。風罔不動，化罔不移，人之失德，反正作奇。乃放欲以越禮，不知希競之爲病，違彼夷塗而遵此險徑。狡兎陵岡，游魚遁川，至賾深妙，大象幽玄，棄餌收罝而責功蹄筌，先統喪歸而寄旨忘言。政異徽辭，拔本塞源，遁迹永日，尋響窮年，刻意離性而失其常然。世有險夷，運有通圮，損益適時，升降惟理。道不可以一日廢，亦不可以一朝擬，禮不可以千載制，亦不可以當年止。非仁無以長物，非義無以齊耻，仁義固不可遠，去其害仁義者而已。力行猶懼不逮，希企邈以遠矣。室有善言，應在千里，況乎行止復禮克己。風人司箴，敬貽君子。

征北將軍褚裒又引爲參軍，充以家貧，苦求外出。裒將許之爲縣，試問之，充曰：「窮猨投林，豈暇擇木！」乃除剡縣令。遭母憂。服闋，爲大著作郎。

于時典籍混亂，充刪除煩重，以類相從，分作四部，甚有條貫，祕閣以爲永制。累遷中書侍郎，卒官。充注尚書及周易旨六篇、釋莊論上下二篇、詩賦表頌等雜文二百四十首，行於世。

子顒，亦有文義，多所述作，郡舉孝廉。

充從兄式以平隱著稱，善楷隸。中興初，仕至侍中。

袁宏

袁宏字彥伯，侍中猷之孫也。父勖，臨汝令。宏有逸才，文章絕美，曾爲詠史詩，是其風情所寄。少孤貧，以運租自業。謝尚時鎮牛渚，秋夜乘月，率爾與左右微服泛江。〔八〕會宏在舫中諷詠，聲既清會，辭又藻拔，遂駐聽久之，遣問焉。答云：「是袁臨汝郎誦詩。」即其詠史之作也。尚傾率有勝致，即迎升舟，與之譚論，申旦不寐，自此名譽日茂。

尚爲安西將軍、豫州刺史，引宏參其軍事。累遷大司馬桓溫府記室。溫重其文筆，專綜書記。後爲東征賦，賦末列稱過江諸名德，而獨不載桓彝。時伏滔先在溫府，又與宏善，苦諫之。宏笑而不答。溫知之甚忿，而憚宏一時文宗，不欲令人顯問。後游青山飲歸，命宏同載，衆爲之懼。行數里，問宏云：「聞君作東征賦，多稱先賢，何故不及家君？」宏答曰：「尊公稱謂非下官敢專，既未遑啓，不敢顯之耳。」溫疑不實，乃曰：「君欲爲何辭？」宏卽答云：「風鑒散朗，或搜或引，身雖可亡，道不可隕，宣城之節，信義爲允也。」溫泫然而止。宏賦又不及陶侃，侃子胡奴嘗於曲室抽刃問宏曰：「家君勳跡如此，君賦云何相忽？」宏窘急，答曰：「我已盛述尊公，何乃言無？」因曰：「精金百汰，在割能斷，功以濟時，職思靜亂，長沙之勳，爲史所贊。」胡奴乃止。

後爲三國名臣頌曰：

夫百姓不能自牧，故立君以治之；明君不能獨治，則爲臣以佐之。然則三五迭隆，歷代承基，揖讓之與干戈，文德之與武功，莫不宗匠陶鈞而羣才緝熙，元首經略而股肱肆力。雖遭羅不同，迹有優劣，至於體分冥固，道契不墜，風美所扇，訓革千載，其揆一也。故二八升而唐朝盛，伊呂用而湯武寧，三賢進而小白興，五臣顯而重耳霸。中古陵遲，斯道替矣。居上者不以至公理物，爲下者必以私路期榮，御員者不以信誠率衆，執方者必以權謀自顯。於是君臣離而名教薄，世多亂而時不治，故蘧甯以之卷舒，柳下以之三黜，接輿以之行歌，魯連以之赴海。衰世之中，保持名節，君臣相體，若合符契，則燕昭、樂毅古之流矣。夫未遇伯樂，則千載無一驥；時值龍顏，則當年控三傑，漢之得賢，於斯爲貴。高祖雖不以道勝御物，羣下得盡其忠；蕭曹雖不以三代事主，百姓不失其業。靜亂庇人，抑亦其次。夫時方顛沛，則顯不如隱；萬物思治，則默不如語。是以古之君子不患弘道難，患遭時難；遭時匪難，遇君難。故有道無時，孟子所以咨嗟；有時無君，賈生所以垂泣。夫萬歲一期，有生之通塗；千載一遇，賢智之嘉會。遇之不能無欣，喪之何能無慨。古人之言，信有情哉！余以暇日常覽國志，考其君臣，比其行事，雖道謝先代，亦異世一時也。

文若懷獨見之照，而有救世之心，論時則人方塗炭，計能則莫出魏武，故委圖霸朝，豫謀世事。舉才不以標鑒，故人亡而後顯；籌畫不以要功，故事至而後定。雖亡身明順，識亦高矣。

董卓之亂，神器遷逼，公達慨然，志在致命。由斯而譚，故以大存名節。至如身爲漢隸而跡入魏幕，源流趣舍，抑亦文若之謂。所以存亡殊致，始終不同，將以文若既明且哲，名教有寄乎！夫仁義不可不明，則時宗舉其致；生理不可不全，故達識攝其契。相與弘道，豈不遠哉！

崔生高朗，折而不撓，所以策名魏武、執笏霸朝者，蓋以漢主當陽，魏后北面者哉！若乃一旦進璽，君臣易位，則崔生所以不與，魏氏所以不容。夫江湖所以濟舟，亦所以覆舟；仁義所以全身，亦所以亡身。然而先賢玉摧於前，來哲攘袂於後，豈天懷發中，〔九〕而名教束物者乎！

孔明盤桓，俟時而動，遐想管樂，遠明風流，治國以禮，人無怨聲，刑罰不濫，沒有餘泣，雖古之遺愛，何以加茲！及其臨終顧託，受遺作相，劉后授之無疑心，武侯受之無懼色，繼體納之無貳情，百姓信之無異辭，君臣之際，良可詠矣！公瑾卓爾，逸志不羣，總角料主，〔一〇〕則素契於伯符；晚節曜奇，則三分於赤壁。惜其齡促，志未可量。

子布佐策，致延譽之美，輟哭止哀，有翼戴之功，神情所涉，豈徒謇諤而已哉！然杜門不用，登壇受譏。夫一人之身所照未異，而用舍之間俄有不同，況沈跡溝壑，遇與不遇者乎！

夫詩頌之作，有自來矣。或以吟詠情性，或以紀德顯功，雖大指同歸，所託或乖。若夫出處有道，名體不滯，風軌德音，爲世作範，不可廢也。復綴序所懷，以爲之贊曰：

火德既微，運纏大過。洪飇扇海，二溟揚波。蚪獸雖驚，〔一一〕風雲未和。潛魚擇川，高鳥候柯。赫赫三雄，並迴乾軸。競收杞梓，爭採松竹。鳳不及棲，龍不暇伏。谷無幽蘭，嶺無停菊。

英英文若，靈鑒洞照。應變知微，頤奇賞要。日月在躬，隱之彌曜。文明暎心，鑽之愈妙。滄海橫流，玉石俱碎。達人兼善，廢己存愛。謀解時紛，功濟宇內。始救生靈，終明風概。

公達潛朗，思同蓍蔡。運用無方，動攝羣會。爰初發迹，遘此顚沛。神情玄定，處之彌泰。愔愔幕裏，筭無不經。亹亹通韵，跡不暫停。雖懷尺璧，顧哂連城。智能極物，愚足全生。

郎中溫雅，器識純素。貞而不諒，通而能固。恂恂德心，汪汪軌度。志成弱冠，道敷歲暮。仁者必勇，德亦有言。雖遇履尾，神氣恬然。行不修飾，名節無愆。操不激切，素風愈鮮。

邈哉崔生，體正心直。天骨疏朗，牆岸高嶷。忠存軌跡，義形風色。思樹芳蘭，翦除荆棘。人惡其上，世不容哲。琅琅先生，雅杖名節。雖遇塵霧，猶震霜雪。運極道消，碎此明月。

景山恢誕，韵與道合。形器不存，方寸海納。和而不同，通而不雜。遇醉忘辭，在醒貽答。

長文通雅，義格終始。思戴元首，擬伊同恥。人未知德，懼若在己。嘉謀肆庭，讜言盈耳。玉生雖麗，光不踰把。德積雖微，道暎天下。

邈哉太初，宇量高雅。器範自然，標準無假。全身由直，跡洿必僞。處死匪難，理存則易。萬物波蕩，孰任其累！六合徒廣，容身靡寄。君親自然，匪由名教。愛敬既同，情禮兼到。

烈烈王生，知死不撓。求仁不遠，期在忠孝。

玄伯剛簡，大存名體。志在高構，增堂及陛。端委獸門，正言彌啓。臨危致命，盡其心禮。

堂堂孔明，基宇宏邈。器同生靈，獨稟先覺。標牓風流，遠明管樂。初九龍盤，雅志彌確。百六道喪，干戈迭用。苟非命世，孰掃雰雺！宗子思寧，薄言解控。釋褐中林，鬱爲時棟。

士元弘長，雅性內融。崇善愛物，觀始知終。喪亂備矣，勝塗未隆。先生標之，振起清風。綢繆哲后，無妄惟時。夙夜匪懈，義在緝熙。三略旣陳，霸業已基。

公琰殖根，不忘中正。豈曰模擬，實在雅性。亦既羈勒，負荷時命。推賢恭己，久而可敬。

公衡沖達，秉志淵塞。媚茲一人，臨難不惑。疇昔不造，假翮鄰國。進能徽音，退不失德。六合紛紜，人心將變。鳥擇高梧，臣須顧眄。

公瑾英達，朗心獨見。披草求君，定交一面。桓桓魏武，外託霸跡。志掩衡霍，恃戰忘敵。卓卓若人，曜奇赤壁。三光參分，宇宙暫隔。

子布擅名，遭世方擾。撫翼桑梓，息肩江表。王略威夷，吳魏同寶。遂贊宏謨，匡此霸道。桓王之薨，大業未純。把臂託孤，惟賢與親。輟哭止哀，臨難忘身。成此南面，實由老臣。才爲世生，世亦須才。得而能任，貴在無猜。

昂昂子敬，拔跡草萊。荷檐吐奇，乃構雲臺。

子瑜都長，體性純懿。諫而不犯，正而不毅。將命公庭，退忘私位。豈無鶺鴒，固慎名器。

伯言謇謇，以道佐世。出能勤功，入亦獻替。謀寧社稷，解紛挫銳。正以招疑，忠而獲戾。

元歎邈遠，神和形檢。如彼白珪，質無塵點。立行以恒，匡主以漸。淸不增潔，濁不加染。

仲翔高亮，性不和物。好是不羣，折而不屈。屢摧逆鱗，直道受黜。歎過孫陽，放同賈屈。

莘莘衆賢，千載一遇。整轡高衢，驤首天路。仰揖玄流，俯弘時務。名節殊塗，雅致同趣。日月麗天，瞻之不墜。仁義在躬，用之不匱。尙想遐風，載揖載味。後生擊節，懦夫增氣。

從桓溫北征，作北征賦，皆其文之高者。嘗與王珣、伏滔同在溫坐，溫令滔讀其北征賦，至「聞所傳於相傳，云獲麟於此野，誕靈物以瑞德，奚授體於虞者！疚尼父之洞泣，似實慟而非假。豈一性之足傷，乃致傷於天下」，其本至此便改韻。珣云：「此賦方傳千載，無容率耳。今於『天下』之後，移韻徙事，然於寫送之致，似爲未盡。」滔云：「得益寫韻一句，或爲小勝。」溫曰：「卿思益之。」宏應聲答曰：「感不絕於余心，愬流風而獨寫。」珣誦味久之，謂滔曰：「當今文章之美，故當共推此生。」

性强正亮直，雖被溫禮遇，至於辯論，每不阿屈，故榮任不至。與伏滔同在溫府，府中呼爲「袁伏」。宏心恥之，每歎曰：「公之厚恩未優國士，而與滔比肩，何辱之甚。」

謝安常賞其機對辯速。後安爲揚州刺史，宏自吏部郎出爲東陽郡，乃祖道於冶亭。時賢皆集，安欲以卒迫試之，臨別執其手，顧就左右取一扇而授之曰：「聊以贈行。」宏應聲答曰：「輒當奉揚仁風，慰彼黎庶。」時人歎其率而能要焉。

宏見漢時傅毅作顯宗頌，辭甚典雅，乃作頌九章，頌簡文之德，上之於孝武。

太元初，卒於東陽，時年四十九。撰後漢紀三十卷及竹林名士傳三卷、詩賦誄表等雜文凡三百首，傳於世。

三子：長超子，次成子，次明子。明子有父風，最知名，官至臨賀太守。

伏滔

伏滔字玄度，平昌安丘人也。有才學，少知名。州舉秀才，辟別駕，皆不就。大司馬桓溫引爲參軍，深加禮接，每宴集之所，必命滔同游。從溫伐袁眞，至壽陽，以淮南屢叛，著論二篇，名曰正淮。其上篇曰：

淮南者，三代揚州之分也。當春秋時，吳、楚、陳、蔡之與地。〔三〕戰國之末，楚全有之，而考烈王都焉。秦幷天下，建立郡縣，是爲九江。劉項之際，號曰東楚。爰自戰國至於晉之中興，六百有餘年，保淮南者九姓，稱兵者十一人，皆亡不旋踵，禍溢於世，而終莫戒焉。其天時歟，地勢歟，人事歟？何喪亂之若是也！試商較而論之。

夫懸象著明，而休徵表於列宿；山河衿帶，而地險彰於丘陵；治亂推移，而興亡見於人事。由此而觀，則兼也必矣。昔妖星出於東南而弱楚以亡，飛孛橫於天漢而劉安誅絕，近則火星晨見而王淩首謀，長彗宵暎而毌丘襲亂。斯則表乎天時也。彼壽陽者，南引荆汝之利，東連三吳之富；北接梁宋，平塗不過七日；西援陳許，水陸不出千里；外有江湖之阻，內保淮肥之固。龍泉之陂，良疇萬頃，舒六之貢，利盡蠻越，金石皮革之具萃焉，苞木箭竹之族生焉，山湖藪澤之隈，水旱之所不害，土產草滋之實，荒年之所取給。此則係乎地利者也。其俗尚氣力而多勇悍，其人習戰爭而貴詐僞，豪右并兼之門，十室而七；藏甲挾劍之家，比屋而發。然而仁義之化不漸，刑法之令不及，所以屢多亡國也。

昔考烈以衰弱之楚屢遷其都，外迫强秦之威，內遘陽申之禍，逃死劫殺，三世而滅。黥布以三雄之選，功成垓下，淮陰既囚，梁越受戮，嫌結震主之威，慮生同體之禍，遂謀圖全之計，庶幾後亡之福，衆潰於一戰，身脂於漢斧。劉長支庶，奄王大國，承喪亂之餘，御新化之俗，無德而寵，欲極禍發。王安內懷先父之憾，外眩姦臣之說，招引賓客，沈溺數術，藉二世之資，恃戈甲之盛，屈强江淮之上，西向而圖宗國，言未絕口，身嗣俱滅。李憲因亡新之餘，袁術當衰漢之末，負力幸亂，遂生僭逆之計，建號九江，稱制下邑，狼狽奔亡，傾城受戮。及至彥雲、仲恭、公休之徒，或憑宿名，或怙前功，握兵淮楚，力制東夏，屬當多難之世，仍值廢興之會，謀非所議，相係禍敗。祖約助逆，身亡家族。彼十亂者，成乎人事者也。然則侵弱昏迷，以至絕滅，亡楚當之。恃强畏逼，遂謀叛亂，黥布有焉。二王遘逆，寵之之過也。公路僭僞，乘釁之盜也。一將以圖功首難，士少以驕矜樂禍。本其所因，考其成跡，皆寵盛禍淫，福過災生，而制之不漸，積之有由也。

其下篇曰：

昔高祖之誅黥布也，撮三策之要，馳赦過之書，乘人主之威以除逆節之虜，然猶決戰陳都，暴尸橫野，僅乃克之，害亦深矣！長安之謀，雖兵未交於山東，禍未徧於天下，而馳說之士與闔境之人幽囚誅放者，亦已衆矣。光武連兵於肥舒，魏祖馳馬於蘄苦，而廬九之間流溺兵凶者十而七八焉。夫王淩面縛，得之於砎石；仲恭接刃，成之於後覺也。而高祖以之宵征，世宗以之發疾，豈不勤哉！文皇挾萬乘之威，杖伊周之權，內舉京畿之衆，外徵四海之銳，雲合雨集，推鋒以臨淮浦，而誕欽晏然，方嬰城自固，憑軾以觀王師。於是築長圍，起棼櫓，高壁連塹，負戈擊柝以守之。自夏及春，而後始知亡焉。然則屠城之禍，其可極言乎？約之出奔，淮左爲墟，悲夫！

信哉魯哀之言，夫生乎深宮，長於膏粱，憂懼不切於身，榮辱不交於前，則其仁義之本淺矣。奉以南面之尊，藉以列城之富，宅以制險之居，養以衆强之盛，而無德以臨之，無制以節之，則厭溢樂禍之心生矣。夫以昏主御姦臣，利甲資堅城，僞令行於封內，邪惠結於人心，乘間幸濟之說日交於側，猾詐錮咎之羣各馳於前，見利如歸，安在其不爲亂乎！況乘舊寵，挾前功，畏逼懼亡，以謀圖身之舉者，望其俛首就羈，不亦迂哉！易稱「履霜堅冰，馴致之道」，蓋言漸也。嗚呼！斯所以亂臣賊子亡國覆家累世而不絕者歟！

昔先王之宰天下也，選於有德，訪之三吏，正其分位，明其等級，畫之封疆，宣之政令，上下有序，無僭差之嫌，四人安業，無幷兼之國。三載考陟，功罪不得逃其跡，九伐時修，刑賞無所謬其實。令之有漸，軌之有度，寵之有節，權不外授，威不下黷，所以杜其萌際，重其名器，深根固本，傳之百世。雖時有盛衰，弱者無所懼其亡；道有興廢，强者不得資其弊。夫如是，將使天下從風，穆然軌道，慶自一人，惠流萬國，安有向時之患哉！

壽陽平，以功封聞喜縣侯，除永世令。溫薨，征西將軍桓豁引爲參軍，領華容令。太元中，拜著作郎，專掌國史，領本州大中正。孝武帝嘗會於西堂，滔豫坐，還，下車先呼子系之謂曰：「百人高會，天子先問伏滔在坐不，此故未易得。爲人作父如此，定何如也？」遷游擊將軍，著作如故。卒官。

子系之，亦有文才，歷黃門郎、〔一三〕侍中、尚書、光祿大夫。

羅含

羅含字君章，桂陽耒陽人也。曾祖彥，臨海太守。父綏，滎陽太守。含幼孤，爲叔母朱氏所養。少有志尚，嘗晝臥，夢一鳥文彩異常，飛入口中，因驚起說之。朱氏曰：「鳥有文彩，汝後必有文章。」自此後藻思日新。弱冠，州三辟，不就。含父嘗宰新淦，新淦人楊羡後爲含州將，引含爲主簿，含傲然不顧，羡招致不已，辭不獲而就焉。及羡去職，含送之到縣。新淦人以含舊宰之子，咸致賂遺，含難違而受之。及歸，悉封置而去。由是遠近推服焉。

後爲郡功曹，刺史庾亮以爲部江夏從事。太守謝尚與含爲方外之好，乃稱曰：「羅君章可謂湘中之琳琅。」尋轉州主簿。後桓溫臨州，又補征西參軍。溫嘗使含詣尚，有所檢劾。含至，不問郡事，與尚累日酣飲而還。溫問所劾事，含曰：「公謂尚何如人？」溫曰：「勝我也。」含曰：「豈有勝公而行非邪！故一無所問。」溫奇其意而不責焉。轉州別駕。以廨舍諠擾，於城西池小洲上立茅屋，伐木爲材，〔一四〕織葦爲席而居，布衣蔬食，晏如也。溫嘗與僚屬讌會，含後至。溫問衆坐曰：「此何如人？」或曰：「可謂荊楚之材。」溫曰：「此自江左之秀，豈惟荊楚而已。」徵爲尚書郎。溫雅重其才，又表轉征西戶曹參軍。俄遷宜都太守。及溫封南郡公，引爲郎中令。尋徵正員郎，累遷散騎常侍、侍中，仍轉廷尉、長沙相。年老致仕，加中散大夫，門施行馬。初，含在官舍，有一白雀棲集堂宇，及致仕還家，階庭忽蘭菊叢生，以爲德行之感焉。年七十七卒，所著文章行於世。

顧愷之

顧愷之字長康，晉陵無錫人也。父悅之，尚書左丞。愷之博學有才氣，嘗爲箏賦成，謂人曰：「吾賦之比嵇康琴，不賞者必以後出相遺，深識者亦當以高奇見貴。」桓溫引爲大司馬參軍，甚見親昵。溫薨後，愷之拜溫墓，賦詩云：「山崩溟海竭，魚鳥將何依！」或問之曰：「卿憑重桓公乃爾，哭狀其可見乎？」答曰：「聲如震雷破山，淚如傾河注海。」

愷之好諧謔，人多愛狎之。後爲殷仲堪參軍，亦深被眷接。仲堪在荊州，愷之嘗因假還，仲堪特以布帆借之，至破冢，遭風大敗。愷之與仲堪牋曰：「地名破冢，眞破冢而出。行人安穩，布帆無恙。」還至荊州，人問以會稽山川之狀。愷之云：「千巖競秀，萬壑爭流。草木蒙籠，若雲興霞蔚。」桓玄時與愷之同在仲堪坐，共作了語。愷之先曰：「火燒平原無遺燎。」玄曰：「白布纏根樹旒旐。」〔一五〕仲堪曰：「投魚深泉放飛鳥。」復作危語。玄曰：「矛頭淅米劍頭炊。」仲堪曰：「百歲老翁攀枯枝。」有一參軍云：「盲人騎瞎馬臨深池。」〔一六〕仲堪眇目，驚曰：「此太逼人！」因罷。愷之每食甘蔗，恒自尾至本。人或怪之。云：「漸入佳境。」

尤善丹青，圖寫特妙，謝安深重之，以爲有蒼生以來未之有也。愷之每畫人成，或數年不點目精。人問其故，答曰：「四體妍蚩，本無闕少於妙處，〔一七〕傳神寫照，正在阿堵中。」嘗悅一鄰女，挑之弗從，乃圖其形於壁，以棘針釘其心，女遂患心痛。愷之因致其情，女從之，遂密去針而愈。愷之每重嵇康四言詩，因爲之圖，恒云：「手揮五絃易，目送歸鴻難。」每寫起人形，妙絕於時，嘗圖裴楷象，頰上加三毛，觀者覺神明殊勝。又爲謝鯤象，在石巖裏，云：「此子宜置丘壑中。」欲圖殷仲堪，仲堪有目病，固辭。愷之曰：「明府正爲眼耳，若明點瞳子，飛白拂上，使如輕雲之蔽月，豈不美乎！」仲堪乃從之。愷之嘗以一廚畫糊題其前，寄桓玄，皆其深所珍惜者。玄乃發其廚後，竊取畫，而緘閉如舊以還之，紿云未開。愷之見封題如初，但失其畫，直云妙畫通靈，變化而去，亦猶人之登仙，了無怪色。

愷之矜伐過實，少年因相稱譽以爲戲弄。又爲吟詠，自謂得先賢風制。或請其作洛生詠，答曰：「何至作老婢聲！」義熙初，爲散騎常侍，與謝瞻連省，夜於月下長詠，瞻每遙贊之，愷之彌自力忘倦。瞻將眠，令人代己，愷之不覺有異，遂申旦而止。尤信小術，以爲求之必得。桓玄嘗以一柳葉紿之曰：「此蟬所翳葉也，取以自蔽，人不見己。」愷之喜，引葉自蔽，玄就溺焉，愷之信其不見己也，甚以珍之。

初，愷之在桓溫府，常云：「愷之體中癡黠各半，合而論之，正得平耳。」故俗傳愷之有三絕：才絕，畫絕，癡絕。年六十二，卒於官，所著文集及啓矇記行於世。

郭澄之

郭澄之字仲靜，太原陽曲人也。少有才思，機敏兼人。調補尚書郎，出爲南康相。值盧循作逆，流離僅得還都。劉裕引爲相國參軍。從裕北伐，旣克長安，裕意更欲西伐，集僚屬議之，多不同。次問澄之，澄之不答，西向誦王粲詩曰：「南登霸陵岸，迴首望長安。」裕便意定，謂澄之曰：「當與卿共登霸陵岸耳。」因還。澄之位至裕相國從事中郎，封南豐侯，卒於官，所著文集行於世。

史臣曰：夫賞好生於情，剛柔本於性，情之所適，發乎詠歌，而感召無象，風律殊製。至於應貞宴射之文，極形言之美，華林羣藻罕或疇之。子安幼標明敏，少蓄清思，懷天地之寥廓，賦辭人之所遺，特構新情，豈常均之所企！太沖含豪歷載，以賦三都，士安見而稱善，平原覩而韜翰，匪惟高步當年，故以騰華終古。鄒湛之持論，棗據之緣情，實南陽之人傑，蓋潁川之時秀。季雅摛屬遒邁，夙備成德，稱爲泉岱之珍，固其然矣。彥伯未能混迹光塵，而屈乎卑位，釋時宏論，亦足見其志耳。季鷹縱誕一時，不邀名爵，黃花之什，濬發神府。仲初之文，風流可尚，擢秀士林，揚都之美，〔一八〕尤重時彥。曹毗沈研祕籍，踠足下僚，綺靡降神之歌，朗暢對儒之論。李充之學箴，信淸壯也。袁宏東征、名臣之作，抑潘陸之亞。玄度學藝優贍，筆削擅奇，降帝問於西堂，故其榮觀也。君章耀湘中之寶，挺荆楚之材，夢鳥發乎精誠，豈獨日者之蛟鳳！長康矜能過實，譚諧取容，而才多逸氣，故有三絕之目。仲靜機思通敏，延譽淸流，德輿西伐之計，取定於微指者矣。

贊曰：爻象垂法，宮徵流音。美哉羣彥，揚蕤翰林。俱諧振玉，各擅鏘金。子安、太沖，遒文綺爛。袁、庾、充、愷，縟藻霞煥。架彼辭人，共超淸貫。

校勘記

〔一〕發彼互的　「互的」，周校：文選作「五的」。按：「五的」卽「五正」，見周禮射人。「互」蓋形譌。

〔二〕蔡邕之於典引也　「邕」，各本誤作「雍」。蔡邕注典引，在文選中，今據改。

〔三〕陳留衞權　「權」，各本作「瓘」。嚴可均全晉文注：左思傳有「陳留衞瓘」，乃「衞權」之誤。按：魏志衞臻傳裴松之注云，臻孫權，晉尚書郎，作左思吳都賦敍及注。今據改。

〔四〕故知延州之德不孤　「延州」，各本作「延門」，今從吳本作「延州」，與世說賞譽注引褚氏家傳合。通志一七五亦作「延州」。延州指吳季子，見左傳襄公三十一年及淮南子精神訓。

〔五〕形託神王　「王」，局本作「川」，殿本作「用」，宋本作「王」，今從宋本。「王」即「旺」。

〔六〕則俗非不可以苟從　周校：「俗」衍文。

〔七〕明朝菌不可喻晦朔　「喻」，各本作「踰」，今從宋本，與莊子「朝菌不知晦朔」原義合。

〔八〕率爾與左右微服泛江　「率爾」，各本作「率耳」，今從宋本。通志一七五亦作「率爾」。

〔九〕豈天懷發中　李校：文選「豈」下有「非」字，是，此脫。

〔一〇〕總角料主　「料」，各本作「斷」，局本作「料」，與文選合，今從之。

〔一一〕虯獸雖驚　「獸」，袁宏原文作「虎」，文選及李善注可證。蓋唐人修史避諱改。下「端委獸門」同。

〔一二〕吳楚陳蔡之與地　斠注：寰宇記一二九引「與」作「輿」。

〔一三〕歷黃門郎　各本於「黃門郎」下有「侍郎」二字，宋本無。今從宋本。

〔一四〕伐木爲材　通志一七五「材」作「牀」，與類聚六一引羅含別傳合。

〔一五〕白布纏根樹旒旐　斠注：世說排調「根」作「棺」，「樹」作「豎」。

〔一六〕臨深池　册府八三四及世說排調「臨」上並有「夜半」二字。

〔一七〕本無闕少於妙處　御覽七五〇作「本無關於妙處」，與世說巧藝合。

〔一八〕揚都之美　「揚都」，各本誤作「陽都」。周校：當作「揚都」，庾闡有揚都賦。今據改。

晉書卷九十三

列傳第六十三

外戚

詳觀往誥，逖聽前聞，階緣外戚以致顯榮者，其所由來尚矣。而多至禍敗，鮮克令終者，何哉？豈不由祿以恩升，位非德舉；識慚明悊，材謝經通；假椒房之寵靈，總軍國之樞要，或威權震主，或勢力傾朝；居安而不慮危，務進而不知退；驕奢既至，釁隙隨之者乎！是以呂霍之家誅夷於西漢，梁鄧之族剿絕於東都，其餘干紀亂常、害時蠹政者，不可勝載。至若樊靡卿之父子，竇廣國之弟兄，陰興之守約戒奢，史丹之掩惡揚善，斯並后族之所美者也。由此觀之，干時縱溢者必以凶終，守道謙沖者永保貞吉，古人所謂禍福無門，惟人所召，此非其效歟！

逮于晉難，始自宮掖。楊駿藉武帝之寵私，叨竊非據，賈謐乘惠皇之蒙昧，成此厲階，遂使悼后遇雲林之災，愍懷濫湖城之酷。天人道盡，喪亂弘多，宗廟以之顚覆，黎庶於焉殄瘁。詩云：「赫赫宗周，褒姒滅之。」其此之謂也。爰及江左，未改覆車。庾亮世族羽儀，王恭高門領袖，既而職兼出納，任切股肱。孝伯竟以亡身，元規幾於敗國，豈不哀哉！若褚季野之畏避朝權，王叔仁之固求出鎭，用能全身遠害，有可稱焉。賈充、楊駿、庾亮、王獻之、王恭等已入列傳，其餘卽敍其成敗，以爲外戚篇云。

羊琇

羊琇字稚舒，景獻皇后之從父弟也。父耽，官至太常。兄瑾，尙書右僕射。琇少舉郡計，參鎭西鍾會軍事，從平蜀。及會謀反，琇正言苦諫，還，賜爵關內侯。

琇涉學有智算，少與武帝通門，甚相親狎，每接筵同席，嘗謂帝曰：「若富貴見用，任領護各十年。」帝戲而許之。初，帝未立爲太子，而聲論不及弟攸，文帝素意重攸，恒有代宗之議。琇密爲武帝畫策，甚有匡救。又觀察文帝爲政損益，揆度應所顧問之事，皆令武帝默而識之。其後文帝與武帝論當世之務及人間可否，武帝答無不允，由是儲位遂定。及帝爲撫軍，命琇參軍事。帝卽王位後，擢琇爲左衞將軍，封甘露亭侯。帝踐阼，累遷中護軍，加散騎常侍。琇在職十三年，典禁兵，豫機密，寵遇甚厚。

初，杜預拜鎮南將軍，朝士畢賀，皆連榻而坐。琇與裴楷後至，曰：「杜元凱乃復以連榻而坐客邪？」遂不坐而去。

琇性豪侈，費用無復齊限，而屑炭和作獸形以溫酒，洛下豪貴咸競效之。又喜遊讌，以夜續晝，中外五親無男女之別，時人譏之。然黨慕勝己，其所推奉，便盡心無二。窮窘之徒，特能振恤。選用多以得意者居先，不盡銓次之理。將士有冒官位者，爲其致節，不惜軀命。然放恣犯法，每爲有司所貸。其後司隸校尉劉毅劾之，應至重刑，武帝以舊恩，直免官而已。尋以侯白衣領護軍。頃之，復職。

及齊王攸出鎮也，琇以切諫忤旨，左遷太僕。既失寵憤怨，遂發病，以疾篤求退。拜特進，加散騎常侍，還第，卒。帝手詔曰：「琇與朕有先后之親，少小之恩，歷位外內，忠允茂著。不幸早薨，朕甚悼之。其追贈輔國大將軍、開府儀同三司，賜東園祕器，朝服一襲，錢三十萬，布百匹。」謚曰威。

王恂 弟虔 愷

王恂字良夫，文明皇后之弟也。父肅，魏蘭陵侯。恂文義通博，在朝忠正，累遷河南尹，建立二學，崇明五經。鬲令袁毅嘗餽以駿馬，恂不受。及毅敗，受貨者皆被廢黜焉。

魏氏給公卿已下租牛客戶數各有差，自後小人憚役，多樂爲之，貴勢之門動有百數。又太原諸部亦以匈奴胡人爲田客，多者數千。武帝踐位，詔禁募客，恂明峻其防，所部莫敢犯者。咸寧四年卒，贈車騎將軍。恂弟虔、愷。

虔字恭祖。以功幹見稱，累遷衞尉，封安壽亭侯，拜平東將軍、假節、監靑州諸軍事。徵爲光祿勳，轉尙書，卒。子士文嗣，歷右衞將軍、南中郎將，鎭許昌，爲劉聰所害。

愷字君夫。少有才力，歷位淸顯，雖無細行，有在公之稱。以討楊駿勳，封山都縣公，邑千八百戶。遷龍驤將軍，領驍騎將軍，加散騎常侍，尋坐事免官。起爲射聲校尉，久之，轉後將軍。愷既世族國戚，性復豪侈，用赤石脂泥壁。石崇與愷將爲鴆毒之事，司隸校尉傅祗劾之，有司皆論正重罪，詔特原之。由是衆人僉畏愷，故敢肆其意，所欲之事無所顧憚焉。及卒，諡曰醜。

楊文宗

楊文宗，武元皇后父也。其先事漢，四世爲三公。文宗爲魏通事郎，襲封蓩亭侯。早卒，以后父，追贈車騎將軍，謚曰穆。

羊玄之

羊玄之，惠皇后父，尚書右僕射瑾之子也。玄之初爲尚書郎，以后父，拜光祿大夫、特進、散騎常侍，更封興晉侯。遷尚書右僕射，加侍中，進爵爲公。成都王穎之攻長沙王乂也，以討玄之爲名，遂憂懼而卒。追贈車騎將軍、開府儀同三司。

虞豫 子胤

虞豫，元敬皇后父也。少有美稱，州郡禮辟，並不就。拜南陽王文學。早卒。明帝即位，追贈散騎常侍、驃騎大將軍、開府儀同三司、平山縣侯。子胤嗣。

胤，敬后弟也。初拜散騎常侍，遷步兵校尉。太寧末，追贈豫官，以胤襲侯爵，轉右衞將軍。與南頓王宗俱爲明帝所昵，並典禁兵。及帝不豫，宗以陰謀發覺，事連胤，帝隱忍不問，徙胤爲宗正卿，加散騎常侍。咸和二年，宗伏誅，左遷胤爲桂陽太守，秩中二千石。頻徙琅邪、廬陵太守。咸康元年卒，追贈衞將軍，加散騎常侍。子洪襲爵。

庾琛

庾琛字子美，明穆皇后父也。兄袞，在孝友傳。琛永嘉初爲建威將軍，過江，爲會稽太守，徵爲丞相軍諮祭酒。卒官，以后父追贈左將軍，妻毌丘氏追封鄉君，子亮陳先志不受。咸和中，成帝又下詔追贈琛驃騎將軍、儀同三司，亮又辭焉。亮在列傳。

杜乂

杜乂字弘理，〔一〕成恭皇后父，鎮南將軍預孫，尚書左丞錫之子也。性純和，美姿容，有盛名於江左。王羲之見而目之曰：「膚若凝脂，眼如點漆，此神仙人也。」桓彝亦曰：「衞玠神清，杜乂形清。」襲封當陽侯，辟公府掾，爲丹楊丞。早卒，無男，生后而乂終，妻裴氏鞠居養后，以禮自防，甚有德音。咸康初，追贈金紫光祿大夫，謚曰穆。封裴氏爲高安鄉君，邑五百戶。至孝武帝時，崇進爲廣德縣君。裴氏壽考，百姓號曰杜姥。初，司徒蔡謨甚器重乂，嘗言於朝曰：「恨諸君不見杜乂也。」其爲名流所重如此。

褚裒

褚裒字季野，康獻皇后父也。祖䂮，有局量，以幹用稱。嘗爲縣吏，事有不合，令欲鞭之，䂮曰：「物各有所施，榱椽之材不合以爲藩落也，願明府垂察。」乃捨之。家貧，辭吏。年垂五十，鎭南將軍羊祜與䂮有舊，言於武帝，始被升用，官至安東將軍。父洽，武昌太守。

裒少有簡貴之風，與京兆杜乂俱有盛名，冠于中興。譙國桓彝見而目之曰：「季野有皮裏陽秋。」言其外無臧否，而內有所褒貶也。謝安亦雅重之，恒云：「裒雖不言，而四時之氣亦備矣。」

初辟西陽王掾、吳王文學。蘇峻之構逆也，車騎將軍郗鑒以裒爲參軍。峻平，以功封都鄉亭侯，稍遷司徒從事中郎，除給事黃門侍郎。康帝爲琅邪王時，將納妃，妙選素望，詔娉裒女爲妃，於是出爲豫章太守。及康帝卽位，徵拜侍中，遷尚書。以后父，苦求外出，除建威將軍、江州刺史，鎭半洲。〔三〕在官清約，雖居方伯，恒使私童樵採。頃之，徵爲衞將軍，領中書令。裒以中書銓管詔命，不宜以姻戚居之，固讓，詔以爲左將軍、兗州刺史、都督兗州徐州之琅邪諸軍事、假節，鎭金城，又領琅邪內史。

初，裒總角詣庾亮，亮使郭璞筮之。卦成，璞駭然，亮曰：「有不祥乎？」璞曰：「此非人臣卦，不知此年少何以乃表斯祥？二十年外，吾言方驗。」及此二十九年而康獻皇太后臨朝，有司以裒皇太后父，議加不臣之禮，拜侍中、衞將軍、錄尚書事，持節、都督、刺史如故。裒以近戚，懼獲譏嫌，上疏固請居藩，曰：「臣以虛鄙，才不周用，過蒙國恩，累忝非據。無勞受寵，負愧實深，豈可復加殊特之命，顯號重疊！臣有何勳可以克堪？何顏可以冒進？委身聖世，豈復遺力！實懼顛墜，所誤者大。今王略未振，萬機至殷，陛下宜委誠宰輔，一遵先帝任賢之道，虛己受成，坦平心於天下，無宜內示私親之舉，〔三〕朝野失望，所損豈少！」於是改授都督徐兗青揚州之晉陵吳國諸軍事、衞將軍、徐兗二州刺史、假節，鎮京口。

永和初，復徵裒，將以爲揚州、錄尚書事。吏部尚書劉遐說裒曰：「會稽王令德，國之周公也，足下宜以大政付之。」裒長史王胡之亦勸焉，於是固辭歸藩，朝野咸歎服之。進號征北大將軍、開府儀同三司，固辭開府。裒又以政道在於得才，宜委賢任能，升敬舊齒，乃薦前光祿大夫顧和、侍中殷浩。疏奏，即以和爲尚書令，浩爲揚州刺史。

及石季龍死，裒上表請伐之，即日戒嚴，直指泗口。朝議以裒事任貴重，不宜深入，可先遣偏師。裒重陳前所遣前鋒督護王頤之等徑造彭城，示以威信，後遣督護麋嶷進軍下邳，賊即奔潰，嶷率所領據其城池，今宜速發，以成聲勢，於是除征討大都督青、揚、徐、兗、豫五州諸軍事。裒率衆三萬徑進彭城，河朔士庶歸降者日以千計，裒撫納之，甚得其歡心。先遣督護徐龕伐沛，〔四〕獲僞相支重，郡中二千餘人歸降。魯郡山有五百餘家，亦建義請援，裒遣龕領銳卒三千迎之。龕違裒節度，軍次代陂，爲石遵將李菟所敗，〔五〕死傷太半，龕執節不撓，爲賊所害。裒以春秋責帥，授任失所，威略虧損，上疏自貶，以征北將軍行事，求留鎮廣陵。詔以偏帥之責，不應引咎，逋寇未殄，方鎮任重，不宜貶降，使還鎮京口，解征討都督。

時石季龍新死，其國大亂，遺戶二十萬口渡河，將歸順，乞師救援。會裒已旋，威勢不接，莫能自拔，皆爲慕容皝及苻健之衆所掠，死亡咸盡。裒以遠圖不就，憂慨發病。及至京口，聞哭聲甚衆，裒問：「何哭之多？」左右曰：「代陂之役也。」裒益慚恨。永和五年卒，年四十七，遠近嗟悼，吏士哀慕之。贈侍中、太傅，本官如故，謚曰元穆。子歆，字幼安，以學行知名，歷散騎常侍、祕書監。

何準 子澄

何準字幼道，穆章皇后父也。高尚寡欲，弱冠知名，州府交辟，並不就。兄充爲驃騎將軍，勸其令仕，準曰：「第五之名何減驃騎？」準兄弟中第五，故有此言。充居宰輔之重，權傾一時，而準散帶衡門，不及人事，唯誦佛經，修營塔廟而已。徵拜散騎郎，不起。年四十七卒。升平元年，追贈金紫光祿大夫，封晉興縣侯。子惔以父素行高潔，表讓不受。三子：放、惔、澄。

放繼充。

惔官至南康太守，早卒。惔子元度，西陽太守；次叔度，太常卿、尚書。

澄字季玄，起家祕書郎，轉丞，清正有器望，累遷祕書監、太常、中護軍。孝武帝深愛之，以爲冠軍將軍、吳國內史。太元末，琅邪王出居外第，妙選師傅，徵拜尚書，領琅邪王師。安帝卽位，遷尚書左僕射，典選、王師如故。時澄腳疾，固讓，特聽不朝，坐家視事。又領本州大中正。及桓玄執政，以疾奏免，卒于家。安帝反正，追贈金紫光祿大夫。長子籍，早卒。次子融，元熙中，爲大司農。

王濛 子脩

王濛字仲祖，哀靖皇后父也。曾祖黯，歷位尚書。祖佑，北軍中候。父訥，新淦令。濛少時放縱不羈，不爲鄉曲所齒，晚節始克己勵行，有風流美譽，虛己應物，恕而後行，莫不敬愛焉。事諸母甚謹，奉祿資產常推厚居薄，喜慍不形於色，不修小潔，而以淸約見稱。善隸書。美姿容，嘗覽鏡自照，稱其父字曰：「王文開生如此兒邪！」居貧，帽敗，自入市買之，嫗悅其貌，遺以新帽，時人以爲達。與沛國劉惔齊名友善，惔常稱濛性至通，而自然有節，濛每云：「劉君知我，勝我自知。」時人以惔方荀奉倩，濛比袁曜卿，凡稱風流者，舉濛、惔爲宗焉。

司徒王導辟爲掾。導復引匡術弟孝，濛致牋於導曰：「開國承家，小人勿用。杖德義以尹天下，方將澄清彝倫，崇重名器。夫軍國殊用，文武異容，豈可令涇渭混流，虧清穆之風，以允答具瞻，〔六〕儀形海內！」導不答。後出補長山令，復爲司徒左西屬。濛以此職有譴則應受杖，固辭。詔爲停罰，猶不就。徙中書郎。

簡文帝之爲會稽王也，嘗與孫綽商略諸風流人，綽言曰：「劉惔清蔚簡令，王濛溫潤恬和，桓溫高爽邁出，謝尚清易令達，而濛性和暢，能言理，辭簡而有會。」及簡文帝輔政，益貴幸之，與劉惔號爲入室之賓。轉司徒左長史。晚求爲東陽，不許。及濛病，乃恨不用之。濛聞之曰：「人言會稽王癡，竟癡也！」疾漸篤，於燈下轉麈尾視之，歎曰：「如此人曾不得四十也！」年三十九卒。臨殯，劉惔以犀杷麈尾置棺中，因慟絕久之。謝安亦常稱美濛云：「王長史語甚不多，可謂有令音。」有二子：脩、蘊。

脩字敬仁，小字荀子。〔七〕明秀有美稱，善隸書，號曰流奕清舉。年十二，作賢全論。濛以示劉惔曰：「敬仁此論，便足以參微言。」起家著作郎、琅邪王文學，轉中軍司馬，未拜而卒，年二十四。臨終，歎曰：「無愧古人，年與之齊矣。」

王遐

王遐字桓子，簡順皇后父，〔八〕驃騎將軍述之從叔也。少以華族，仕至光祿勳。寧康初，追贈特進、光祿大夫，加散騎常侍，謚曰靖。

長子恪，領軍將軍。恪子欣之，豫章太守，秩中二千石。欣之弟歡之，廣州刺史。遐少子臻，崇德衞尉。

王蘊

王蘊字叔仁，孝武定皇后父，司徒左長史濛之子也。起家佐著作郎，累遷尚書吏部郎。性平和，不抑寒素，每一官缺，求者十輩，蘊無所是非。時簡文帝爲會稽王，輔政，蘊輒連狀白之，曰：「某人有地，某人有才。」務存進達，各隨其方，故不得者無怨焉。補吳興太守，甚有德政。屬郡荒人飢，輒開倉贍卹。主簿執諫，請先列表上待報，蘊曰：「今百姓嗷然，路有饑饉，若表上須報，何以救將死之命乎！專輒之愆，罪在太守，且行仁義而敗，無所恨也。」於是大振貸之，賴蘊全者十七八焉。朝廷以違科免蘊官，士庶詣闕訟之，詔特左降晉陵太守。復有惠化，百姓歌之。

定后立，以后父，遷光祿大夫，領五兵尚書、本州大中正，封建昌縣侯。蘊以恩澤賜爵，非三代令典，固辭不受。朝廷敦勸，終不肯拜，乃授都督京口諸軍事、左將軍、徐州刺史、假節，復固讓。謝安謂蘊曰：「卿居后父之重，不應妄自菲薄，以虧時遇，宜依褚公故事，但令在貴權於事不事耳。可暫臨此任，以紓國姻之重。」於是乃受命，鎭於京口。頃之，徵拜尚書左僕射，將軍如故，遷丹楊尹，卽本軍號加散騎常侍。蘊以姻戚，不欲在內，苦求外出，復以爲都督浙江東五郡、鎭軍將軍、會稽內史，常侍如故。

蘊素嗜酒，末年尤甚。及在會稽，略少醒日，然猶以和簡爲百姓所悅。時王悅來拜墓，蘊子恭往省之，素相善，遂留十餘日方還。蘊問其故，恭曰：「與阿太語，蟬連不得歸。」蘊曰：「恐阿太非爾之友。」阿太，悅小字也。後竟乖初好，時以爲知人。太元九年卒，年五十五，追贈左光祿大夫、開府儀同三司。

長子華，早卒。次恭，在列傳。恭弟爽，字季明，强正有志力，歷給事黃門侍郎、侍中。孝武帝崩，王國寶夜欲開門入爲遺詔，爽距之，曰：「大行晏駕，皇太子未至，敢入者斬！」乃止。爽嘗與會稽王道子飮，道子醉呼爽爲小子，爽曰：「亡祖長史與簡文皇帝爲布衣之交，亡姑、亡姊伉儷二宮，何小子之有！」及國寶執權，免爽官。後兄恭再起事，並以爽爲寧朔將軍，參預軍事。恭敗，被誅。

褚爽

褚爽字弘茂，小字期生，恭思皇后父也。祖裒，父歆。爽少有令稱，謝安甚重之，嘗曰：「若期生不佳，我不復論士矣。」爲義興太守，早卒，以后父，追贈金紫光祿大夫。爽子秀之、炎之、喻之，義熙中，並歷大官。

史臣曰：羊琇託肺腑之親，處多聞之益，遭逢濳躍之際，預參經始之謀，故得繾綣恩私，便蕃任遇。憑寵靈而逞欲，恃勢位而驕陵，屢犯憲章，頻干國紀，幸逢寬政，得免刑書。王愷地卽渭陽，家承世祿，曾弗聞於恭儉，但崇縱於奢淫，競爽於季倫，爭先於武子，旣塵清論，有斁王猷，雖復議行易名，未足懲惡勸善。弘理儀形外朗，季野神鑒內融，仲祖溫潤風流，幼道淸虛寡欲，皆擅名江表，見重當時，豈惟后族之英華，抑亦搢紳之令望者也。

贊曰：託屬丹掖，承輝紫宸。地旣權寵，任惟執鈞。約乃寡失，驕則陵人。覆車遺戒，諒足書紳。

校勘記

〔一〕字弘理　世說賞譽、品藻、容止諸篇及注「弘理」皆作「弘治」，魏志杜畿傳注引晉諸公贊同。蓋本字「弘治」，唐人避諱改「治」爲「理」。

〔二〕半洲　各本誤作「平州」，今從殿本。與庾懌傳合。

〔三〕無宜內示私親之擧　「宜」，各本作「疑」，殿本作「宜」。周校：「無宜」猶「不宜」也。今從之。

〔四〕徐龕　考異：太山太守徐龕先已爲石勒所殺，當從穆紀作「王龕」。按：通鑑九八亦作「王龕」。校文：此「徐」字疑本「王」之譌。

〔五〕李菟　周校：穆紀及載記作「李農」。按：通鑑九八亦作「李農」。

〔六〕以允答具瞻　通志一六五、册府七二三「以」上皆有「何」字。

〔七〕苟子　各本皆作「荀子」。斠注：世說文學作「苟子」。按：世說文學、賞譽、品藻稱「苟子」者六七見，無作「荀子」者。通志一六五亦作「苟子」，今據改。

〔八〕簡順皇后父　周校：「簡」下脫「文」字。

晉書卷九十四

列傳第六十四

隱逸

若夫穹昊垂景，少微以躔其次；文繫探幽，貞遁以成其象。故有避於言色，其道聞乎孔公；驕乎富貴，厥義詳於孫子。是以處柔伊存，有生之恒性；在盈斯害，惟神之常道。古先智士體其若茲，介焉超俗，浩然養素，藏聲江海之上，卷迹囂氛之表，漱流而激其清，寢巢而韜其耀，良晝以符其志，絕機以虛其心。玉輝冰潔，川渟嶽峙，修至樂之道，固無疆之休，長往邈而不追，安排窅而無悶，修身自保，悔吝弗生，詩人考槃之歌，抑在茲矣。至於體天作制之後，訟息刑清之時，尚乃仄席幽貞以康神化，徵聘之禮賁於巖穴，玉帛之贄委於窐衡，故月令曰「季春之月聘名士，禮賢者」，斯之謂歟！

自典午運開，旁求隱逸，譙元彥之杜絕人事，江思悛之嘯詠林藪，峻其貞白之軌，成其出塵之迹，雖不應其嘉招，亦足激其貪競。今美其高尙之德，綴集於篇。

孫登

孫登字公和，汲郡共人也。無家屬，於郡北山爲土窟居之，夏則編草爲裳，冬則被髮自覆。好讀易，撫一絃琴，見者皆親樂之。性無恚怒，人或投諸水中，欲觀其怒，登既出，便大笑。時時游人間，所經家或設衣食者，一無所辭，去皆捨棄。〔一〕嘗住宜陽山，有作炭人見之，知非常人，與語，登亦不應。

文帝聞之，使阮籍往觀，既見，與語，亦不應。嵇康又從之游三年，問其所圖，終不答，康每歎息。將別，謂曰：「先生竟無言乎？」登乃曰：「子識火乎？火生而有光，而不用其光，果在於用光。人生而有才，而不用其才，而果在於用才。故用光在乎得薪，所以保其耀；用才在乎識眞，所以全其年。今子才多識寡，難乎免於今之世矣！子無求乎？」康不能用，果遭非命，乃作幽憤詩曰：〔二〕「昔慚柳下，今愧孫登。」或謂登以魏晉去就，易生嫌疑，故或嘿者也。竟不知所終。

董京

董京字威輦，不知何郡人也。初與隴西計吏俱至洛陽，〔三〕被髮而行，逍遙吟詠，常宿白社中。時乞於市，得殘碎繒絮，結以自覆，全帛佳緜則不肯受。或見推排罵辱，曾無怒色。

孫楚時爲著作郎，數就社中與語，遂載與俱歸，京不肯坐。楚乃貽之書，勸以今堯舜之世，胡爲懷道迷邦。京答之以詩曰：「周道斁兮頌聲沒，夏政衰兮五常汨。便便君子，顧望而逝，洋洋乎滿目，而作者七。豈不樂天地之化也？哀哉乎時之不可與，對之以獨處。無娱我以爲歡，清流可飲，至道可餐，何爲棲棲，自使疲單？魚懸獸檻，鄙夫知之。夫古之至人，藏器於靈，緼袍不能令暖，軒冕不能令榮；動如川之流，靜如川之渟。鸚鵡能言，泗濱浮磬，衆人所翫，豈合物情！玄鳥紆幕，而不被害？鴟隼遠巢，咸以欲死。眄彼梁魚，逡巡倒尾，沈吟不決，忽焉失水。嗟乎！魚鳥相與，萬世而不悟；以我觀之，乃明其故。焉知不有達人，深穆其度，亦將闚我，顰顣而去。萬物皆賤，惟人爲貴，動以九州爲狹，靜以環堵爲大。」

後數年，遁去，莫知所之，於其所寢處惟有一石竹子及詩二篇。其一曰：「乾道剛簡，坤體敦密，茫茫太素，是則是述。末世流奔，以文代質，悠悠世目，孰知其實！逝將去此至虛，歸我自然之室。」又曰：「孔子不遇，時彼感麟。麟乎麟！胡不遁世以存眞？」

夏統

夏統字仲御，會稽永興人也。幼孤貧，養親以孝聞，睦於兄弟，每採梠求食，星行夜歸，或至海邊，拘螊蜐以資養。雅善談論。宗族勸之仕，謂之曰：「卿清亮質直，可作郡綱紀，與府朝接，自當顯至，如何甘辛苦於山林，畢性命於海濱也！」統悖然作色曰：「諸君待我乃至此乎！使統屬太平之時，當與元凱評議出處；遇濁代，念與屈生同汗共泥；若汙隆之間，自當耦耕沮溺，豈有辱身曲意於郡府之間乎！聞君之談，不覺寒毛盡戴，白汗四帀，顏如渥丹，心熱如炭，舌縮口張，兩耳壁塞也。」言者大慚。統自此遂不與宗族相見。

會母疾，統侍醫藥，宗親因得見之。其從父敬寧祠先人，迎女巫章丹、陳珠二人，並有國色，莊服甚麗，善歌儛，又能隱形匿影。甲夜之初，撞鐘擊鼓，間以絲竹，丹、珠乃拔刀破舌，吞刀吐火，雲霧杳冥，流光電發。統諸從兄弟欲往觀之，難統，於是共紿之曰：「從父間疾病得瘳，大小以爲喜慶，欲因其祭祀，並往賀之，卿可俱行乎？」統從之。入門，忽見丹、珠在中庭，輕步佪儛，靈談鬼笑，飛觸挑柈，酬酢翩翻。統驚愕而走，不由門，破藩直出。歸責諸人曰：「昔淫亂之俗興，衞文公爲之悲惋；蝃蝀之氣見，君子尚不敢指；季桓納齊女，仲尼載馳而退；子路見夏南，〔四〕憤恚而忼愾。吾常恨不得頓叔向之頭，陷華父之眼。奈何諸君迎此妖物，夜與游戲，放傲逸之情，縱奢淫之行，亂男女之禮，破貞高之節，何也？」遂隱牀上，被髮而臥，不復言。衆親踧踖，卽退遣丹、珠，各各分散。

後其母病篤，乃詣洛市藥。會三月上巳，洛中王公已下並至浮橋，士女駢填，車服燭路。統時在船中曝所市藥，諸貴人車乘來者如雲，統並不之顧。太尉賈充怪而問之，統初不應，重問，乃徐答曰：「會稽夏仲御也。」充使問其土地風俗，統曰：「其人循循，猶有大禹之遺風，太伯之義讓，嚴遵之抗志，黃公之高節。」又問：「卿居海濱，頗能隨水戲乎？」答曰：「可。」統乃操柂正櫓，折旋中流，初作鯔鯆躍，後作鯆䱐引，飛鷁首，掇獸尾，奮長梢而船直逝者三焉。於是風波振駭，雲霧杳冥，俄而白魚跳入船者有八九。觀者皆悚遽，充心尤異之，乃更就船與語，其應如響，欲使之仕，卽俛而不答。充又謂曰：「昔堯亦歌，舜亦歌，子與人歌而善，必反而後和之，明先聖前哲無不盡歌。卿頗能作卿土地間曲乎？」統曰：「先公惟寓稽山，朝會萬國，授化鄙邦，崩殂而葬。恩澤雲布，聖化猶存，百姓感詠，遂作慕歌。又孝女曹娥，年甫十四，貞順之德過越梁宋，其父墮江不得尸，娥仰天哀號，中流悲歎，便投水而死，父子喪尸，後乃俱出，國人哀其孝義，爲歌河女之章。伍子胥諫吳王，言不納用，見戮投海，國人痛其忠烈，爲作小海唱。今欲歌之。」衆人僉曰：「善。」統於是以足叩船，引聲喉囀，清激慷慨，大風應至，含水嗽天，雲雨響集，叱咤讙呼，雷電晝冥，集氣長嘯，沙塵煙起。王公已下皆恐，止之乃已。諸人顧相謂曰：「若不游洛水，安見是人！聽慕歌之聲，便髣髴見大禹之容。聞河女之音，不覺涕淚交流，卽謂伯姬高行在目前也。聆小海之唱，謂子胥、屈平立吾左右矣。」充欲耀以文武鹵簿，覬其來觀，因而謝之，遂命建朱旗，舉幡校，分羽騎爲隊，軍伍肅然。須臾，鼓吹亂作，胡葭長鳴，車乘紛錯，縱橫馳道，又使妓女之徒服袿襹，炫金翠，繞其船三帀。統危坐如故，若無所聞。充等各散曰：「此吳兒是木人石心也。」統歸會稽，竟不知所終。

朱沖

朱沖字巨容，南安人也。少有至行，閑靜寡欲，好學而貧，常以耕藝爲事。鄰人失犢，認沖犢以歸，後得犢於林下，大慚，以犢還沖，沖竟不受。有牛犯其禾稼，沖屢持芻送牛而無恨色。主愧之，乃不復爲暴。

咸寧四年，詔補博士，沖稱疾不應。尋又詔曰：「東宮官屬亦宜得履蹈至行、敦悅典籍者，其以沖爲太子右庶子。」沖每聞徵書至，輒逃入深山，時人以爲梁管之流。沖居近夷俗，羌戎奉之若君，沖亦以禮讓爲訓，邑里化之，路不拾遺，邨無凶人，毒蟲猛獸皆不爲害。卒以壽終。

范粲 子喬

范粲字承明，陳留外黄人，漢萊蕪長丹之孫也。〔五〕粲高亮貞正，有丹風，而博涉强記，學皆可師，遠近請益者甚衆，性不矜莊，而見之皆肅如也。魏時州府交辟，皆無所就。久之，乃應命爲治中，轉别駕，辟太尉掾、尚書郎，出爲征西司馬，所歷職皆有聲稱。

及宣帝輔政，遷武威太守。到郡，選良吏，立學校，勸農桑。是時戎夷頗侵疆埸，粲明設防備，敵不敢犯，西域流通，無烽燧之警。又郡壤富實，珍玩充積，粲檢制之，息其華侈。以母老罷官。郡既接近寇戎，粲以重鎮輒去職，朝廷尤之，左遷樂涫令。

頃之，轉太宰從事中郎。遭母憂，以至孝稱。服闋，復爲太宰中郎。齊王芳被廢，遷于金墉城，粲素服拜送，哀慟左右。時景帝輔政，召羣官會議，粲又不到，朝廷以其時望，優容之。粲又稱疾，闔門不出。於是特詔爲侍中，持節使於雍州。粲因陽狂不言，寢所乘車，足不履地。子孫恒侍左右，至有婚宦大事，輒密諮焉。合者則色無變，不合則眠寢不安，妻子以此知其旨。

武帝踐阼，泰始中，粲同郡孫和時爲太子中庶子，表薦粲，稱其操行高潔，久嬰疾病，可使郡縣輿致京師，加以聖恩，賜其醫藥，若遂瘳除，必有益於政。乃詔郡縣給醫藥，又以二千石祿養病，歲以爲常，加賜帛百匹。子喬以父疾篤，辭不敢受，詔不許。以太康六年卒，時年八十四，不言三十六載，終於所寢之車。長子喬。

喬字伯孫。年二歲時，祖馨臨終，撫喬首曰：「恨不見汝成人！」因以所用硯與之。至五歲，祖母以告喬，喬便執硯涕泣。九歲請學，在同輩之中，言無媟辭。弱冠，受業於樂安蔣國明。濟陰劉公榮有知人之鑒，見喬，深相器重。友人劉彥秋夙有聲譽，嘗謂人曰：「范伯孫體應純和，理思周密，吾每欲錯其一事而終不能。」光祿大夫李銓嘗論楊雄才學優於劉向，喬以爲向定一代之書，正羣籍之篇，使雄當之，故非所長，遂著劉楊優劣論，文多不載。

喬好學不倦。父粲陽狂不言，喬與二弟並棄學業，絕人事，侍疾家庭，至粲沒，足不出邑里。司隸校尉劉毅嘗抗論於朝廷曰：「使范武威疾若不篤，是爲伯夷、叔齊復存於今。如其信篤，益是聖主所宜哀矜。其子久侍父疾，名德著茂，不加敍用，深爲朝廷惜遺賢之譏也。」元康中，詔求廉讓沖退履道寒素者，不計資，以參選敍。尙書郎王琨乃薦喬曰：「喬稟德貞粹，立操高潔，儒學精深，含章內奧，安貧樂道，棲志窮巷，簞瓢詠業，長而彌堅，誠當今之寒素，著厲俗之清彥。」時張華領司徒，天下所舉凡十七人，於喬特發優論。又吏部郎郗隆亦思求海內幽遁之士，喬供養衡門，至於白首，於是除樂安令。辭疾不拜。喬凡一舉孝廉，八薦公府，再舉淸白異行，又舉寒素，一無所就。

初，喬邑人臘夕盜斫其樹，人有告者，喬陽不聞，邑人愧而歸之。喬往喩曰：「卿節日取柴，欲與父母相歡娛耳，何以愧爲！」其通物善導，皆此類也。外黄令高頵歎曰：「諸士大夫未有不及私者，而范伯孫恂恂率道，名諱未嘗經於官曹，士之貴異，於今而見。大道廢而有仁義，信矣！」其行身不穢，爲物所歎服如此。以元康八年卒，年七十八。

魯勝

魯勝字叔時，代郡人也。少有才操，爲佐著作郎。元康初，遷建康令。到官，著正天論云：「以冬至之後立晷測影，準度日月星。臣案日月裁徑百里，無千里；星十里，不百里。」遂表上求下羣公卿士考論。「若臣言合理，當得改先代之失，而正天地之紀。如無據驗，甘卽刑戮，以彰虛妄之罪」。事遂不報。嘗歲日望氣，知將來多故，便稱疾去官。中書令張華遣子勸其更仕，再徵博士，舉中書郎，皆不就。

其著述爲世所稱，遭亂遺失，惟注墨辯，存其敍曰：

名者所以別同異，明是非，道義之門，政化之準繩也。孔子曰：「必也正名，名不正則事不成。」墨子著書，作辯經以立名本，惠施、公孫龍祖述其學，以正別名顯於世。孟子非墨子，其辯言正辭則與墨同。荀卿、莊周等皆非毁名家，而不能易其論也。

名必有形，察形莫如別色，〔六〕故有堅白之辯。名必有分明，分明莫如有無，故有無序之辯。是有不是，可有不可，是名兩可。同而有異，異而有同，是之謂辯同異。至同無不同，至異無不異，是謂辯同辯異。同異生是非，是非生吉凶，取辯於一物而原極天下之汙隆，名之至也。

自鄧析至秦時名家者，世有篇籍，率頗難知，後學莫復傳習，於今五百餘歲，遂亡絕。墨辯有上下經，經各有說，凡四篇，與其書衆篇連第，故獨存。今引說就經，各附其章，疑者闕之。又采諸衆雜集爲刑名二篇，〔七〕略解指歸，以俟君子。其或興微繼絕者，亦有樂乎此也！

董養

董養字仲道，陳留浚儀人也。泰始初，到洛下，不干祿求榮。及楊后廢，養因游太學，升堂歎曰：「建斯堂也，將何爲乎？每覽國家赦書，謀反大逆皆赦，至於殺祖父母、父母不赦者，以爲王法所不容也。奈何公卿處議，文飾禮典，以至此乎！天人之理既滅，大亂作矣。」因著無化論以非之。〔八〕

永嘉中，洛城東北步廣里中地陷，有二鵝出焉，其蒼者飛去，白者不能飛。養聞歎曰：「昔周時所盟會狄泉，卽此地也。今有二鵝，蒼者胡象，白者國家之象，其可盡言乎！」顧謂謝鯤、阮孚曰：「易稱知機其神乎，君等可深藏矣。」乃與妻荷擔入蜀，莫知所終。

霍原

霍原字休明，燕國廣陽人也。少有志力，叔父坐法當死，原入獄訟之，楚毒備加，終免叔父。年十八，觀太學行禮，因留習之。貴游子弟聞而重之，欲與相見，以其名微，不欲晝往，乃夜共造焉。父友同郡劉岱將舉之，未果而病篤，臨終，敕其子沈曰：「霍原慕道淸虛，方成奇器，汝後必薦之。」後歸鄉里。高陽許猛素服其名，會爲幽州刺史，將詣之，主簿當車諫不可出界，猛歎恨而止。

原山居積年，門徒百數，燕王月致羊酒。及劉沈爲國大中正，元康中，進原爲二品，司徒不過，沈乃上表理之。詔下司徒參論，中書監張華令陳準奏爲上品，詔可。元康末，原與王褒等俱以賢良徵，〔九〕累下州郡，以禮發遣，皆不到。後王浚稱制謀僭，使人問之，原不答，浚心銜之。又有遼東囚徒三百餘人，依山爲賊，意欲劫原爲主事，亦未行。時有謠曰：「天子在何許？近在豆田中。」浚以豆爲霍，收原斬之，縣其首。諸生悲哭，夜竊尸共埋殯之。遠近駭愕，莫不冤痛之。

郭琦

郭琦字公偉，太原晉陽人也。少方直，有雅量，博學，善五行，作天文志、五行傳，注穀梁、京氏易百卷。鄉人王游等皆就琦學。武帝欲以琦爲佐著作郎，問琦族人尚書郭彰。彰素疾琦，答云：「不識。」帝曰：「若如卿言，烏丸家兒能事卿，卽堪爲郎矣。」遂決意用之。及趙王倫篡位，又欲用琦，琦曰：「我已爲武帝吏，不容復爲今世吏。」終身處於家。

伍朝

伍朝字世明，武陵漢壽人也。少有雅操，閑居樂道，不修世事。性好學，以博士徵，不就。刺史劉弘薦朝爲零陵太守，主者以非選例，不聽。尚書郎胡濟奏曰：「臣以爲當今資喪亂之餘運，承百王之遺弊，進趨者乘國故以僥倖，守道者懷蘊匵以終身，故令敦褒之化虧，退讓之風薄。案朝游心物外，不屑時務，守靜衡門，志道日新，年過耳順而所尚無虧，誠江南之奇才，丘園之逸老也。不加飾進，何以勸善！且白衣爲郡，前漢有舊，宜聽光顯，以奬風尚。」奏可，而朝不就，終於家。

魯褒

魯褒字元道，南陽人也。好學多聞，以貧素自立。元康之後，綱紀大壞，褒傷時之貪鄙，乃隱姓名，而著錢神論以刺之。其略曰：

錢之爲體，有乾坤之象，內則其方，外則其圓。其積如山，其流如川。動靜有時，行藏有節，市井便易，不患秏折。難折象壽，不匱象道，故能長久，爲世神寶。親之如兄，字曰「孔方」，失之則貧弱，得之則富昌。無翼而飛，無足而走，解嚴毅之顏，開難發之口。錢多者處前，錢少者居後。處前者爲君長，在後者爲臣僕。君長者豐衍而有餘，臣僕者窮竭而不足。詩云：「哿矣富人，哀此煢獨。」

錢之爲言泉也，無遠不往，無幽不至。京邑衣冠，疲勞講肄，厭聞淸談，對之睡寐，見我家兄，莫不驚視。錢之所祐，吉無不利，何必讀書，然後富貴！昔呂公欣悅於空版，漢祖克之於嬴二，文君解布裳而被錦繡，相如乘高蓋而解犢鼻，官尊名顯，皆錢所致。空版至虛，而況有實；嬴二雖少，以致親密。由此論之，謂爲神物。無德而尊，無勢而熱，排金門而入紫闥。危可使安，死可使活，貴可使賤，生可使殺。是故忿爭非錢不勝，幽滯非錢不拔，怨讎非錢不解，令問非錢不發。

洛中朱衣，當途之士，愛我家兄，皆無已已。執我之手，抱我終始，不計優劣，不論年紀，賓客輻輳，門常如市。諺曰：「錢無耳，可使鬼。」凡今之人，惟錢而已。故曰軍無財，士不來；軍無賞，士不往。仕無中人，不如歸田。雖有中人，而無家兄，不異無翼而欲飛，無足而欲行。

蓋疾時者共傳其文。襃不仕，莫知其所終。

氾騰

氾騰字無忌，敦煌人也。舉孝廉，除郎中。屬天下兵亂，去官還家。太守張閟造之，閉門不見，禮遺一無所受。歎曰：「生於亂世，貴而能貧，乃可以免。」散家財五十萬，以施宗族，柴門灌園，琴書自適。張軌徵之為府司馬，騰曰：「門一杜，其可開乎！」固辭。病兩月餘而卒。

任旭

任旭字次龍，臨海章安人也。父訪，吳南海太守。旭幼孤弱，兒童時勤於學。及長，立操清修，不染流俗，鄉曲推而愛之。郡將蔣秀嘉其名，請爲功曹。秀居官貪穢，每不奉法，旭正色苦諫。秀既不納，旭謝去，閉門講習，養志而已。久之，秀坐事被收，旭狼狽營送，秀慨然歎曰："任功曹眞人也。吾違其讜言，以至於此，復何言哉！"尋察孝廉，除郎中，州郡仍舉爲郡中正，固辭歸家。

永康初，惠帝博求清節儁異之士，太守仇馥薦旭清貞潔素，學識通博，詔下州郡以禮發遣。旭以朝廷多故，志尚隱遁，辭疾不行。尋天下大亂，陳敏作逆，江東名豪並見羈縶，惟旭與賀循守死不迴。敏卒不能屈。

元帝初鎭江東，聞其名，召爲參軍，手書與旭，欲使必到，旭固辭以疾。後帝進位鎭東大將軍，復召之；及爲左丞相，辟爲祭酒，並不就。中興建，公車徵，會遭母憂。於時司空王導啓立學校，選天下明經之士，旭與會稽虞喜俱以隱學被召。事未行，會有王敦之難，尋而帝崩，事遂寢。

明帝卽位，又徵拜給事中，旭稱疾篤，經年不到，尚書以稽留除名，僕射荀崧議以爲不可。太寧末，明帝復下詔備禮徵旭，始下而帝崩。咸和二年卒，太守馮懷上疏謂宜贈九列，值蘇峻作亂，事竟不行。

子琚，位至大宗正，終於家。

郭文

郭文字文舉，河內軹人也。少愛山水，尙嘉遁。年十三，每游山林，彌旬忘反。父母終，服畢，不娶，辭家游名山，歷華陰之崖，以觀石室之石函。洛陽陷，乃步擔入吳興餘杭大辟山中窮谷無人之地，倚木於樹，苫覆其上而居焉，亦無壁障。時猛獸爲暴，入屋害人，而文獨宿十餘年，卒無患害。恒著鹿裘葛巾，不飲酒食肉，區種菽麥，採竹葉木實，貿鹽以自供。人或酬下價者，亦卽與之。後人識文，不復賤酬。食有餘穀，輒恤窮匱。人有致遺，取其粗者，示不逆而已。有猛獸殺大麀鹿於菴側，文以語人，人取賣之，分錢與文。文曰：「我若須此，自當賣之。所以相語，正以不須故也。」聞者皆嗟歎之。嘗有猛獸忽張口向文，文視其口中有橫骨，乃以手探去之，猛獸明旦致一鹿於其室前。獵者時往寄宿，文夜爲擔水而無倦色。

餘杭令顧颺與葛洪共造之，而攜與俱歸。颺以文山行或須皮衣，贈以韋袴褶一具，文不納，辭歸山中。颺追遺使者置衣室中而去，文亦無言，韋衣乃至爛於戶內，竟不服用。

王導聞其名，遣人迎之，文不肯就船車，荷擔徒行。既至，導置之西園，園中果木成林，又有鳥獸麋鹿，因以居文焉。於是朝士咸共觀之，文頹然踑踞，傍若無人。溫嶠嘗問文曰：

「人皆有六親相娛，先生棄之何樂？」文曰：「本行學道，不謂遭世亂，欲歸無路，是以來也。」又問曰：「飢而思食，壯而思室，自然之性，先生安獨無情乎？」文曰：「情由憶生，不憶故無情。」又問曰：「先生獨處窮山，若疾病遭命，則爲烏鳥所食，顧不酷乎？」文曰：「藏埋者亦爲螻蟻所食，復何異乎！」又問曰：「猛獸害人，人之所畏，而先生獨不畏邪？」文曰：「人無害獸之心，則獸亦不害人。」又問曰：「苟世不寧，身不得安。今將用先生以濟時，若何？」文曰：「山草之人，安能佐世！」導嘗衆賓共集，絲竹並奏，試使呼之。文瞪眸不轉，跨躡華堂如行林野。於時坐者咸有鉤深味遠之言，文常稱不達來語。天機鏗宏，莫有闚其門者。溫嶠嘗稱曰：「文有賢人之性，而無賢人之才，柳下、梁踦之亞乎！」永昌中，大疫，文病亦殆。王導遺藥，文曰：「命在天，不在藥也。夭壽長短，時也。」

居導園七年，未嘗出入。一旦忽求還山，導不聽。後逃歸臨安，結廬舍於山中。臨安令萬寵迎置縣中。及蘇峻反，破餘杭，而臨安獨全，人皆異之，以爲知機。自後不復語，但舉手指麾，以宣其意。病甚，求還山，欲枕石安尸，不令人殯葬，寵不聽。不食二十餘日，亦不瘦。寵問曰：「先生復可得幾日？」文三舉手，果以十五日終。寵葬之於所居之處而祭哭之，葛洪、庾闡並爲作傳，贊頌其美云。

龔壯

龔壯字子瑋，巴西人也。潔己自守，與鄉人譙秀齊名。父叔爲李特所害，壯積年不除喪，力弱不能復仇。及李壽戍漢中，與李期有嫌，期，特孫也，壯欲假壽以報，乃說壽曰：「節下若能并有西土，稱藩於晉，人必樂從。且捨小就大，以危易安，莫大之策也。」壽然之，遂率衆討期，果克之。壽猶襲僞號，欲官之，壯誓不仕，賂遺一無所取。會天久雨，百姓饑墊，壯上書說壽以歸順，允天心，應人望，永爲國藩，福流子孫。壽省書內愧，祕而不宣。乃遣使入胡，壯又諫之，壽又不納。壯謂百行之本莫大忠孝，既假壽殺期，私仇以雪，又欲使其歸朝，以明臣節。壽既不從，壯遂稱聾，又云手不制物，終身不復至成都，惟研考經典，譚思文章，〔一〇〕至李勢時卒。

初，壯每歎中夏多經學，而巴蜀鄙陋，兼遭李氏之難，無復學徒，乃著邁德論，文多不載。

孟陋

孟陋字少孤，武昌人也。吳司空宗之曾孫也。兄嘉，桓溫征西長史。陋少而貞立，清操絕倫，布衣蔬食，以文籍自娛。口不及世事，未曾交游，時或弋釣，孤興獨往，〔二〕雖家人亦不知其所之也。喪母，毀瘠殆於滅性，不飲酒食肉十有餘年。親族迭謂之曰：「少孤！誰無父母？誰有父母！聖人制禮，令賢者俯就，不肖企及。若使毀性無嗣，更爲不孝也。」陋感此言，然後從吉。由是名著海內。

簡文帝輔政，命爲參軍，稱疾不起。桓溫躬往造焉。或謂溫曰：「孟陋高行，學爲儒宗，宜引在府，以和鼎味。」溫歎曰：「會稽王尚不能屈，非敢擬議也。」陋聞之曰：「桓公正當以我不往故耳。億兆之人，無官者十居其九，豈皆高士哉！我疾病不堪恭相王之命，非敢爲高也。」由是名稱益重。

博學多通，長於三禮。注論語，行於世。卒以壽終。

韓績

韓績字興齊，廣陵人也。其先避亂，居於吳之嘉興。父建，仕吳至大鴻臚。績少好文學，以潛退爲操，布衣蔬食，不交當世，由是東土並宗敬焉。司徒王導聞其名，辟以爲掾，不就。咸康末，會稽內史孔愉上疏薦之，詔以安車束帛徵之。尚書令諸葛恢奏績名望猶輕，未宜備禮，於是召拜博士。稱老病不起，卒於家。

於時高密劉𪊲字長魚、城陽邴郁字弘文，並有高名。𪊲幼不慕俗，長而希古，篤學厲行，化流邦邑。郁，魏徵士原之曾孫，少有原風，敕身謹潔，口不妄說，耳不妄聽，端拱恂恂，舉動有禮。咸康中，成帝博求異行之士，𪊲、郁並被公卿薦舉，於是依績及翟湯等例，以博士徵之。郁辭以疾，𪊲隨使者到京師，自陳年老，不拜。各以壽終。

譙秀

譙秀字元彥，巴西人也。祖周，以儒學著稱，顯明蜀朝。秀少而靜默，不交於世，知天下將亂，預絕人事，雖內外宗親，不與相見。郡察孝廉，州舉秀才，皆不就。及李雄據蜀，略有巴西，雄叔父驤、驤子壽皆慕秀名，具束帛安車徵之，皆不應。常冠皮弁，弊衣，躬耕山藪，龔壯常歎服焉。桓溫滅蜀，上疏薦之，朝廷以秀年在篤老，兼道遠，故不徵，遣使敕所在四時存問。尋而范賁、蕭敬相繼作亂，秀避難宕渠，鄉里宗族依憑之者以百數。秀年出八十，衆人欲代之負擔，秀曰：「各有老弱，當先營護。吾氣力猶足自堪，豈以垂朽之年累諸君也！」年九十餘卒。

翟湯 子莊

翟湯字道深，〔一三〕尋陽人。篤行純素，仁讓廉潔，不屑世事，耕而後食，人有饋贈，雖釜庾一無所受。永嘉末，寇害相繼，聞湯名德，皆不敢犯，鄉人賴之。司徒王導辟，不就，隱於縣界南山。始安太守干寶與湯通家，遣船餉之，敕吏云：「翟公廉讓，卿致書訖，便委船還。」湯無人反致，乃貨易絹物，因寄還寶。寶本以爲惠，而更煩之，益愧歎焉。咸康中，征西大將軍庾亮上疏薦之，成帝徵爲國子博士，湯不起。建元初，安西將軍庾翼北征石季龍，大發僮客以充戎役，敕有司特蠲湯所調。湯悉推僕使委之鄉吏，吏奉旨一無所受，湯依所調限，放免其僕，使令編戶爲百姓。康帝復以散騎常侍徵湯，固辭老疾，不至。年七十三，卒於家。

子莊字祖休。少以孝友著名，遵湯之操，不交人物，耕而後食，語不及俗，惟以弋釣爲事。及長，不復獵。或問：「漁獵同是害生之事，而先生止去其一，何哉？」莊曰：「獵自我，釣自物，未能頓盡，故先節其甚者。且夫貪餌吞鉤，豈我哉！」時人以爲知言。晚節亦不復釣，端居篳門，歠菽飲水。州府禮命，及公車徵，並不就。年五十六，卒。

子矯亦有高操，屢辭辟命。矯子法賜，孝武帝以散騎郎徵，亦不至。世有隱行云。

郭翻

郭翻字長翔，武昌人也。伯父訥，廣州刺史。父察，安城太守。翻少有志操，辭州郡辟及賢良之舉。家於臨川，不交世事，惟以漁釣射獵爲娛。居貧無業，欲墾荒田，先立表題，經年無主，然後乃作。稻將熟，有認之者，悉推與之。縣令聞而詰之，以稻還翻，翻遂不受。嘗以車獵，去家百餘里，道中逢病人，以車送之，徒步而歸。其漁獵所得，或從買者，便與之而不取直，亦不告姓名。由是士庶咸敬貴焉。

與翟湯俱爲庾亮所薦，公車博士徵，不就。咸康末，乘小船暫歸武昌省墳墓，安西將軍庾翼以帝舅之重，躬往造翻，欲强起之。翻曰：「人性各有所短，焉可强逼！」翼又以其船小狹，欲引就大船。翻曰：「使君不以鄙賤而辱臨之，此固野人之舟也。」翼俯屈入其船中，終日而去。

嘗墜刀於水，路人有爲取者，因與之。路人不取，固辭，翻曰：「爾向不取，我豈能得！」路人曰：「我若取此，將爲天地鬼神所責矣。」翻知其終不受，復沈刀於水。路人悵焉，乃復沈沒取之。翻於是不逆其意，乃以十倍刀價與之。其廉不受惠，皆此類也。卒於家。

辛謐

辛謐字叔重，隴西狄道人也。父怡，幽州刺史，世稱冠族。謐少有志尚，博學善屬文，工草隸書，爲時楷法。性恬靜，不妄交游。召拜太子舍人、諸王文學，累徵不起。永嘉末，以謐兼散騎常侍，慰撫關中。謐以洛陽將敗，故應之。及長安陷沒於劉聰，聰拜太中大夫，固辭不受。又歷石勒、季龍之世，並不應辟命。雖處喪亂之中，頹然高邁，視榮利蔑如也。

及冉閔僭號，復備禮徵爲太常，謐遺閔書曰：「昔許由辭堯，以天下讓之，全其清高之節。伯夷去國，子推逃賞，皆顯史牒，傳之無窮。此往而不反者也。然賢人君子雖居廟堂之上，無異於山林之中，斯窮理盡性之妙，豈有識之者邪！是故不嬰於禍難者，非爲避之，但冥心至趣而與吉會耳。謐聞物極則變，冬夏是也；致高則危，累棊是也。君王功以成矣，而久處之，非所以顧萬全遠危亡之禍也。宜因茲大捷，歸身本朝，必有許由、伯夷之廉，享松喬之壽，永爲世輔，豈不美哉！」因不食而卒。

劉驎之

劉驎之字子驥，南陽人，光祿大夫耽之族也。驎之少尚質素，虛退寡欲，不修儀操，人莫之知。好游山澤，志存遁逸。嘗採藥至衡山，深入忘反，見有一澗水，水南有二石囷，一囷閉，一囷開，水深廣不得過。欲還，失道，遇伐弓人，問徑，僅得還家。或說囷中皆仙靈方藥諸雜物，驎之欲更尋索，終不復知處也。

車騎將軍桓沖聞其名，請爲長史，驎之固辭不受。沖嘗到其家，驎之於樹條桑，使者致命，驎之曰：「使君既枉駕光臨，宜先詣家君。」沖聞大愧，於是乃造其父。父命驎之，然後方還，拂短褐與沖言話。父使驎之於內自持濁酒蔬菜供賓，沖敕人代驎之斟酌，父辭曰：「若使從者，非野人之意也。」沖慨然，至昏乃退。

驎之雖冠冕之族，信義著於羣小，凡厮伍之家婚娶葬送，無不躬自造焉。居於陽岐，在官道之側，人物來往，莫不投之。驎之躬自供給，士君子頗以勞累，更憚過焉。凡人致贈，一無所受。去驎之家百餘里，有一孤姥，病將死，歎息謂人曰：「誰當埋我，惟有劉長史耳！何由令知？」驎之先聞其有患，故往候之，值其命終，乃身爲營棺殯送之。其仁愛隱惻若此。卒以壽終。

索襲

索襲字偉祖，敦煌人也。虛靖好學，不應州郡之命，舉孝廉、賢良方正，皆以疾辭。游思於陰陽之術，著天文地理十餘篇，多所啓發。不與當世交通，或獨語獨笑，或長歎涕泣，或請問不言。

張茂時，敦煌太守陰澹奇而造焉，經日忘反，出而歎曰：「索先生碩德名儒，眞可以諮大義。」澹欲行鄉射之禮，請襲爲三老，曰：「今四表輯寧，將行鄉射之禮，先生年耆望重，道冠一時，養老之義，實繫儒賢。既樹非梧桐，而希鸞鳳降翼；器謝曹公，而冀蓋公枉駕，誠非所謂也。然夫子至聖，有召赴焉；孟軻大德，無聘不至，蓋欲弘闡大猷，敷明道化故也。今之相屈，遵道崇敎，非有爵位，意者或可然乎！」會病卒，時年七十九。澹素服會葬，贈錢二萬。澹曰：「世人之所有餘者，富貴也；目之所好者，五色也；耳之所玩者，五音也。而先生棄衆人之所收，收衆人之所棄，味無味於慌惚之際，兼重玄於衆妙之內。宅不彌畝而志忽九州，形居塵俗而棲心天外，雖黔婁之高遠，莊生之不顧，蔑以過也。」乃諡曰玄居先生。

楊軻

楊軻，天水人也。少好易，長而不娶，學業精微，養徒數百，常食粗飲水，衣褐縕袍，人不堪其憂，而軻悠然自得，疏賓異客，音旨未曾交也。雖受業門徒，非入室弟子，莫得親言。欲所論授，須旁無雜人，授入室弟子，令遞相宣授。

劉曜僭號，徵拜太常，輌固辭不起，曜亦敬而不逼，遂隱於隴山。曜後爲石勒所擒，秦人東徙，輌留長安。及石季龍嗣僞位，備玄纁束帛安車徵之，輌以疾辭。迫之，乃發。既見季龍，不拜，與語，不言，命舍之於永昌乙第。其有司以輌倨傲，請從大不敬論，季龍不從，下書任輌所尙。

輌在永昌，季龍每有饋餼，輒口授弟子，使爲表謝，其文甚美，覽者歎有深致。季龍欲觀其眞趣，乃密令美女夜以動之，輌蕭然不顧。又使人將其弟子盡行，遣魁壯羯士衣甲持刀，臨之以兵，幷竊其所賜衣服而去，輌視而不言，了無懼色。常卧土牀，覆以布被，倮寢其中，下無茵褥。潁川荀鋪，好奇之士也，造而談經，輌瞑目不答。鋪發輌被，露其形，大笑之。輌神體頽然，無驚怒之狀。于時咸以爲焦先之徒，未有能量其深淺也。

後上疏陳鄉思，求還，季龍送以安車蒲輪，蠲十戶供之。自歸秦州，仍教授不絕。其後秦人西奔涼州，輌弟子以牛負之，爲戍軍追擒，幷爲所害。

公孫鳳

公孫鳳字子鸞，上谷人也。隱於昌黎之九城山谷，冬衣單布，寢處土牀，夏則幷食於器，停令臭敗，然後食之。彈琴吟咏，陶然自得，人咸異之，莫能測也。慕容暐以安車徵至鄴，及見暐，不言不拜，衣食舉動如在九城。賓客造請，尟得與言。數年病卒。

公孫永

公孫永字子陽，襄平人也。少而好學恬虛，隱於平郭南山，不娶妻妾，非身所墾植，則不衣食之，吟詠巖間，欣然自得，年餘九十，操尚不虧。與公孫鳳俱被慕容暐徵至鄴，及見暐，不拜，王公以下造之，皆不與言，雖經隆冬盛暑，端然自若。一歲餘，詐狂，暐送之平郭。後苻堅又將備禮徵之，難其年耆路遠，乃遣使者致問。未至而永亡，堅深悼之，謚曰崇虛先生。

張忠

張忠字巨和，中山人也。永嘉之亂，隱於泰山。恬靜寡欲，淸虛服氣，餐芝餌石，修導養之法。冬則縕袍，夏則帶索，端拱若尸。無琴書之適，不修經典，勸教但以至道虛無爲宗。其居依崇巖幽谷，鑿地爲窟室。弟子亦以窟居，去忠六十餘步，五日一朝。其教以形不以言，弟子受業，觀形而退。立道壇於窟上，每旦朝拜之。食用瓦器，鑿石爲釜。左右居人饋之衣食，一無所受。好事少年頗或問以水旱之祥，忠曰：「天不言而四時行焉，萬物生焉，陰陽之事非窮山野叟所能知之。」其遺諸外物，皆此類也。年在期頤，而視聽無爽。

苻堅遣使徵之。使者至，忠沐浴而起，謂弟子曰：「吾餘年無幾，不可以逆時主之意。」浴訖就車。及至長安，堅賜以冠衣，辭曰：「年朽髮落，不堪衣冠，請以野服入覲。」從之。及見，堅謂之曰：「先生考槃山林，〔一三〕研精道素，獨善之美有餘，兼濟之功未也。故遠屈先生，將任齊尙父。」忠曰：「昔因喪亂，避地泰山，與鳥獸爲侶，以全朝夕之命。屬堯舜之世，思一奉聖顏。年衰志謝，不堪展效，尙父之況，非敢竊擬。山棲之性，情存巖岫，乞還餘齒，歸死岱宗。」堅以安車送之。行達華山，歎曰：「我東嶽道士，沒於西嶽，命也，奈何！」行五十里，及關而死。使者馳驛白之，堅遣黃門郎韋華持節策弔，祀以太牢，褒賜命服，謚曰安道先生。

石垣

石垣字洪孫，〔一四〕自云北海劇人。居無定所，不娶妻妾，不營產業，食不求美，衣必粗弊。或有遺其衣服，受而施人。人有喪葬，輒杖策弔之。路無遠近，時有寒暑，必在其中；或同日共時，咸皆見焉。又能闇中取物，如晝無差。姚萇之亂，莫知所終。

宋纖

宋纖字令艾，敦煌效穀人也。少有遠操，沈靖不與世交，隱居於酒泉南山。明究經緯，弟子受業三千餘人。不應州郡辟命，惟與陰顒、齊好友善。張祚時，太守楊宣畫其象於閣上，出入視之，作頌曰：「爲枕何石？爲漱何流？身不可見，名不可求。」酒泉太守馬岌，高尚之士也，具威儀，鳴鐃鼓，造焉。纖高樓重閣，距而不見。岌歎曰：「名可聞而身不可見，德可仰而形不可覩，吾而今而後知先生人中之龍也。」銘詩於石壁曰：「丹崖百丈，青壁萬尋。奇木蓊鬱，蔚若鄧林。其人如玉，維國之琛。室邇人遐，實勞我心。」

纖注論語，及爲詩頌數萬言。年八十，篤學不倦。張祚後遣使者張興備禮徵爲太子友，興逼喻甚切，纖喟然歎曰：「德非莊生，才非干木，何敢稽停明命！」遂隨興至姑臧。祚遣其太子太和以執友禮造之，〔一五〕纖稱疾不見，贈遺一皆不受。尋遷太子太傅。頃之，上疏曰：「臣受生方外，心慕太古。生不喜存，死不悲沒。素有遺屬，屬諸知識，在山投山，臨水投水，處澤露形，在人親土。〔一六〕聲聞書疏，勿告我家。今當命終，乞如素願。」遂不食而卒，時年八十二，謚曰玄虛先生。

郭荷

郭荷字承休，略陽人也。六世祖整，漢安順之世，公府八辟，公車五徵，皆不就。自整及荷，世以經學致位。荷明究羣籍，特善史書。不應州郡之命。張祚遣使者以安車束帛徵爲博士祭酒，使者迫而致之。及至，署太子友。荷上疏乞還，祚許之，遣以安車蒲輪送還張掖東山。年八十四卒，謚曰玄德先生。

郭瑀

郭瑀字元瑜，敦煌人也。少有超俗之操，東游張掖，師事郭荷，盡傳其業。精通經義，雅辯談論，多才藝，善屬文。荷卒，瑀以爲父生之，師成之，君爵之，而五服之制，師不服重，蓋聖人謙也，遂服斬衰，廬墓三年。禮畢，隱於臨松薤谷，鑿石窟而居，服柏實以輕身，作春秋墨說、孝經錯緯，弟子著錄千餘人。

張天錫遣使者孟公明持節，以蒲輪玄纁備禮徵之，遺瑀書曰：「先生潛光九皐，懷眞獨遠，心與至境冥符，志與四時消息，豈知蒼生倒懸，四海待拯者乎！孤忝承時運，負荷大業，思與賢明同贊帝道。昔傅說龍翔殷朝，尙父鷹揚周室，孔聖車不停軌，墨子駕不俟旦，皆以黔首之禍不可以不救，君不獨立，道由人弘故也。況今九服分爲狄場，二都盡爲戎穴，天子僻陋江東，名教淪於左衽，創毒之甚，開闢未聞。先生懷濟世之才，坐觀而不救，其於仁智，孤竊惑焉。故遣使者虛左授綏，鶴企先生，乃眷下國。」公明至山，瑀指翔鴻以示之曰：「此鳥也，安可籠哉！」遂深逃絕迹。公明拘其門人，瑀歎曰：「吾逃祿，非避罪也，豈得隱居行義，害及門人！」乃出而就徵。及至姑臧，值天錫母卒，瑀括髮入弔，三踊而出，還於南山。

及天錫滅，苻堅又以安車徵瑀定禮儀，會父喪而止，太守辛章遣書生三百人就受業焉。及苻氏之末，略陽王穆起兵酒泉，以應張大豫，遣使招瑀。瑀歎曰：「臨河救溺，不卜命之短長；脈病三年，不豫絕其餐饋；魯連在趙，義不結舌，況人將左衽而不救之！」乃與敦煌索嘏起兵五千，運粟三萬石，東應王穆。穆以瑀爲太府左長史、軍師將軍。雖居元佐，而口詠黃老，冀功成世定，追伯成之蹤。

穆惑於讒間，西伐索嘏，瑀諫曰：「昔漢定天下，然後誅功臣。今事業未建而誅之，立見麋鹿游於此庭矣。」穆不從。瑀出城大哭，舉手謝城曰：「吾不復見汝矣！」還而引被覆面，不與人言，不食七日，輿疾而歸，旦夕祈死。夜夢乘青龍上天，至屋而止，寤而歎曰：「龍飛在天，今止於屋。屋之爲字，尸下至也。龍飛至尸，吾其死也。古之君子不卒內寢，況吾正士乎！」遂還酒泉南山赤厓閣，飲氣而卒。

祈嘉

祈嘉字孔賓，酒泉人也。少淸貧，好學。年二十餘，夜忽窗中有聲呼曰：「祈孔賓，祈孔賓！隱去來，隱去來！修飾人世，甚苦不可諧。所得未毛銖，所喪如山崖。」旦而逃去，西至敦煌，依學官誦書，貧無衣食，爲書生都養以自給，〔一七〕遂博通經傳，精究大義。西游海渚，教授門生百餘人。張重華徵爲儒林祭酒。性和裕，教授不倦，依孝經作二九神經。在朝卿士、郡縣守令彭和正等受業獨拜牀下者二千餘人，天錫謂爲先生而不名之。竟以壽終。

瞿硎先生

瞿硎先生者，不得姓名，亦不知何許人也。太和末，常居宣城郡界文脊山中，山有瞿硎，因以爲名焉。大司馬桓溫嘗往造之。既至，見先生被鹿裘，坐於石室，神無忤色，溫及僚佐數十人皆莫測之，乃命伏滔爲之銘贊。竟卒於山中。

謝敷

謝敷字慶緒，會稽人也。性澄靖寡欲，入太平山十餘年。鎭軍郗愔召爲主簿，臺徵博士，皆不就。

初，月犯少微，少微一名處士星，占者以隱士當之。譙國戴逵有美才，人或憂之。俄而敷死，故會稽人士以嘲吳人云：「吳中高士，便是求死不得死。」

戴逵

戴逵字安道，譙國人也。少博學，好談論，善屬文，能鼓琴，工書畫，其餘巧藝靡不畢綜。總角時，以雞卵汁溲白瓦屑作鄭玄碑，又爲文而自鐫之，詞麗器妙，時人莫不驚歎。性不樂當世，常以琴書自娛。師事術士范宣於豫章，宣異之，以兄女妻焉。太宰、武陵王晞聞其善鼓琴，使人召之，逵對使者破琴曰：「戴安道不爲王門伶人！」晞怒，乃更引其兄述。述聞命欣然，擁琴而往。

逵後徙居會稽之剡縣。性高潔，常以禮度自處，深以放達爲非道，乃著論曰：

夫親沒而採藥不反者，不仁之子也；君危而屢出近關者，苟免之臣也。而古之人未始以彼害名敎之體者何？達其旨故也。達其旨，故不惑其迹。若元康之人，可謂好遁跡而不求其本，故有捐本徇末之弊，舍實逐聲之行，是猶美西施而學其顰眉，慕有道而折其巾角，所以爲慕者，非其所以爲美，徒貴貌似而已矣。夫紫之亂朱，以其似朱也。故鄉原似中和，所以亂德；放者似達，所以亂道。然竹林之爲放，有疾而爲顰者也，元康之爲放，無德而折巾者也，可無察乎！

且儒家尚譽者，本以興賢也，既失其本，則有色取之行。懷情喪眞，以容貌相欺，其弊必至於末僞。道家去名者，欲以篤實也，苟失其本，又有越檢之行。情禮俱虧，則仰詠兼忘，其弊必至於本薄。夫僞薄者，非二本之失，而爲弊者必託二本以自通。夫道有常經，而弊無常情，是以六經有失，王政有弊，〔一八〕苟乖其本，固聖賢所無奈何也。

嗟夫！行道之人自非性足體備、闇蹈而當者，亦曷能不棲情古烈，擬規前修。〔一九〕苟迷擬之然後動，議之然後言，固當先辯其趣舍之極，求其用心之本，識其枉尺直尋之旨，採其被褐懷玉之由。若斯，塗雖殊，而其歸可觀也；跡雖亂，而其契不乖也。不然，則流遁忘反，爲風波之行，自驅以物，自誑以僞，外眩囂華，內喪道實，以矜尚奪其眞主，以塵垢翳其天正，貽笑千載，可不愼歟！

孝武帝時，以散騎常侍、國子博士累徵，辭父疾不就。郡縣敦逼不已，乃逃於吳。吳國內史王珣有別館在武丘山，逵潛詣之，與珣游處積旬。會稽內史謝玄慮逵遠遁不反，乃上疏曰：「伏見譙國戴逵希心俗表，不嬰世務，棲遲衡門，與琴書爲友。雖策命屢加，幽操不回，超然絕跡，自求其志。且年垂耳順，常抱羸疾，時或失適，轉至委篤。今王命未回，將離風霜之患。陛下既已愛而器之，亦宜使其身名並存，請絕其召命。」疏奏，帝許之，逵復還剡。

後王珣爲尚書僕射，上疏復請徵爲國子祭酒，加散騎常侍，徵之，復不至。太元二十年，皇太子始出東宮，太子太傅會稽王道子、少傅王雅、詹事王珣又上疏曰：「逵執操貞厲，含味獨游，年在耆老，清風彌劭。東宮虛德，式延事外，宜加旌命，以參僚侍。逵既重幽居之操，必以難進爲美，宜下所在備禮發遣。」會病卒。

長子勃，有父風。義熙初，以散騎侍郎徵，不起，尋卒。

龔玄之

龔玄之字道玄，〔二〇〕武陵漢壽人也。父登，歷長沙相、散騎常侍。玄之好學潛默，安於陋巷。州舉秀才，公府辟，不就。孝武帝下詔曰：「夫哲王御世，必搜揚幽隱，故空谷流縶維之詠，丘園旅束帛之觀。譙國戴逵、武陵龔玄之並高尚其操，依仁游藝，潔己貞鮮，學弘儒業，朕虛懷久矣。二三君子，豈其戢賢於懷抱哉！思挹雅言，虛誠諷議，可並以爲散騎常侍，領國子博士，指下所在備禮發遣，不得循常，以稽側席之望。」郡縣敦逼，苦辭疾篤，不行。尋卒，時年五十八。

弟子元壽，亦有德操，高尚不仕，舉秀才及州辟召，並稱疾不就。孝武帝以太學博士、散騎侍郎、給事中累徵，遂不起。卒於家。

陶淡

陶淡字處靜，太尉侃之孫也。父夏，以無行被廢。淡幼孤，好導養之術，謂仙道可祈。年十五六，便服食絕穀，不婚娶。家累千金，僮客百數，淡終日端拱，曾不營問。頗好讀易，善卜筮。於長沙臨湘山中結廬居之，養一白鹿以自偶。親故有候之者，輒移渡澗水，莫得近之。州舉秀才，淡聞，遂轉逃羅縣埤山中，終身不返，莫知所終。

陶潛

陶潛字元亮，大司馬侃之曾孫也。祖茂，武昌太守。潛少懷高尚，博學善屬文，穎脫不羈，任眞自得，爲鄉鄰之所貴。嘗著五柳先生傳以自況曰：「先生不知何許人，不詳姓字，宅邊有五柳樹，因以爲號焉。閑靜少言，不慕榮利。好讀書，不求甚解，每有會意，欣然忘食。性嗜酒，而家貧不能恒得。親舊知其如此，或置酒招之，造飲必盡，期在必醉，旣醉而退，曾不吝情。環堵蕭然，不蔽風日，短褐穿結，簞瓢屢空，晏如也。常著文章自娛，頗示己志，忘懷得失，以此自終。」其自序如此，時人謂之實錄。

以親老家貧，起爲州祭酒，不堪吏職，少日自解歸。州召主簿，不就，躬耕自資，遂抱羸疾。復爲鎭軍、建威參軍，謂親朋曰：「聊欲絃歌，以爲三徑之資可乎？」執事者聞之，以爲彭澤令。在縣公田悉令種秫穀，曰：「令吾常醉於酒足矣。」妻子固請種秔，乃使一頃五十畝種秫，五十畝種秔。素簡貴，不私事上官。郡遣督郵至縣，吏白應束帶見之，潛歎曰：「吾不能爲五斗米折腰，拳拳事鄉里小人邪！」義熙二年，解印去縣，乃賦歸去來。其辭曰：

歸去來兮，田園將蕪，胡不歸？旣自以心爲形役，奚惆悵而獨悲？悟已往之不諫，知來者之可追。實迷途其未遠，覺今是而昨非。舟遙遙以輕颺，風飄飄而吹衣，問征夫以前路，恨晨光之希微。乃瞻衡宇，載欣載奔，僮僕來迎，稚子候門。三徑就荒，松菊猶存。攜幼入室，有酒盈樽。引壺觴以自酌，眄庭柯以怡顏，倚南窗以寄傲，審容膝之易安。園日涉而成趣，門雖設而常關；策扶老而流憩，時翹首而遐觀。雲無心而出岫，鳥倦飛而知還；景翳翳其將入，撫孤松而盤桓。

歸去來兮，請息交以絕游，世與我而相遺，復駕言兮焉求！悅親戚之情話，樂琴書以消憂。農人告余以暮春，將有事乎西疇。或命巾車，或棹孤舟，旣窈窕以尋壑，亦崎嶇而經丘。木欣欣以向榮，泉涓涓而始流，善萬物之得時，感吾生之行休。

已矣乎！寓形宇內復幾時，曷不委心任去留，胡爲乎遑遑欲何之？富貴非吾願，帝鄉不可期。懷良晨以孤往，或植杖而芸耔，登東皐以舒嘯，臨淸流而賦詩；聊乘化而歸盡，樂夫天命復奚疑！

頃之，徵著作郎，不就。既絕州郡覲謁，其鄉親張野及周旋人羊松齡、寵遵等或有酒要之，或要之共至酒坐，雖不識主人，亦欣然無忤，酣醉便反。未嘗有所造詣，所之唯至田舍及廬山游觀而已。

刺史王弘以元熙中臨州，甚欽遲之，後自造焉。潛稱疾不見，既而語人云：「我性不狎世，因疾守閑，幸非潔志慕聲，豈敢以王公紆軫爲榮邪！夫謬以不賢，此劉公幹所以招謗君子，其罪不細也。」弘每令人候之，密知當往廬山，乃遣其故人龐通之等齎酒，先於半道要之。潛既遇酒，便引酌野亭，欣然忘進。弘乃出與相見，遂歡宴窮日。潛無履，弘顧左右爲之造履。左右請履度，潛便於坐申脚令度焉。弘要之還州，問其所乘，答云：「素有脚疾，向乘藍輿，亦足自反。」乃令一門生二兒共轝之至州，而言笑賞適，不覺其有羨於華軒也。弘後欲見，輒於林澤間候之。至於酒米乏絕，亦時相贍。

其親朋好事，或載酒肴而往，潛亦無所辭焉。每一醉，則大適融然。又不營生業，家務悉委之兒僕。未嘗有喜慍之色，惟遇酒則飮，時或無酒，亦雅詠不輟。嘗言夏月虛閑，高臥北窗之下，清風颯至，自謂羲皇上人。性不解音，而畜素琴一張，絃徽不具，每朋酒之會，則撫而和之，曰：「但識琴中趣，何勞絃上聲！」以宋元嘉中卒，時年六十三，所有文集並行於世。

史臣曰：君子之行殊塗，顯晦之謂也。出則允釐庶政，以道濟時；處則振拔囂埃，以卑自牧。詳求厥義，其來敻矣。公和之居窟室，裳唯編草，誠叔夜而凝神鑒；威輦之處叢祠，衣無全帛，對子荆而陳貞則：並滅景而弗追，柳禽、尚平之流亞。夏統遠邇稱其孝友，宗黨高其諒直，歌小海之曲，則伍胥猶存；固貞石之心，則公閭尤愧，時幸洛濱之觀，信乎茲言。宋纖幼懷遠操，清規映拔，楊宣頌其畫象，馬岌歎其人龍，玄虛之號，實斯爲美。餘之數子，或移病而去官，或著論而矯俗，或箕踞而對時人，或弋釣而棲衡泌，含和隱璞，乘道匿輝，不屈其志，激清風於來葉者矣。

贊曰：厚秩招累，修名順欲。確乎羣士，超然絕俗。養粹巖阿，銷聲林曲。激貪止競，永垂高躅。

校勘記

〔一〕一無所辭去皆捨棄　各本「所」下原有「受」字。李校：「受」字衍。按：李說是，今刪。若有「受」

字，而從「受」字句絶，則「辭去皆捨棄」爲複語矣。魏志王粲傳注引嵇康集目録云「每所止家，輒給其衣服食飲，得無辭讓」。「得無辭讓」卽此「一無所辭」，可證「受」字爲衍文，或淺人所妄加。

〔二〕乃作幽憤詩　「乃」，各本作「仍」，今從宋本作「乃」。

〔三〕初與隴西計吏　「與」，各本作「爲」，今從殿本，與通志一七七合。

〔四〕子路見夏南　顧炎武日知録：「夏」當作「衞」。

〔五〕漢萊蕪長丹之孫也　後漢書獨行傳「丹」作「冉」，注云，一作「丹」。

〔六〕名必有形察形莫如别色　各本「必」上無「名」字，「察」下無「形」字，殿本有之。今從殿本。孫詒讓墨子閒詁附録亦謂當有「名」「形」兩字。

〔七〕爲刑名二篇　孫詒讓墨子閒詁附録：「刑」當作「形」。

〔八〕無化論　御覽五九五引作「元化論」。謝鯤有元化論序，見世説賞譽注。蓋「元」訛爲「无」，又轉訛爲「無」。

〔九〕王褒　周校：「褒」當作「裒」。

〔一〇〕譚思文章　周校：覃思之覃不從言旁。按：御覽五〇三引王隱晉書作「覃」。

〔一一〕孤興獨往　「往」，各本作「歸」，宋本、吳本作「往」，今從之。

〔一二〕道深　斠注：世説棲逸及注引晉陽秋、又御覽八一七引中興書「深」作「淵」。按：御覽四二五引中興書亦作「淵」。「深」乃唐人避諱改。

〔一三〕考磐山林　通志一七七、冊府二一二八「磐」作「槃」，與詩衞風合。

〔一四〕石垣　「垣」，宋本作「坦」。

〔一五〕太子太和　「太和」，冊府二二八作「泰和」，與張祚傳合。

〔一六〕在人親土　「土」，各本作「士」，今從殿本作「土」。

〔一七〕書生都養　局本脫「生」字，殿本作「書生都養」，與通志一七七合，今從之。「書生都養」與漢書兒寬傳「弟子都養」義同。御覽五〇三引王隱晉書作「儒生都養」，亦此義。

〔一八〕王政有弊　「王」，各本均作「二」，唯吳本作「王」，今從之。

〔一九〕亦曷能不棲情古烈擬規前修　「不」字疑衍。

〔二〇〕龔玄之　商榷：舊本作「襲玄之」。「襲」是僻姓，不學者妄改爲「龔」。斠注：水經沅水注有晉徵士漢壽龔玄之墓銘。水經注刊誤曰：宋本晉書作「龔玄之」。通志氏族略，晉有隱士龔玄之。

晉書卷九十五

列傳第六十五

藝術

藝術之興，由來尙矣。先王以是決猶豫，定吉凶，審存亡，省禍福。曰神與智，藏往知來；幽贊冥符，弼成人事；旣興利而除害，亦威衆以立權，所謂神道設教，率由於此。然而詭託近於妖妄，迂誕難可根源，法術紛以多端，變態諒非一緒，眞雖存矣，僞亦憑焉。聖人不語怪力亂神，良有以也。逮丘明首唱，敍妖夢以垂文，子長繼作，援龜策以立傳，自茲厥後，史不絕書。漢武雅好神仙，世祖尤耽讖術，遂使文成、五利逞詭詐而取寵榮，尹敏、桓譚由忤時而嬰罪戾，斯固通人之所蔽，千慮之一失者乎！

詳觀衆術，抑惟小道，棄之如或可惜，存之又恐不經。載籍旣務在博聞，筆削則理宜詳備，晉謂之乘，義在於斯。今錄其推步尤精、伎能可紀者，以爲藝術傳，式備前史云。

陳訓

陳訓字道元，歷陽人。少好祕學，天文、算曆、陰陽、占候無不畢綜，尤善風角。孫晧以爲奉禁都尉，使其占候。晧政嚴酷，訓知其必敗而不敢言。時錢唐湖開，〔一〕或言天下當太平，青蓋入洛陽。晧以問訓，訓曰：「臣止能望氣，不能達湖之開塞。」退而告其友曰：「青蓋入洛，將有輿櫬銜璧之事，非吉祥也。」尋而吳亡。訓隨例內徙，拜諫議大夫。俄而去職還鄉。

及陳敏作亂，遣弟宏爲歷陽太守，〔二〕訓謂邑人曰：「陳家無王氣，不久當滅。」宏聞，將斬之，訓鄉人秦璩爲宏參軍，乃說宏曰：「訓善風角，可試之。如不中，徐斬未晚也。」乃赦之。時宏攻征東參軍衡彥於歷陽，乃問訓曰：「城中有幾千人？攻之可拔不？」訓登牛渚山望氣，曰：「不過五百人。然不可攻，攻之必敗。」宏復大怒曰：「何有五千人攻五百人而有不得理？」命將士攻之，果爲彥所敗，方信訓有道術，乃優遇之。

都水參軍淮南周亢嘗問訓以官位，訓曰：「君至卯年當剖符近郡，酉年當有曲蓋。」亢曰：「脫如來言，當相薦拔。」訓曰：「性不好官，惟欲得米耳。」後亢果爲義興太守、金紫將軍。時劉聰、王彌寇洛陽，歷陽太守武瑕問訓曰：「國家人事如何？」訓曰：「胡賊三逼，國家當敗，天子野死。今尙未也。」其後懷愍二帝果有平陽之酷焉。或問其以明年吉凶者，訓曰：「揚州刺史當死，武昌大火，上方節將亦當死。」至時，劉陶、周訪皆卒，武昌大火，燒數千家。時甘卓爲歷陽太守，訓私謂所親曰：「甘侯頭低而視仰，相法名爲眄刀，又目有赤脈，自外而入，不出十年，必以兵死，不領兵則可以免。」卓果爲王敦所害。丞相王導多病，每自憂慮，以問訓。訓曰：「公耳豎垂肩，必壽，亦大貴，子孫當興於江東。」咸如其言。訓年八十餘卒。

戴洋

戴洋字國流，吳興長城人也。年十二，遇病死，五日而蘇。說死時天使其爲酒藏吏，授符籙，給吏從幡麾，將上蓬萊、崐崘、積石、太室、恒、廬、衡等諸山。旣而遣歸，逢一老父，謂之曰：「汝後當得道，爲貴人所識。」及長，遂善風角。

爲人短陋，無風望，然好道術，妙解占候卜數。吳末爲臺吏，知吳將亡，託病不仕。及吳平，還鄉里。後行至瀨鄉，經老子祠，皆是洋昔死時所見使處，但不復見昔物耳。因問守藏應鳳曰：「去二十餘年，嘗有人乘馬東行，過老君而不下馬，未達橋，墜馬死者不？」鳳言有之。所問之事，多與洋同。

揚州刺史嘗問吉凶於洋，答曰：「熒惑入南斗，八月有暴水，九月當有客軍西南來。」如期果大水，而石冰作亂。冰既據揚州，洋謂人曰：「視賊雲氣，四月當破。」果如其言。時陳敏爲右將軍，堂邑令孫混見而羨之。洋曰：「敏當作賊族滅，何足願也！」未幾，敏果反而誅焉。初，混欲迎其家累，洋曰：「此地當敗，得臘不得正，豈可移家於賊中乎！」混便止。歲末，敏弟昶攻堂邑，混遂以單身走免。其後都水馬武舉洋爲都水令史，洋請急還鄉。將赴洛，夢神人謂之曰：「洛中當敗，人盡南渡，後五年揚州必有天子。」洋信之，遂不去。既而皆如其夢。

廬江太守華譚問洋曰：「天下誰當復作賊者？」洋曰：「王機。」尋而機反。陳眕問洋曰：「人言江南當有貴人，顧彥先、周宣珮當是不？」〔三〕洋曰：「顧不及臘，周不見來年八月。」榮果以十二月十七日卒，十九日臘；玘以明年七月晦亡。王導遇病，召洋問之。洋曰：「君侯本命在申，金爲土使之主，而於申上石頭立冶，火光照天，此爲金火相爍，水火相煎，以故受害耳。」導卽移居東府，病遂差。

鎮東從事中郎張闓舉洋爲丞相令史。時司馬颺爲烏程令，將赴職，洋曰：「君宜深愼下吏。」颺後果坐吏免官。洋又謂曰：「卿雖免官，十一月當作郡，加將軍。」至期，爲太山太守、鎮武將軍。颺賣宅將行，洋止之曰：「君不得至，當還，不可無宅。」颺果爲徐龕所逼，不得之郡。元帝增颺衆二千，使助祖逖。洋勸颺不行，颺乃稱疾。收付廷尉，俄而因赦得出。

元帝將登阼，使洋擇日，洋以爲宜用三月二十四日丙午。太史令陳卓奏用二十二日，言：「昔越王用甲辰三月反國，范蠡稱在陽之前，當主盡出，上下盡空，德將出遊，刑入中宮，今與此同。」洋曰：「越王爲吳所囚，雖當時遜媚，實懷怨憤，蠡故用甲辰，乘德而歸，留刑吳宮。今大王內無含咎，外無怨憤，當承天洪命，納祚無窮，何爲追越王去國留殃故事邪！」乃從之。

及祖約代兄鎭譙，請洋爲中典軍，遷督護。永昌元年四月庚辰，〔四〕禺中時有大風，起自東南，折木。洋謂約曰：「十月必有賊到譙城東，至歷陽，南方有反者。」主簿王振以洋爲妖，白約收洋，付刺姦而絕其食五十日，言語如故。約知其有神術，乃赦之而讓振。振後有罪被收，洋救之。約曰：「振往日相繫，今何以救之？」洋曰：「振不識風角，非有宿嫌。振往時垂餓死，洋養活之，振猶尙遺忘。夫處富貴而不棄貧賤甚難。」約義之，卽原振，賜洋米三十石。至十月三日，石勒騎果到譙城東。洋言於約曰：「賊必向城父，可遣騎水南追之，步軍於水北斷要路，賊必敗。」約竟不追，賊乃掠城父婦女輜重而去。約將魯延求追賊，洋曰：「不可。」約不從，使兄子智與延追之。賊僞棄婦女輜重走，智與延等爭物，賊還掩之，智、延僅以身免，士卒皆死。約表洋爲下邑長。時梁國人反，逐太守袁晏。梁城峻嶮，約欲討之而未決，洋曰：「賊以八月辛酉日反，日辰俱王，辛德在南方，酉受自刑，梁在譙北，乘德伐刑，賊必破亡。又甲子日東風而雷西行，譙在東南，雷在軍前，爲軍驅除。昔吳伐關羽，天雷在前，周瑜拜賀。今與往同，故知必克。」約從之，果平梁城。

太寧三年正月，有大流星東南行，洋曰：「至秋，府當移壽陽。」及王敦作逆，約問其勝敗，洋曰：「太白在東方，辰星不出。兵法先起爲主，應者爲客。辰星若出，太白爲主，辰星爲客。辰星不出，太白爲客，先起兵者敗。今有客無主，有前無後，宜傳檄所部，應詔伐之。」約乃率衆向合肥。俄而敦死衆敗，遂住壽陽。洋又曰：「江淮之間當有軍事，譙城虛曠，宜還固守。不者，雍丘、沛皆非官有也。」約不從，豫土遂陷於賊。

咸和元年春，約南行佃，遇大雷雨西南來，洋曰：「甲子西南天雷，其夏必失大將。」至夏，汝南人反，執約兄子濟，送於石勒。約府內地忽赤如丹，洋曰：「案河圖徵云：『地赤如丹血丸丸，當有下反上者。』恐十月二十七日胡馬當來飲淮水。」至時，石勒騎大至，〔五〕攻城大戰。其日西風，〔六〕兵火俱發，約大懼。會風迴，賊退。時傳言勒遣騎向壽陽，約欲送其家還江東，洋曰：「必無此事。」尋而傳言果妄。

咸和初，月暈左角，有赤白珥。約問洋，洋曰：「角爲天門，開布陽道，官門當有大戰。」俄而蘇峻遣使招約俱反，洋謂約曰：「蘇峻必敗，然其初起，兵鋒不可當，可外和內嚴，以待其變。」約不從，遂與峻反。至三年五月，大風雷雨西北來，城內晦暝，洋謂約曰：「雷鳴人上，明使君當遠佞近直，愛下振貧。昔秦有此變，卒致亂亡。」約大怒，收洋繫之。遣部將李概將兵到廬江，其衆盡散。約召洋出，問之曰：「吾還東何如留壽陽？若留壽陽，何如入胡？」洋曰：「東入失半，入胡滅門，留壽陽尚可。」約欲東向歷陽，其衆不樂東下，皆叛約，劫約姊及嫂奔於石勒。約到歷陽，祖煥問洋曰：〔七〕「君昔言平西在壽陽可得五年，果如君言。今在歷陽，可得幾時？」洋曰：「得六月耳。」約問洋：「臺下及此氣候何如？」洋曰：「此當復有反者。臺下來年三月當太平，江州當大喪。後南方復有軍事，去此千里。」尋而牽騰叛約，約率所親將家屬奔於石勒。二月而天子反正，四月而溫嶠卒，郭默據湓口以叛。後勒誅約及親屬並盡，皆如洋言。

約既敗，洋往尋陽。時劉胤鎮尋陽，胤問洋曰：「我病當差不？」洋曰：「不憂使君不差，憂使君今年有大厄。使君年四十七，行年入庚寅。太公陰謀曰：『六庚爲白獸，在上爲客星，在下爲害氣。』年與命并，必凶當忌。十二月二十二日庚寅勿見客。」胤曰：「我當解職，將君還野中治病。」洋曰：「使君當作江州，不得解職。」胤曰：「溫公不復還邪？」洋曰：「溫公雖還，使君故作江州。」俄如其言。九月甲寅申時，迴風從東來，入胤兒船中，西過，狀如匹練，長五六丈。洋曰：「風從咸池下來，攝提下去，咸池爲刀兵，大殺爲死喪。到甲子日申時，府內大聚骨埋之。」胤問在何處，洋曰：「不出州府門也。」胤架府東門。洋又曰：「東爲天牢，牢下開門，憂天獄至。」十二月十七日，洋又曰：「朧近可閉門，以五十人備守，并以百人備東北寅上，以却害氣。」胤不從。二十四日壬辰，胤遂爲郭默所害。

南中郎將桓宣以洋爲參軍，將隨宣往襄陽，太尉陶侃留之住武昌。時侃謀北伐，洋曰：「前年十一月熒惑守胃昴，至今年四月，積五百餘日。昴，趙之分野，石勒遂死。熒惑以七月退，從畢右順行入黃道，未及天關，以八月二十二日復逆行還鉤，繞畢向昴。昴畢爲邊兵，主胡夷，故置天弓以射之。熒惑逆行，司無德之國，石勒死是也。勒之餘燼，以自殘害。今年官與太歲、太陰三合癸巳，癸爲北方，北方當受災。歲鎮二星共合翼軫，從子及巳，徘徊六年。荆楚之分，歲鎮所守，其下國昌，豈非功德之徵也！今年六月，鎮星前角亢。角亢，鄭之分。歲星移入房，太白在心。心房，宋分。順之者昌，逆之者亡。石季龍若興兵東南，此其死會也。官若應天伐刑，徑據宋鄭，則無敵矣。若天與不取，反受其咎。」侃志在中原，聞而大喜。會病篤，不果行。

侃薨，征西將軍庾亮代鎮武昌，復引洋問氣候。洋曰：「天有白氣，喪必東行，不過數年必應。」尋有大鹿向西城門，洋曰：「野獸向城，主人將去。」城東家夜半望見城內有數炬火，從城上出，如大車狀，白布幔覆，與火俱出城東北行，至江乃滅。洋聞而歎曰：「此與前白氣同。」時亮欲西鎮石城，或問洋：「此西足當欲東不？」洋曰：「不當也。」咸康三年，洋言於亮曰：「武昌土地有山無林，政可圖始，不可居終。山作八字，數不及九。昔吳用壬寅來上，創立宮城，至己酉，還下秣陵。陶公亦涉八年。土地盛衰有數，人心去就有期，不可移也。公宜更擇吉處，武昌不可久住。」五年，亮令毛寶屯邾城。九月，洋言於亮曰：「毛豫州今年受死問。昨朝大霧晏風，當有怨賊報仇，攻圍諸侯，誠宜遠偵邏。」寶問當在何時，答曰：「五十日內。」其夕，又曰：「九月建戌，朱雀飛驚，征軍還歸，乘戴火光，天示有信，災發東房，葉落歸本，慮有後患。」明日，又曰：「昨夜火殃，非國福，今年架屋，致使君病，可因燒屋，移家南渡，無嫌也。」寶卽遣兒婦還武昌。尋傳賊當來攻城，洋曰：「十月丁亥夜半時得賊問，干爲君，支爲臣，丁爲征西府，亥爲邾城，功曹爲賊神，加子時十月水王木相，王相氣合，賊必來。寅數七，子數九，賊高可九千人，下可七千人。從魁爲貴人加丁，下克上，有空亡之事，不敢進武昌也。」賊果陷邾城而去。亮問洋曰：「故當不失石城否？」洋曰：「賊從安陸向石城，逆太白，當伐身，無所慮。」亮曰：「天何以利胡而病我？」洋曰：「天符有吉凶，土地有盛衰，今年害氣三合己亥，己爲天下，亥爲戎胡，季龍亦當受死。今乃不憂賊，但憂公病耳。」亮曰：「何方救我疾？」洋曰：「荆州受兵，江州受災，公可去此二州。」亮曰：「如此，當有解不？」洋曰：「恨晚，猶差不也。」亮竟不能解二州，遂至大困。洋曰：「昔蘇峻時，公於白石祠中祈福，許賽其牛，至今未解，故爲此鬼所考。」亮曰：「有之，君是神人也。」或問洋曰：「庾公可得幾時？」洋曰：「見明年。」時亮已不識人，咸以爲妄，果至正月一日而薨。

庾翼代亮，洋復爲占候。少時卒，年八十餘。所占驗者不可勝紀。

韓友

韓友字景先，廬江舒人也。爲書生，受易於會稽伍振，善占卜，能圖宅相冢，亦行京費厭勝之術。

龍舒長鄧林婦病積年，垂死，醫巫皆息意。友爲筮之，使畫作野猪著臥處屏風上，一宿覺佳，於是遂差。舒縣廷掾王睦病死，已復魄。友爲筮之，令以丹畫版作日月置牀頭，又以豹皮馬鄣泥臥上，立愈。劉世則女病魅積年，巫爲攻禱，伐空冢故城間，得狸鼉數十，病猶不差。友筮之，命作布囊，依女發時，張囊著窗牖間，友閉戶作氣，若有所驅。斯須之間，見囊大脹如吹，因決敗之，女仍大發。友乃更作皮囊二枚，沓張之，施張如前，囊復脹滿，因急縛囊口，懸著樹二十許日，漸消，開視有二斤狐毛，女遂差。

宣城邊洪以四月中就友卜家中安否，友曰：「卿家有兵殃，其禍甚重。可伐七十束柴，積於庚地，至七月丁酉放火燒之，咎可消也。不爾，其凶難言。」洪卽聚柴。至日，大風，不敢發火。洪後爲廣陽領校，遭母喪歸家，友來投之，時日已暮，出告從者，速裝束，吾當夜去。從者曰：「今日已暝，數十里草行，何急復去？」友曰：「非汝所知也。」此間血覆地，寧可復住！」苦留之，不待食而去。其夜洪欻發狂，絞殺兩子，并殺婦，又斫父妾二人，皆被創，因出亡走。明日，其宗族往收殯亡者，尋索洪，數日，於宅前林中得之，已自經死。

宣城太守殷祐有病，友筮之，曰：「七月晦日，將有大鸛鳥來集廳事上，宜勤伺取，若獲者爲善，不獲將成禍。」祐乃謹爲其備。至日，果有大鸛垂尾九尺，來集廳事上，掩捕得之，祐乃遷石頭督護，後爲吳郡太守。

友卜占神效甚多，而消殃轉禍，無不皆驗。干寶問其故，友曰：「筮卦用五行相生殺，如案方投藥治病，以冷熱相救。其差與不差，不可必也。」友以元康六年舉賢良，元帝渡江，以爲廣武將軍，永嘉末卒。

淳于智

淳于智字叔平，濟北盧人也。有思義，能易筮，善厭勝之術。高平劉柔夜臥，鼠齧其左手中指，以問智。智曰：「是欲殺君而不能，當爲君使其反死。」乃以朱書手腕橫文後三寸作田字，辟方一寸二分，使露手以臥。明旦，有大鼠伏死手前。譙人夏侯藻母病困，詣智卜，忽有一狐當門向之嗥。藻怖愕，馳見智。智曰：「其禍甚急，君速歸，在狐嗥處拊心啼哭，令家人驚怪，大小必出，一人不出，哭勿止，然後其禍可救也。」藻還，如其言，母亦扶病而出。家人既集，堂屋五間拉然而崩。護軍張劭母病篤，智筮之，使西出市沐猴，繫母臂，令傍人搥拍，恒使作聲，三日放去。劭從之。其猴出門卽爲犬所咋死，母病遂差。上黨鮑瑗家多喪病貧苦，或謂之曰：「淳于叔平神人也，君何不試就卜，知禍所在？」瑗性質直，不信卜筮，曰：「人生有命，豈卜筮所移！」會智來，應詹謂曰：「此君寒士，每多屯虞，君有通靈之思，可爲一卦。」智乃爲卦，卦成，謂瑗曰：「君安宅失宜，故令君困。君舍東北有大桑樹，君徑至市，入門數十步，當有一人持荊馬鞭者，便就買以懸此樹，三年當暴得財。」瑗承言詣市，果得馬鞭，懸之三年，浚井，得錢數十萬，銅鐵器復二十餘萬，於是致贍，疾者亦愈。其消災轉禍，不可勝紀，而卜筮所占，千百皆中。應詹少亦多病，智乃爲符使詹佩之，誦其文，既而皆驗，莫能學也。

性深沈，常自言短命，曰：「辛亥歲天下有事，當有巫醫挾道術者死。吾守易義以行之，猶當不應此乎！」太康末，爲司馬督，有寵於楊駿，故見殺。

步熊

步熊字叔羆，陽平發干人也。少好卜筮數術，門徒甚盛。熊學舍側有一人燒死，吏持熊諸生，謂爲失火。熊曰：「已爲卿卜得其人矣。使從道南行，當有一人來問得火主未者，便縛之。」吏如熊言，果是耕人，自言草惡難耕，故燒之，忽風起延燒遠近，實不知草中有人。又鄰人兒遠行，或告已死，其父母號哭制服，熊爲之卜，剋日當還，如期果至。

趙王倫聞其名，召之。熊謂諸生曰：「倫死不久，不足應也。」倫怒，遣兵圍之數重。熊乃使諸生著其裘南走，倫兵悉赴捉之，熊密從北出，得脫。後爲成都王穎所辟，穎使熊射覆，物無所失。後穎奔關中，平昌公模鎮鄴，以熊穎黨，誅之。

杜不愆

杜不愆，廬江人也。少就外祖郭璞學易卜，屢有驗。高平郗超年二十餘，得重疾，試令筮之。不愆曰：「案卦言之，卿所苦尋除。然宜於東北三十里上宮姓家索其所養雄雉，籠盛置東檐下，却後九日丙午日午時，必當有雌雉飛來與交，旣而雙去。若如此，不出二十日病都除，又是休應，年將八十，位極人臣。若但雌逝雄留者，病一周方差，年半八十，名位亦失。」超時正羸篤，慮命在旦夕，笑而答曰：「若保八十之半，便有餘矣。一周病差，何足爲淹！」然未之信。或勸依其言，索雉果得。至丙午日，超臥南軒之下觀之，至日晏，果有雌雉飛入籠，與雄雉交而去，雄雉不動。超歎息曰：「雖管郭之奇，何以尚此！」超病彌年乃起，至四十，卒於中書郎。

不悊後占筮轉疏，無復此類。後爲桓嗣建威參軍。

嚴卿

嚴卿，會稽人也。善卜筮。鄉人魏序欲暫東行，荒年多抄盜，令卿筮之。卿筮曰：「君愼不可東行，必遭暴害之氣，而非劫也。」序不之信。卿曰：「既必不停，宜以禳之，可索西郭外獨母家白雄狗繫著船前。」求索止得駮狗，無白者。卿曰：「駮者亦足，然猶恨其色不純，當餘小毒，正及六畜輩耳，無所復憂。」序行半路，狗忽然作聲甚急，有如人打之者。比視，已死，吐黑血斗餘。其夕，序墅上白鵝數頭無故自死，而序家無恙。

隗炤

隗炤，汝陰人也。善於易。臨終，書版授其妻曰：「吾亡後當大荒窮，雖爾，愼莫賣宅也。卻後五年春，當有詔使來頓此亭，姓龔，此人負吾金，卽以此版往責之，勿違言也。」炤亡後，其家大困乏，欲賣宅，憶夫言輒止。期日，有龔使者止亭中，妻遂齎版往責之。使者執版惘然，不知所以。妻曰：「夫臨亡，手書版見命如此，不敢妄也。」使者沈吟良久而悟，謂曰：「賢夫何善？」妻曰：「夫善於易，而未曾爲人卜也。」使者曰：「噫，可知矣！」乃命取著筮之，卦成，撫掌而歎曰：「妙哉隗生！含明隱迹，可謂鏡窮達而洞吉凶者也。」於是告炤妻曰：「吾不相負金也，賢夫自有金耳，知亡後當暫窮，故藏金以待太平，所以不告兒婦者，恐金盡而困無已也。知吾善易，故書版以寄意耳。金有五百斤，盛以青甕，覆以銅柈，埋在堂屋東頭，去壁一丈，入地九尺。」妻還掘之，皆如卜焉。

卜珝

卜珝字子玉，匈奴後部人也。少好讀易，郭璞見而歎曰：「吾所弗如也，柰何不免兵厄！」珝曰：「然。吾大厄在四十一，位爲卿將，當受禍耳。不爾者，亦爲猛獸所害。吾亦未見子之令終也。」璞曰：「吾禍在江南，甚營之，未見免兆。雖然，在南猶可延期，住此不過時月。」珝曰：「子勿爲公吏，可以免諸。」璞曰：「吾不能免公吏，猶子之不能免卿將也。」珝曰：「吾此雖當有帝王子，終不復奉二京矣。琅邪可奉，卿謹奉之，主晉祀者必此人也。」珝遂隱於龍門山。

劉元海僭號，徵爲大司農、侍中，固以疾辭。元海曰：「人各有心，卜珝之不欲在吾朝，何異高祖四公哉！可遂其高志。」後復徵爲光祿大夫，珝謂使者曰：「非吾死所也。」及劉聰嗣僞位，徵爲太常。時劉琨據幷州，聰問何時可平，珝答曰：「幷州陛下之分，今茲克之必矣。」聰戲曰：「朕欲勞先生一行可乎？」珝曰：「臣所以來不及裝者，正爲是行也。」聰大悅，署珝使持節、平北將軍。將行，謂其妹曰：「此行也，死自吾分，後愼勿紛紜。」及攻晉陽，爲琨所敗，珝卒先奔，爲其元帥所殺。

鮑靚

鮑靚字太玄，東海人也。年五歲，語父母云：「本是曲陽李家兒，九歲墜井死。」其父母尋訪得李氏，推問皆符驗。靚學兼內外，明天文河洛書，稍遷南陽中部都尉，爲南海太守。嘗行部入海，遇風，飢甚，取白石煑食之以自濟。王機時爲廣州刺史，入厠，忽見二人著烏衣，與機相捍，良久擒之，得二物似烏鴨。靚曰：「此物不祥。」機焚之，徑飛上天，機尋誅死。靚嘗見仙人陰君，授道訣，百餘歲卒。

吳猛

吳猛，豫章人也。少有孝行，夏日常手不驅蚊，懼其去己而噬親也。年四十，邑人丁義始授其神方。因還豫章，江波甚急，猛不假舟楫，以白羽扇畫水而渡，觀者異之。庾亮爲江州刺史，嘗遇疾，聞猛神異，乃迎之，問己疾何如。猛辭以算盡，請具棺服。旬日而死，形狀如生。未及大斂，遂失其尸。識者以爲亮不祥之徵。亮疾果不起。

幸靈

幸靈者，豫章建昌人也。性少言，與小人羣居，見侵辱而無慍色，邑里號之癡，雖其父母兄弟亦以爲癡也。嘗使守稻，羣牛食之，靈見而不驅，待牛去乃往理其殘亂者。其父母見而怒之，靈曰：「夫萬物生天地之間，各欲得食。牛方食，柰何驅之！」其父愈怒曰：「即如汝言，復用理壞者何爲？」靈曰：「此稻又欲得終其性，牛自犯之，靈可以不收乎！」

時順陽樊長賓爲建昌令，發百姓作官船於建城山中，吏令人各作箸一雙。〔八〕靈作而未輸，或竊之焉。俄而竊者心痛欲死，靈謂之曰：「爾得無竊我箸乎？」竊者不應。有頃，愈急，靈曰：「若爾不以情告我者，今眞死矣。」竊者急遽，乃首出之。靈於是飲之以水，病即立愈。行人由此敬畏之。船成，當下，吏以二百人引一艘，不能動，方請益人。靈曰：「此以過足，但部分未至耳。靈請自牽之。」乃手執箸，惟用百人，而船去如流。衆大驚怪，咸稱其神，於是知名。

有龔仲儒女病積年，氣息財屬，靈使以水含之，已而强起，應時大愈。又呂猗母皇氏得痿痹病，十有餘年，靈療之，去皇氏數尺而坐，冥目寂然，有頃，顧謂猗曰：「扶夫人令起。」猗曰：「老人得病累年，柰何可倉卒起邪？」靈曰：「但試扶起。」於是兩人夾扶以立。少選，靈又令去扶，卽能自行，由此遂愈。於是百姓奔趣，水陸輜輳，從之如雲。皇氏自以病久，懼有發動，靈乃留水一器令食之，每取水，輒以新水補處，二十餘年水清如新，塵垢不能加焉。

時高悝家有鬼怪，言語訶叱，投擲內外，不見人形，或器物自行，再三發火，巫祝厭劾而不能絕。適值靈，乃要之。靈於陌頭望其屋，謂悝曰：「此君之家邪？」悝曰：「是也。」靈曰：「知之足矣。」悝固請之，靈不得已，至門，見符索甚多，謂悝曰：「當以正止邪，而以邪救邪，惡得已乎！」並使焚之，惟據軒小坐而去，其夕鬼怪卽絕。

靈所救愈多此類，然不取報謝。行不騎乘，長不娶妻，性至恭，見人卽先拜，言輒自名。凡草木之夭傷於山林者，必起理之，器物之傾覆於途路者，必舉正之。周旋江州間，謂其士人曰：「天地之於人物，一也，咸欲不失其情性，柰何制服人以爲奴婢乎！諸君若欲享多福以保性命，可悉免遺之。」十餘年間，賴其術以濟者極多。後乃娶妻，畜車馬奴婢，受貨賂致遺，於是其術稍衰，所療得失相半焉。

佛圖澄

佛圖澄，天竺人也。本姓帛氏。少學道，妙通玄術。永嘉四年，來適洛陽，自云百有餘歲，常服氣自養，能積日不食。善誦神呪，能役使鬼神。腹旁有一孔，常以絮塞之，每夜讀書，則拔絮，孔中出光，照于一室。又嘗齋時，平旦至流水側，從腹旁孔中引出五藏六府洗之，訖，還內腹中。又能聽鈴音以言吉凶，莫不懸驗。

及洛中寇亂，乃潛草野以觀變。石勒屯兵葛陂，專行殺戮，沙門遇害者甚衆。澄投勒大將軍郭黑略家，黑略每從勒征伐，輒豫克勝負，勒疑而問曰：「孤不覺卿有出衆智謀，而每知軍行吉凶何也？」黑略曰：「將軍天挺神武，幽靈所助，有一沙門智術非常，云將軍當略有區夏，己應爲師。臣前後所白，皆其言也。」勒召澄，試以道術。澄卽取鉢盛水，燒香呪之，須臾鉢中生青蓮花，光色曜日，勒由此信之。

勒自葛陂還河北，過枋頭，枋頭人夜欲斫營，澄謂黑略曰：「須臾賊至，可令公知。」果如其言，有備，故不敗。勒欲試澄，夜冠冑衣甲，執刀而坐，遣人告澄云：「夜來不知大將軍何所在。」使人始至，未及有言，澄逆問曰：「平居無寇，何故夜嚴？」勒益信之。勒後因忿，欲害諸道士，并欲苦澄。澄迺潛避至黑略舍，語弟子曰：「若將軍信至，問吾所在者，報云不知所之。」旣而勒使至，覓澄不得。使還報勒，勒驚曰：「吾有惡意向澄，澄捨我去矣。」通夜不寢，思欲見澄。澄知勒意悔，明旦造勒。勒曰：「昨夜何行？」澄曰：「公有怒心，昨故權避公。今改意，是以敢來。」勒大笑曰：「道人謬矣。」

襄國城塹水源在城西北五里，其水源暴竭，勒問澄何以致水。澄曰：「今當敕龍取水。」迺與弟子法首等數人至故泉源上，坐繩牀，燒安息香，呪願數百言。如此三日，水泫然微流，有一小龍長五六寸許，隨水而來，諸道士競往視之。有頃，水大至，隍塹皆滿。

鮮卑段末波攻勒，衆甚盛。勒懼，問澄。澄曰：「昨日寺鈴鳴云，明旦食時，當擒段末波。」勒登城望末波軍，不見前後，失色曰：「末波如此，豈可獲乎！」更遣夔安問澄。澄曰：「已獲末波矣。」時城北伏兵出，遇末波，執之。澄勸勒宥末波，遣還本國，勒從之，卒獲其用。

劉曜遣從弟岳攻勒，勒遣石季龍距之。岳敗，退保石梁塢，季龍堅栅守之。澄在襄國，忽歎曰：「劉岳可憫！」弟子法祚問其故，澄曰：「昨日亥時，岳已敗被執。」果如所言。及曜自攻洛陽，勒將救之，其羣下咸諫以爲不可。勒以訪澄，澄曰：「相輪鈴音云：『秀支替戾岡，僕谷劬秃當。』此羯語也。秀支，軍也。替戾岡，出也。僕谷，劉曜胡位也。劬秃當，捉也。此言軍出捉得曜也。」又令一童子潔齋七日，取麻油合胭脂，躬自研於掌中，舉手示童子，粲然有輝。童子驚曰：「有軍馬甚衆，見一人長大白晳，以朱絲縛其肘。」澄曰：「此卽曜也。」勒甚悅，遂赴洛距曜，生擒之。

勒僭稱趙天王，行皇帝事，敬澄彌篤。時石蔥將叛，澄誡勒曰：「今年蔥中有蟲，食必害人，可令百姓無食蔥也。」勒班告境內，愼無食蔥。俄而石蔥果走。勒益重之，事必諮而後行，號曰大和尙。

勒愛子斌暴病死，將殯，勒歎曰：「朕聞虢太子死，扁鵲能生之，今可得效乎？」乃令告澄。澄取楊枝沾水，灑而呪之，就執斌手曰：「可起矣！」因此遂蘇，有頃，平復。自是勒諸子多在澄寺中養之。勒死之年，天靜無風，而塔上一鈴獨鳴，澄謂衆曰：「鈴音云，國有大喪，不出今年矣。」既而勒果死。

及季龍僭位，遷都於鄴，傾心事澄，有重於勒。下書衣澄以綾錦，乘以彫輦，朝會之日，引之升殿，常侍以下悉助舉輿，太子諸公扶翼而上，主者唱大和尙，衆坐皆起，以彰其尊。又使司空李農旦夕親問，其太子諸公五日一朝，尊敬莫與爲比。支道林在京師，聞澄與諸石遊，乃曰：「澄公其以季龍爲海鷗鳥也。」百姓因澄故多奉佛，皆營造寺廟，相競出家，眞僞混淆，多生愆過。季龍下書料簡，其著作郎王度奏曰：「佛，外國之神，非諸華所應祠奉。漢代初傳其道，惟聽西域人得立寺都邑，以奉其神，漢人皆不出家。魏承漢制，亦循前軌。今可斷趙人悉不聽詣寺燒香禮拜，以遵典禮，其百辟卿士下逮衆隸，例皆禁之，其有犯者，與淫祀同罪。其趙人爲沙門者，還服百姓。」朝士多同度所奏。季龍以澄故，下書曰：「朕出自邊戎，忝君諸夏，至於饗祀，應從本俗。佛是戎神，所應兼奉，其夷趙百姓有樂事佛者，特聽之。」

澄時止鄴城寺中，弟子徧於郡國。嘗遣弟子法常北至襄國，弟子法佐從襄國還，相遇於梁基城下，對車夜談，言及和尚，比旦各去。佐始入，澄逆笑曰：「昨夜爾與法常交車共說汝師邪？」佐愕然愧懺。於是國人每相語：「莫起惡心，和尚知汝。」及澄之所在，無敢向其方面涕唾者。

季龍太子邃有二子，在襄國，澄語邃曰：「小阿彌比當得疾，可往看之。」邃即馳信往視，果已得疾。太醫殷騰及外國道士自言能療之，澄告弟子法牙曰：「正使聖人復出，不愈此疾，況此等乎！」後三日果死。邃將圖爲逆，謂內豎曰：「和尚神通，儻發吾謀。明日來者，當先除之。」澄月望將入覲季龍，謂弟子僧慧曰：「昨夜天神呼我曰：『明日若入，還勿過人。』我儻有所過，汝當止我。」澄常入，必過邃。邃知澄入，要候甚苦。澄將上南臺，僧慧引衣，澄曰：「事不得止。」坐未安便起，邃固留不住，所謀遂差。還寺，歎曰：「太子作亂，其形將成，欲言難言，欲忍難忍。」乃因事從容箴季龍，季龍終不能解。俄而事發，方悟澄言。

後郭黑略將兵征長安北山羌，墮羌伏中。時澄在堂上坐，慘然改容曰：「郭公今有厄。」乃唱云：「衆僧祝願。」澄又自祝願。須臾，更曰：「若東南出者活，餘向者則困。」復更祝願。有頸，曰：「脫矣。」後月餘，黑略還，自說墜羌圍中，東南走，馬乏，正遇帳下人，推馬與之曰：「公乘此馬，小人乘公馬，濟與不濟，命也。」略得其馬，故獲免。推檢時日，正是澄祝願時也。

時天旱，季龍遣其太子詣臨漳西滏口祈雨，久而不降，乃令澄自行，卽有白龍二頭降於祠所，其日大雨方數千里。澄嘗遣弟子向西域市香，旣行，澄告餘弟子曰：「掌中見買香弟子在某處被劫垂死。」因燒香祝願，遙救護之。弟子後還，云某月某日某處爲賊所劫，垂當見殺，忽聞香氣，賊無故自驚曰：「救兵已至。」棄之而走。黃河中舊不生黿，時有得者，以獻季龍。澄見而歎之曰：「桓溫入河，其不久乎！」溫字元子，後果如其言也。季龍嘗晝寢，夢見羣羊負魚從東北來，寤以訪澄。澄曰：「不祥也，鮮卑其有中原乎！」後亦皆驗。澄嘗與季龍升中臺，澄忽驚曰：「變，變，幽州當火災。」乃取酒噀之，〔九〕久而笑曰：「救已得矣。」季龍遣驗幽州，云爾日火從四門起，西南有黑雲來，驟雨滅之，雨亦頗有酒氣。

石宣將殺石韜，宣先到寺與澄同坐，浮屠一鈴獨鳴，澄謂曰：「解鈴音乎？鈴云胡子洛度。」宣變色曰：「是何言歟？」澄謬曰：「老胡爲道，不能山居無言，重茵美服，豈非洛度乎！」石韜後至，澄孰視良久。韜懼而問澄，澄曰：「怪公血臭，故相視耳。」季龍夢龍飛西南，自天而落，旦而問澄，澄曰：「禍將作矣，宜父子慈和，深以愼之。」季龍引澄入東閤，與其后杜氏問訊之。澄曰：「脅下有賊，不出十日，自浮圖以西，此殿以東，當有血流，愼勿東也。」杜后曰：「和尙耄邪！何處有賊？」澄卽易語云：「六情所受，皆悉是賊。老自應耄，但使少者不昏卽好耳。」遂便寓言，不復彰的。後二日，宣果遣人害韜於佛寺中，欲因季龍臨喪殺之。季龍以澄先誡，故獲免。及宣被收，澄諫季龍曰：「皆陛下之子也，何爲重禍邪！陛下若含恕加慈者，尙有六十餘歲。如必誅之，宣當爲彗星下掃鄴宮。」季龍不從。後月餘，有一妖馬，髦尾皆有燒狀，入中陽門，出顯陽門，東首東宮，皆不得入，走向東北，俄爾不見。澄聞而歎曰：「災其及矣！」季龍大享羣臣於太武前殿，澄吟曰：「殿乎，殿乎！棘子成林，將壞人衣。」季龍令發殿石下視之，有棘生焉。冉閔小字棘奴。

季龍造太武殿初成，圖畫自古賢聖、忠臣、孝子、烈士、貞女，皆變爲胡狀，旬餘，頭悉縮入肩中，惟冠髣髴微出，季龍大惡之，祕而不言也。澄對之流涕，乃自啓塋墓於鄴西紫陌，還寺，獨語曰：「得三年乎？」自答：「不得。」又曰：「得二年、一年、百日、一月乎？」自答：「不得。」遂無復言。謂弟子法祚曰：「戊申歲禍亂漸萌，己酉石氏當滅。吾及其未亂，先從化矣。」卒於鄴宮寺。後有沙門從雍州來，稱見澄西入關，季龍掘而視之，惟有一石而無尸。季龍惡之曰：「石者，朕也，葬我而去，吾將死矣。」因而遇疾。明年，季龍死，遂大亂。

麻襦

麻襦者，不知何許人也，莫得其姓名。石季龍時，在魏縣市中乞丐，恒着麻襦布裳，故時人謂之麻襦。言語卓越，狀如狂者，乞得米穀不食，輒散置大路，云飴天馬。趙興太守籍狀收送詣季龍。

先是，佛圖澄謂季龍曰：「國東二百里某月日當送一非常人，勿殺之也。」如期果至。季龍與共語，了無異言，惟道「陛下當終一柱殿下」。季龍不解，送以詣澄。麻襦謂澄曰：「昔在光和中會，奄至今日。酉戎受玄命，〔一〇〕絕曆終有期。金離消于壤，邊荒不能遵，驅除靈期迹，莫己已之懿。裔苗葉繁，其來方積。休期於何期，永以歎之。」澄曰：「天迴運極，否將不支，九木水爲難，無可以術寧。玄哲雖存世，莫能基必莫能基必穨。〔一一〕久遊閻浮利，擾擾多此患。行登陵雲宇，會於虛游間。」其所言人莫能曉。季龍遣驛馬送還本縣，既出城，請步，云：「我當有所過，君至合口橋見待。」使人如言而馳，至橋，麻襦已先至。

後慕容儁投季龍尸於漳水，倚橋柱不流，時人以爲「一柱殿下」即謂此也。及元帝嗣位江左，亦以爲「天馬」之應云。

單道開

單道開，敦煌人也。常衣粗褐，或贈以繒服，皆不著，不畏寒暑，晝夜不臥。恒服細石子，一呑數枚，日一服，或多或少。好山居，而山樹諸神見異形試之，初無懼色。石季龍時，從西平來，一日行七百里，其一沙彌年十四，行亦及之。至秦州，表送到鄴，季龍令佛圖澄與語，不能屈也。初止鄴城西沙門法綝祠中，後徙臨漳昭德寺。於房內造重閣，高八九尺，於上編菅爲禪室，常坐其中。季龍資給甚厚，道開皆以施人。人或來諮問者，道開都不答。日服鎮守藥數丸，大如梧子，藥有松蜜薑桂伏苓之氣，時復飲茶蘇一二升而已。自云能療目疾，就療者頗驗。視其行動，狀若有神。佛圖澄曰：「此道士觀國興衰，若去者，當有大亂。」及季龍末，道開南渡許昌，尋而鄴中大亂。

升平三年至京師，後至南海，入羅浮山，獨處茅茨，蕭然物外。年百餘歲，卒於山舍，敕弟子以尸置石穴中，弟子乃移入石室。陳郡袁宏爲南海太守，與弟潁叔及沙門支法防共登羅浮山，至石室口，見道開形骸如生，香火瓦器猶存。宏曰：「法師業行殊羣，正當如蟬蛻耳。」乃爲之贊云。

黄泓

黄泓字始長，魏郡斥丘人也。父沈，善天文祕術。泓從父受業，精妙踰深，兼博覽經史，尤明禮易。性忠勤，非禮不動。永嘉之亂，與渤海高瞻避地幽州，說瞻曰：「王浚昏暴，終必無成，宜思去就以圖久安。慕容廆法政修明，虛懷引納，且讖言眞人出東北，儻或是乎？宜相與歸之，同建事業。」瞻不從。泓乃率宗族歸廆，廆待以客禮，引爲參軍，軍國之務動輒訪之。泓指說成敗，事皆如言。廆常曰：「黃參軍，孤之仲翔也。」

及皝嗣位，遷左常侍，領史官，甚重之。石季龍攻皝，皝將走遼東，泓曰：「賊有敗氣，無可憂也，不過二日，必當奔潰。宜嚴勒士馬，爲追擊之備。」皝曰：「今寇盛如此，卿言必走，孤未敢信。」泓曰：「殿下言盛者，人事耳，臣言必走者，天時也，胡足爲疑！」及期，季龍果退，皝益奇之。

及慕容儁即王位，遷從事中郎。儁聞冉閔亂，將圖中原，訪之於泓。泓勸行，儁從之。及僭號，署爲進謀將軍、太史令、關內侯，尋加奉車都尉、西海太守、領太史令、開陽亭侯，又封平舒縣五等伯，常從左右，諮決大事。靈臺令許敦害其寵，諂事慕容評，設異議以毀之，乃以泓爲太史靈臺諸署統，加給事中。泓待敦彌厚，不以毀己易心。

慕容暐敗，以老歸家，歎曰：「燕必中興，其在吳王，恨吾年過不見耳。」年九十七卒。卒後三年，僞吳王慕容垂興焉。

索紞

索紞字叔徹，敦煌人也。少遊京師，受業太學，博綜經籍，遂爲通儒。明陰陽天文，善術數占候。司徒辟，除郎中，知中國將亂，避世而歸。鄉人從紞占問吉凶，門中如市，紞曰：「攻乎異端，戒在害已；無爲多事，多事多患。」遂詭言虛說，無驗乃止。惟以占夢爲無悔吝，乃不逆問者。

孝廉令狐策夢立冰上，與冰下人語。紞曰：「冰上爲陽，冰下爲陰，陰陽事也。士如歸妻，迨冰未泮，婚姻事也。君在冰上與冰下人語，爲陽語陰，媒介事也。君當爲人作媒，冰泮而婚成。」策曰：「老夫耄矣，不爲媒也。」會太守田豹因策爲子求鄉人張公徵女，仲春而成婚焉。郡主簿張宅夢走馬上山，還繞舍三周，但見松柏，不知門處。紞曰：「馬屬離，離爲火。火，禍也。人上山，爲凶字。但見松柏，墓門象也。不知門處，爲無門也。三周，三朞也。後三年必有大禍。」宅果以謀反伏誅。索充初夢天上有二棺落充前。紞曰：「棺者，職也，當有京師貴人舉君。二官者，頻再遷。」俄而司徒王戎書屬太守使舉充，太守先署充功曹而舉孝廉。充後夢見一虜，脫上衣來詣充。紞曰：「虜去上中，下半男字，夷狄陰類，君婦當生男。」終如其言。宋桷夢內中有一人著赤衣，桷手把兩杖，極打之。紞曰：「內中有人，肉字也。肉色，赤也。兩杖，箸象也。極打之，飽肉食也。」俄而亦驗焉。黃平問紞曰：「我昨夜夢舍中馬舞，數十人向馬拍手，此何祥也？」紞曰：「馬者，火也，舞爲火起。向馬拍手，救火人也。」平未歸而火作。索紞夢東有二角書詣紞，大角朽敗，小角有題韋囊角佩，一在前，一在後。紞曰：「大角朽敗，腐棺木。小角有題，題所詣。一在前，前凶也。一在後，後背也。當有凶背之問。」時紞父在東，居三日而凶問至。郡功曹張邈嘗奉使詣州，夜夢狼啖一脚。紞曰：「脚肉被啖，爲卻字。」會東虜反，遂不行。凡所占莫不驗。

太守陰澹從求占書，紞曰：「昔入太學，因一父老爲主人，其人無所不知，又匿姓名，有似隱者，紞因從父老問占夢之術，審測而說，實無書也。」澹命爲西閤祭酒，紞辭曰：「少無山林之操，游學京師，交結時賢，希申鄙藝。會中國不靖，欲養志終年。老亦至矣，不求聞達。又少不習勤，老無吏幹，濛汜之年，弗敢聞命。」澹以束帛禮之，月致羊酒。年七十五，卒于家。

孟欽

孟欽，洛陽人也。有左慈、劉根之術，百姓惑而赴之。苻堅召詣長安，惡其惑衆，命苻融誅之。俄而欽至，融留之，遂大讌郡僚，酒酣，目左右收欽。欽化爲旋風，飛出第外。頃之，有告在城東者，融遣騎追之，垂及，忽然已遠，或有兵衆距戰，或前有谿澗，騎不得過，遂不知所在。堅末，復見於青州。苻朗尋之，入于海島。

王嘉

王嘉字子年，隴西安陽人也。輕舉止，醜形貌，外若不足，而聰睿內明。滑稽好語笑，不食五穀，不衣美麗，淸虛服氣，不與世人交游。隱於東陽谷，鑿崖穴居，弟子受業者數百人，亦皆穴處。

石季龍之末，棄其徒衆，至長安，潛隱於終南山，結菴廬而止。門人聞而復隨之，乃遷於倒獸山。苻堅累徵不起，公侯已下咸躬往參詣，好尙之士無不師宗之。問其當世事者，皆隨問而對。好爲譬喻，狀如戲調；言未然之事，辭如讖記，當時尟能曉之，事過皆驗。堅將南征，遣使者問之。嘉曰：「金剛火强。」乃乘使者馬，正衣冠，徐徐東行數百步，而策馬馳反，脫衣服，棄冠履而歸，下馬踞牀，一無所言。使者還告，堅不悟，復遣問之，曰：「吾世祚云何？」嘉曰：「未央。」咸以爲吉。明年癸未，敗於淮南，所謂未年而有殃也。人候之者，至心則見之，不至心則隱形不見。衣服在架，履杖猶存，或欲取其衣者，終不及，企而取之，衣架踰高，而屋亦不大，履杖諸物亦如之。

姚萇之入長安，禮嘉如苻堅故事，逼以自隨，每事諮之。萇既與苻登相持，問嘉曰：「吾得殺苻登定天下不？」嘉曰：「略得之。」萇怒曰：「得當云得，何略之有！」遂斬之。先此，釋道安謂嘉曰：「世故方殷，可以行矣。」嘉答曰：「卿其先行，吾負債未果去。」俄而道安亡，至是而嘉戮死，所謂「負債」者也。苻登聞嘉死，設壇哭之，贈太師，謚曰文。及萇死，萇子興字子略方殺登，「略得」之謂也。嘉之死日，人有隴上見之。其所造牽三歌讖，事過皆驗，累世猶傳之。又著拾遺錄十卷，其記事多詭怪，今行於世。

僧涉

僧涉者，西域人也，不知何姓。少爲沙門，苻堅時入長安。虛靜服氣，不食五穀，日能行五百里，言未然之事，驗若指掌。能以祕祝下神龍，每旱，堅常使之呪龍請雨。俄而龍下鉢中，天輒大雨，堅及羣臣親就鉢觀之。卒於長安。後大旱移時，苻堅歎曰：「涉公若在，豈憂此乎！」

郭黁

郭黁，西平人也。少明式易，〔三〕仕郡主簿。張天錫末年，苻氏每有西伐之問，太守趙凝使黁筮之，黁曰：「若郡內二月十五日失囚者，東軍當至，涼祚必終。」凝乃申約屬縣。至十五日，鮮卑折掘送馬於凝，凝怒其非駿，幽之內廐，鮮卑懼而夜遁。凝以告黁，黁曰：「是也。國家將亡，不可復振。」

苻堅末，當陽門震，刺史梁熙問黁曰：「其祥安在？」黁曰：「爲四夷之事也。當有外國二王來朝主上，一當反國，一死此城。」歲餘而鄯善及前部王朝於苻堅，西歸，鄯善王死於姑臧。

呂光之王河西也，西海太守王楨叛，黁勸光襲之。光之左丞呂寶曰：「千里襲人，自昔所難，況王者之師天下所聞，何可僥倖以邀成功！黁不可從，誤人大事。」黁曰：「若其不捷，黁自伏鈇鉞之誅。如其克也，左丞爲無謀矣。」光從而克之。光比之京管，常參帷幄密謀。

光將伐乞伏乾歸，黁諫曰：「今太白未出，不宜行師，往必無功，終當覆敗。」太史令賈曜以爲必有秦隴之地。及克金城，光使曜詰黁，黁密謂光曰：「昨有流星東墜，當有伏尸死將，雖得此城，憂在不守。正月上旬，河冰將解，若不早渡，恐有大變。」後二日而敗問至，光引軍渡河訖，冰泮。時人服其神驗。光以黁爲散騎常侍、太常。

黁後以光年老，知其將敗，遂與光僕射王祥起兵作亂。〔一三〕百姓聞黁起兵，咸以聖人起事，事無不成，故相率從之如不及。黁以爲代呂者王，乃推王乞基爲主。〔一四〕後呂隆降姚興，興以王尙爲涼州刺史，終如黁言。黁之與光相持也，逃人稱呂統病死，黁曰：「未也，光、統之命盡在一時。」後統死三日而光死。黁嘗曰：「涼州謙光殿後當有索頭鮮卑居之。」終於禿髮傉檀、沮渠蒙遜迭據姑臧。麐性褊酷，不爲士庶所附。戰敗，奔乞伏乾歸。乾歸敗，入姚興。麐以滅姚者晉，遂將妻子南奔，爲追兵所殺也。

鳩摩羅什

鳩摩羅什，天竺人也。世爲國相。父鳩摩羅炎，聰懿有大節，將嗣相位，乃辭避出家，東渡葱嶺。龜茲王聞其名，郊迎之，請爲國師。王有妹，年二十，才悟明敏，諸國交娉，並不許，及見炎，心欲當之，王乃逼以妻焉。既而羅什在胎，其母慧解倍常。及年七歲，母遂與俱出家。

羅什從師受經，日誦千偈，偈有三十二字，凡三萬二千言，義亦自通。年十二，其母攜到沙勒，國王甚重之，遂停沙勒一年。博覽五明諸論及陰陽星算，莫不必盡，妙達吉凶，言若符契。爲性率達，不拘小檢，修行者頗共疑之。然羅什自得於心，未嘗介意，專以大乘爲化，諸學者皆共師焉。年二十，龜茲王迎之還國，廣說諸經，四遠學徒莫之能抗。

有頃，羅什母辭龜茲王往天竺，留羅什住，謂之曰：「方等深教，不可思議，傳之東土，惟爾之力。但於汝無利，其可如何？」什曰：「必使大化流傳，雖苦而無恨。」母至天竺，道成，進登第三果。西域諸國咸伏羅什神儁，每至講說，諸王皆長跪坐側，令羅什踐而登焉。

苻堅聞之，密有迎羅什之意。會太史奏云：「有星見外國分野，當有大智入輔中國。」堅曰：「朕聞西域有鳩摩羅什，將非此邪？」乃遣驍騎將軍呂光等率兵七萬，西伐龜茲，謂光曰：「若獲羅什，卽馳驛送之。」光軍未至，羅什謂龜茲王白純曰：「國運衰矣，當有勍敵從日下來，宜恭承之，勿抗其鋒。」純不從，出兵距戰，光遂破之，乃獲羅什。光見其年齒尚少，以凡人戲之，强妻以龜茲王女，羅什距而不受，辭甚苦至。光曰：「道士之操不踰先父，何所固辭？」乃飲以醇酒，同閉密室。羅什被逼，遂妻之。光還，中路置軍於山下，將士已休，羅什曰：「在此必狼狽，宜徙軍隴上。」光不納。至夜，果大雨，洪潦暴起，水深數丈，死者數千人，光密異之。

光欲留王西國，羅什謂光曰：「此凶亡之地，不宜淹留，中路自有福地可居。」光還至涼州，聞苻堅已爲姚萇所害，於是竊號河右。屬姑臧大風，羅什曰：「不祥之風當有姦叛，然不勞自定也。」俄而有叛者，尋皆殄滅。

沮渠蒙遜先推建康太守段業爲主，光遣其子纂率衆討之。時論謂業等烏合，纂有威聲，勢必全克。光以訪羅什，答曰：「此行未見其利。」既而纂敗於合黎，〔一五〕俄又郭麐起兵，纂棄大軍輕還，復爲麐所敗，僅以身免。

中書監張資病，光博營救療。有外國道人羅叉，云能差資病。光喜，給賜甚重。羅什知叉誑詐，告資曰：「叉不能爲益，徒煩費耳。冥運雖隱，可以事試也。」乃以五色絲作繩結之，燒爲灰末，投水中，灰若出水還成繩者，病不可愈。須臾，灰聚浮出，復爲繩，叉療果無效，少日資亡。

頃之，光死，纂立。有猪生子，一身三頭。龍出東箱井中，於殿前蟠臥，比旦失之。纂以爲美瑞，號其殿爲龍翔殿。俄而有黑龍升於當陽九宮門，纂改九宮門爲龍興門。羅什曰：「比日潛龍出游，豕妖表異，龍者陰類，出入有時，而今屢見，則爲災眚，必有下人謀上之變。宜克己修德，以答天戒。」纂不納，後果爲呂超所殺。

羅什之在涼州積年，呂光父子既不弘道，故蘊其深解，無所宣化。姚興遣姚碩德西伐，破呂隆，乃迎羅什，待以國師之禮，仍使入西明閣及逍遙園，譯出衆經。羅什多所暗誦，無不究其義旨，既覽舊經多有紕繆，於是興使沙門僧叡、僧肇等八百餘人傳受其旨，更出經論，凡三百餘卷。沙門慧叡才識高明，常隨羅什傳寫，羅什每爲慧叡論西方辭體，商略同異，云：「天竺國俗甚重文制，其宮商體韻，以入管弦爲善。凡覲國王，必有贊德，經中偈頌，皆其式也。」羅什雅好大乘，志在敷演，常歎曰：「吾若著筆作大乘阿毗曇，非迦旃子比也。今深識者既寡，將何所論！」惟爲姚興著實相論二卷，興奉之若神。

嘗講經於草堂寺，興及朝臣、大德沙門千有餘人肅容觀聽，羅什忽下高坐，謂興曰：「有二小兒登吾肩，欲鄣須婦人。」興乃召宮女進之，一交而生二子焉。興嘗謂羅什曰：「大師聰明超悟，天下莫二，何可使法種少嗣。」遂以伎女十人，逼令受之。爾後不住僧坊，別立解舍，諸僧多效之。什乃聚針盈鉢，引諸僧謂之曰：「若能見效食此者，乃可畜室耳。」因舉匕進針，與常食不別，諸僧愧服乃止。

杯渡比丘在彭城，聞羅什在長安，乃歎曰：「吾與此子戲，別三百餘年，相見杳然未期，遲有遇於來生耳。」羅什未終少日，覺四大不愈，乃口出三番神呪，令外國弟子誦之以自救，未及致力，轉覺危殆，於是力疾與衆僧告別曰：「因法相遇，殊未盡心，方復後世，惻愴可言。」死於長安。姚興於逍遙園依外國法以火焚尸，薪滅形碎，惟舌不爛。

曇霍

沙門曇霍者，不知何許人也。禿髮傉檀時從河南來，持一錫杖，令人跪曰：「此是般若眼，奉之可以得道。」時人咸異之。或遺以衣服，受而投之於河，後日以還其本主，衣無所汙。行步如風雲，言人死生貴賤無毫釐之差。人或藏其錫杖，曇霍大哭數聲，閉目須臾，起而取之，咸奇其神異，莫能測也。每謂傉檀曰：「若能安坐無爲，則天下可定，祚胤克昌。如其窮兵好殺，禍將及己。」傉檀不能從。

傉檀女病甚，請救療，曇霍曰：「人之生死自有定期，聖人亦不能轉禍爲福，曇霍安能延命邪！正可知早晚耳。」傉檀固請之。時後宮門閉，曇霍曰：「急開後門，及開門則生，不及則死。」傉檀命開之，不及而死。後兵亂，不知所在也。

臺產

臺產字國儁，上洛人，漢侍中崇之後也。少專京氏易，善圖讖、祕緯、天文、洛書、風角、星算、六日七分之學，尤善望氣、占候、推步之術。隱居商洛南山，兼善經學，汎情教授，不交當世。

劉曜時，災異特甚，命公卿各舉博識直言之士一人。其大司空劉均舉產。曜親臨東堂，遣中黃門策問之，產極言其故。曜覽而嘉之，引見，訪以政事。產流涕歔欷，具陳災變之禍，政化之闕，辭甚懇至。曜改容禮之，署爲博士祭酒、諫議大夫，領太史令。至明年而其言皆驗，曜彌重之，轉太中大夫，歲中三遷。歷位尚書、光祿大夫、太子少師，位特進，金章紫綬，爵關中侯。

史臣曰：陳戴等諸子並該洽墳典，研精數術，究推步之幽微，窮陰陽之祕奧，雖前代京管，何以加之！郭黁知有晉之亡姚，去姚以歸晉，追兵奄及，致斃中塗，斯則遠見秋毫，不能近知目睫。澄什爰自遐裔，來游諸夏。什既兆見星象，澄乃驅役鬼神，並通幽洞冥，垂文闡教，諒見珍於道藝，非取貴於他山，姚石奉之若神，良有以也。鮑、吳、王、幸等或假靈道訣，或受教神方，遂能厭勝禳災，隱文彰義，雖獲譏於妖妄，頗有益於世用者焉。然而碩學通人，未宜枉轡。

贊曰：傳敍災祥，書稱龜筮。應如影響，叶若符契。怪力亂神，詭時惑世。崇尚弗已，必致流弊。

校勘記

〔一〕錢唐湖　吳志孫晧傳、建康實錄四並作「臨平湖」。

〔二〕弟宏　校文：陳敏傳「宏」作「閎」。

〔三〕周宣珮　周玘傳「珮」作「佩」。

〔四〕永昌元年四月庚辰　是月甲辰朔，無庚辰。

〔五〕石勒騎大至　據成紀、通鑑九三「石勒」當作「石聰」。

〔六〕其日西風　宋本、殿本「西風」作「西南」，局本作「西風」，蓋據通志一八二改，今從之。

〔七〕祖煥　祖約傳、蘇峻傳及通鑑九三、九四「煥」作「渙」。

〔八〕作箸一雙　斠注：太平廣記八一引豫章記「箸」作「楫」，曉讀書齋雜錄疑是「篙」之訛。

〔九〕乃取酒噀之　「乃」，各本作「仍」，宋本作「乃」，與事類賦八引合，今從之。

〔一〇〕西戎受玄命　「西戎」，高僧傳作「西戎」，神僧傳作「西戍」。

〔一一〕莫能基必莫能基必積　高僧傳、神僧傳皆不重「莫能基必」四字，疑此四字駁文。

〔一二〕少明式易　「式易」，不明其義。殿本作「老易」，通篇未涉及老子。御覽一九全句引作「少明於易」，或然。

〔一三〕王祥　周校：呂光載記作「王詳」。按：通鑑一〇八亦作「王詳」。

〔一四〕王乞基　周校：呂光載記作「王氣乞機」。按：通鑑一〇九作「田胡王乞基」，胡注云：田胡，胡之一種也。

〔一五〕合黎　呂光載記作「合離」。

晉書卷九十六

列傳第六十六

列女

夫三才分位，室家之道克隆；二族交歡，貞烈之風斯著。振高情而獨秀，魯册於是飛華；挺峻節而孤標，周篇於焉騰茂。徽烈兼劭，柔順無愆，隔代相望，諒非一緒。然則虞興嬀汭，夏盛塗山，有娀、有㜪廣隆殷之業，大姙、大姒衍昌姬之化，馬鄧恭儉，漢朝推德，宣昭懿淑，魏代揚芬，斯皆禮極中闈，義殊月室者矣。至若恭姜誓節，孟母求仁，華率傅而經齊，樊授規而霸楚，譏文伯於奉劍，讓子發於分菽，少君之從約禮，孟光之符隱志，既昭婦則，且擅母儀。子政緝之於前，元凱編之於後，具宣閨範，有裨陰訓。故上從泰始，下迄恭安，一操可稱，一藝可紀，咸皆撰錄，爲之傳云。或位極后妃，或事因夫子，各隨本傳，今所不錄。在諸僞國，暫阻王猷，天下之善，足以懲勸，亦同搜次，附於篇末。

羊耽妻辛氏

羊耽妻辛氏，字憲英，隴西人，魏侍中毗之女也。聰朗有才鑒。初，魏文帝得立爲太子，抱毗項謂之曰：「辛君知我喜不？」毗以告憲英，憲英歎曰：「太子，代君主宗廟社稷者也。代君不可以不戚，主國不可以不懼，宜戚而喜，何以能久！魏其不昌乎？」

弟敞爲大將軍曹爽參軍，宣帝將誅爽，因其從魏帝出而閉城門，爽司馬魯芝率府兵斬關赴爽，呼敞同去。敞懼，問憲英曰：「天子在外，太傅閉城門，人云將不利國家，於事可得爾乎？」憲英曰：「事有不可知，然以吾度之，太傅殆不得不爾。明皇帝臨崩，把太傅臂，屬以後事，此言猶在朝士之耳。且曹爽與太傅俱受寄託之任，而獨專權勢，於王室不忠，於人道不直，此舉不過以誅爽耳。」敞曰：「然則敞無出乎？」憲英曰：「安可以不出！職守，人之大義也。凡人在難，猶或恤之；爲人執鞭而棄其事，不祥也。且爲人任，爲人死，親昵之職也，汝從衆而已。」敞遂出。宣帝果誅爽。事定後，敞歎曰：「吾不謀於姊，幾不獲於義！」

其後鍾會爲鎮西將軍，憲英謂耽從子祜曰：「鍾士季何故西出？」祜曰：「將爲滅蜀也。」憲英曰：「會在事縱恣，非持久處下之道，吾畏其有他志也。」及會將行，請其子琇爲參軍，憲英憂曰：「他日吾爲國憂，今日難至吾家矣。」琇固請於文帝，帝不聽。憲英謂琇曰：「行矣，戒之！古之君子入則致孝於親，出則致節於國；在職思其所司，在義思其所立，不遺父母憂患而已。軍旅之間可以濟者，其惟仁恕乎！」會至蜀果反，琇竟以全歸。祜嘗送錦被，憲嫌其華，反而覆之，其明鑒儉約如此。泰始五年卒，年七十九。

杜有道妻嚴氏

杜有道妻嚴氏，字憲，京兆人也。貞淑有識量。年十三，適於杜氏，十八而嫠居。子植、女韡並孤藐，憲雖少，誓不改節，撫育二子，教以禮度，植遂顯名於時，韡亦有淑德，傅玄求爲繼室，憲便許之。時玄與何晏、鄧颺不穆，晏等每欲害之，時人莫肯共婚。及憲許玄，內外以爲憂懼。或曰：「何、鄧執權，必爲玄害，亦由排山壓卵，以湯沃雪耳，奈何與之爲親？」憲曰：「爾知其一，不知其他。晏等驕侈，必當自敗，司馬太傅獸睡耳，吾恐卵破雪銷，行自有在。」遂與玄爲婚。晏等尋亦爲宣帝所誅。植後爲南安太守。

植從兄預爲秦州刺史，被誣，徵還，憲與預書戒之曰：「諺云忍辱至三公。卿今可謂辱矣，能忍之，公是卿坐。」〔一〕預後果爲儀同三司。玄前妻子咸年六歲，嘗隨其繼母省憲，謂咸曰：「汝千里駒也，必當遠至。」以其妹之女妻之。咸後亦有名於海內。其知人之鑒如此。年六十六卒。

王渾妻鍾氏

王渾妻鍾氏，字琰，潁川人，魏太傅繇曾孫也。父徽，黄門郎。琰數歲能屬文，及長，聰慧弘雅，博覽記籍。美容止，善嘯詠，禮儀法度爲中表所則。既適渾，生濟。渾嘗共琰坐，濟趨庭而過，渾欣然曰：「生子如此，足慰人心。」琰笑曰：「若使新婦得配參軍，生子故不翅如此。」參軍，謂渾中弟淪也。琰女亦有才淑，爲求賢夫。時有兵家子甚俊，濟欲妻之，白琰，琰曰：「要令我見之。」濟令此兵與羣小雜處，琰自幃中察之，既而謂濟曰：「緋衣者非汝所拔乎？」濟曰：「是。」琰曰：「此人才足拔萃，然地寒壽促，不足展其器用，不可與婚。」遂止。其人數年果亡。琰明鑒遠識，皆此類也。

渾弟湛妻郝氏亦有德行，琰雖貴門，與郝雅相親重，郝不以賤下琰，琰不以貴陵郝，時人稱鍾夫人之禮，郝夫人之法云。

鄭袤妻曹氏

鄭袤妻曹氏，魯國薛人也。袤先娶孫氏，早亡，娉之爲繼室。事舅姑甚孝，躬紡績之勤，以充奉養，至於叔妹羣娣之間，盡其禮節，咸得歡心。及袤爲司空，其子默等又顯朝列，時人稱其榮貴。曹氏深懼盛滿，每默等升進，輒憂之形於聲色。然食無重味，服浣濯之衣，袤等所獲祿秩，曹氏必班散親姻，務令周給，家無餘貲。

初，孫氏瘞於黎陽，及袤薨，議者以久喪難舉，欲不合葬。曹氏曰：「孫氏元妃，理當從葬，何可使孤魂無所依邪。」〔三〕於是備吉凶導從之儀以迎之，具衣衾几筵，親執雁行之禮，聞者莫不歎息，以爲趙姬之下叔隗，不足稱也。太康元年卒，年八十三。

愍懷太子妃王氏

愍懷太子妃王氏，太尉衍女也，字惠風。貞婉有志節。太子既廢居於金墉，衍請絕婚，惠風號哭而歸，行路爲之流涕。及劉曜陷洛陽，以惠風賜其將喬屬，屬將妻之。惠風拔劍距屬曰：「吾太尉公女，皇太子妃，義不爲逆胡所辱。」屬遂害之。

鄭休妻石氏

鄭休妻石氏，不知何許人也。少有德操，年十餘歲，鄉邑稱之。既歸鄭氏，爲九族所重。休前妻女既幼，又休父布臨終，有庶子沈生，命棄之，〔三〕石氏曰：「柰何使舅之胤不存乎！」遂養沈及前妻女。力不兼舉，九年之中，三不舉子。

陶侃母湛氏

陶侃母湛氏，豫章新淦人也。初，侃父丹娉爲妾，生侃，而陶氏貧賤，湛氏每紡績資給之，使交結勝己。侃少爲尋陽縣吏，嘗監魚梁，以一坩鮓遺母。湛氏封鮓及書，責侃曰：「爾爲吏，以官物遺我，非惟不能益吾，乃以增吾憂矣。」鄱陽孝廉范逵寓宿於侃，時大雪，湛氏乃徹所臥新薦，自剉給其馬，又密截髮賣與鄰人，供肴饌。逵聞之，歎息曰：「非此母不生此子！」侃竟以功名顯。

賈渾妻宗氏

賈渾妻宗氏，不知何許人也。渾爲介休令，被劉元海將喬晞攻破，死之。宗氏有姿色，晞欲納之。宗氏罵曰：「屠各奴！豈有害人之夫而欲加無禮，於爾安乎？何不促殺我！」因仰天大哭。晞遂害之，時年二十餘。

梁緯妻辛氏

梁緯妻辛氏，隴西狄道人也。緯爲散騎常侍，西都陷沒，爲劉曜所害。辛氏有殊色，曜將妻之。辛氏據地大哭，仰謂曜曰：「妾聞男以義烈，女不再醮。妾夫已死，理無獨全。且婦人再辱，明公亦安用哉！乞即就死，下事舅姑。」遂號哭不止。曜曰：「貞婦也，任之。」乃自縊而死。曜以禮葬之。

許延妻杜氏

許延妻杜氏，不知何許人也。延爲益州別駕，爲李驤所害。驤欲納杜氏爲妻，杜氏號哭守夫尸，罵驤曰：「汝輩逆賊無道，死有先後，寧當久活！我杜家女，豈爲賊妻也！」驤怒，遂害之。

虞潭母孫氏

虞潭母孫氏，吳郡富春人，孫權族孫女也。初適潭父忠，恭順貞和，甚有婦德。及忠亡，遺孤藐爾，孫氏雖少，誓不改節，躬自撫養，劬勞備至。性聰敏，識鑒過人。潭始自幼童，便訓以忠義，故得聲望允洽，爲朝廷所稱。

永嘉末，潭爲南康太守，值杜弢構逆，率衆討之。孫氏勉潭以必死之義，俱傾其資產以餽戰士，潭遂克捷。及蘇峻作亂，潭時守吳興，又假節征峻。孫氏戒之曰：「吾聞忠臣出孝子之門，汝當捨生取義，勿以吾老爲累也。」仍盡發其家僮，〔四〕令隨潭助戰，貿其所服環珮以爲軍資。於時會稽內史王舒遣子允之爲督護，孫氏又謂潭曰：「王府君遣兒征，汝何爲獨不？」潭卽以子楚爲督護，與允之合勢。其憂國之誠如此。拜武昌侯太夫人，加金章紫綬。潭立養堂於家，王導以下皆就拜謁。咸和末卒，年九十五。成帝遣使弔祭，謚曰定夫人。

周顗母李氏

周顗母李氏，字絡秀，汝南人也。少時在室，顗父浚爲安東將軍，時嘗出獵，遇雨，過止絡秀之家。會其父兄不在，絡秀聞浚至，與一婢於內宰豬羊，具數十人之饌，甚精辦而不聞人聲。浚怪使覘之，獨見一女子甚美，浚因求爲妾。其父兄不許，絡秀曰：「門戶殄瘁，何惜一女！若連姻貴族，將來庶有大益矣。」父兄許之。遂生顗及嵩、謨。而顗等既長，絡秀謂之曰：「我屈節爲汝家作妾，門戶計耳。汝不與我家爲親親者，吾亦何惜餘年！」顗等從命，由此李氏遂得爲方雅之族。

中興時，顗等並列顯位。嘗冬至置酒，絡秀舉觴賜三子曰：「吾本渡江，託足無所，不謂爾等並貴，列吾目前，吾復何憂！」嵩起曰：「恐不如尊旨。伯仁志大而才短，名重而識闇，好乘人之弊，此非自全之道。嵩性抗直，亦不容於世。唯阿奴碌碌，當在阿母目下耳。」阿奴，謨小字也。後果如其言。

張茂妻陸氏

張茂妻陸氏，吳郡人也。茂爲吳郡太守，被沈充所害，陸氏傾家產，率茂部曲爲先登以討充。充敗，陸詣闕上書，爲茂謝不克之責。詔曰：「茂夫妻忠誠，舉門義烈，宜追贈茂太僕。」

尹虞二女

尹虞二女，長沙人也。虞前任始興太守，起兵討杜弢，戰敗，二女爲弢所獲，並有國色，弢將妻之。女曰：「我父二千石，終不能爲賊婦，有死而已！」弢並害之。

荀崧小女灌

荀崧小女灌，幼有奇節。崧爲襄城太守，爲杜曾所圍，力弱食盡，欲求救於故吏平南將軍石覽，計無從出。灌時年十三，乃率勇士數十人，踰城突圍夜出。賊追甚急，灌督厲將士，且戰且前，得入魯陽山獲免。自詣覽乞師，又爲崧書與南中郎將周訪請援，仍結爲兄弟，訪卽遣子撫率三千人會石覽俱救崧。賊聞兵至，散走，灌之力也。

王凝之妻謝氏

王凝之妻謝氏，字道韞，安西將軍奕之女也。聰識有才辯。叔父安嘗問：「毛詩何句最佳？」道韞稱：「吉甫作頌，穆如淸風。仲山甫永懷，以慰其心。」安謂有雅人深致。又嘗內集，俄而雪驟下，安曰：「何所似也？」安兄子朗曰：「散鹽空中差可擬。」道韞曰：「未若柳絮因風起。」安大悅。

初適凝之，還，甚不樂。安曰：「王郞，逸少子，不惡，汝何恨也？」答曰：「一門叔父則有阿大、中郞，羣從兄弟復有封、胡、羯、末，不意天壤之中乃有王郞！」封謂謝韶，〔五〕胡謂謝朗，羯謂謝玄，末謂謝川，皆其小字也。又嘗譏玄學植不進，曰：「爲塵務經心，爲天分有限邪？」凝之弟獻之嘗與賓客談議，詞理將屈，道韞遣婢白獻之曰：「欲爲小郞解圍。」乃施靑綾步鄣自蔽，申獻之前議，客不能屈。

及遭孫恩之難，舉厝自若，旣聞夫及諸子已爲賊所害，方命婢肩輿抽刃出門，亂兵稍至，手殺數人，乃被虜。其外孫劉濤時年數歲，賊又欲害之，道韞曰：「事在王門，何關他族！必其如此，寧先見殺。」恩雖毒虐，爲之改容，乃不害濤。自爾嫠居會稽，家中莫不嚴肅。太守劉柳聞其名，請與談議。道韞素知柳名，亦不自阻，乃簪髻素褥坐於帳中，柳束脩整帶造於別榻。道韞風韵高邁，叙致清雅，先及家事，慷慨流漣，徐酬問旨，詞理無滯。柳退而歎曰：「實頃所未見，瞻察言氣，使人心形俱服。」道韞亦云：「親從凋亡，始遇此士，聽其所問，殊開人胸府。」

初，同郡張玄妹亦有才質，適於顧氏，玄每稱之，以敵道韞。有濟尼者，游於二家，或問之，濟尼答曰：「王夫人神情散朗，故有林下風氣。顧家婦清心玉映，自是閨房之秀。」道韞所著詩賦誄頌並傳於世。

劉臻妻陳氏

劉臻妻陳氏者，亦聰辯能屬文。嘗正旦獻椒花頌，其詞曰：「旋穹周迴，三朝肇建。青陽散輝，澄景載煥。標美靈葩，爰採爰獻。聖容映之，永壽於萬。」又撰元日及冬至進見之儀，行於世。

皮京妻龍氏

皮京妻龍氏，字憐，西道縣人也。年十三適京，未逾年而京卒，京二弟亦相次而隕，既無胤嗣，又無朞功之親。憐貨其嫁時資裝，躬自紡織，數年間三喪俱舉，葬斂既畢，每時享祭無闕。州里聞其賢，屢有娉者，憐誓不改醮，守節窮居五十餘載而卒。

孟昶妻周氏

孟昶妻周氏，昶弟顗妻又其從妹也。二家並豐財產。初，桓玄雅重昶而劉邁毀之，昶知，深自惋失。及劉裕將建義，與昶定謀，昶欲盡散財物以供軍糧，其妻非常婦人，可語以大事，乃謂之曰：「劉邁毀我於桓公，便是一生淪陷，決當作賊。卿幸可早爾離絕，脫得富貴，相迎不晚也。」周氏曰：「君父母在堂，欲建非常之謀，豈婦人所諫！事之不成，當於奚官中奉養大家，義無歸志也。」昶愴然久之而起。周氏追昶坐，云：「觀君舉厝，非謀及婦人者，不過欲得財物耳。」時其所生女在抱，推而示之曰：「此而可賣，亦當不惜，況資財乎！」遂傾資產以給之，而託以他用。及事之將舉，周氏謂顗妻云：「一昨夢殊不好，門內宜浣濯沐浴以除之，且不宜赤色，我當悉取作七日藏厭。」顗妻信之，所有絳色者悉斂以付焉。乃置帳中，潛自剔縣，以絳與昶，遂得數十人被服赫然，悉周氏所出，〔六〕而家人不之知也。

何無忌母劉氏

何無忌母劉氏，征虜將軍建之女也。少有志節。弟牢之爲桓玄所害，劉氏每銜之，常思報復。及無忌與劉裕定謀，而劉氏察其舉厝有異，喜而不言。會無忌夜於屏風裏制檄文，劉氏潛以器覆燭，徐登橙於屏風上窺之，既知，泣而撫之曰：「我不如東海呂母明矣！既孤其誠，常恐壽促，汝能如此，吾讐恥雪矣。」因問其同謀，知事在裕，彌喜，乃說桓玄必敗、義師必成之理以勸勉之。後果如其言。

劉聰妻劉氏

劉聰妻劉氏，名娥，字麗華，僞太保殷女也。幼而聰慧，晝營女工，夜誦書籍，傅母恒止之，娥敦習彌厲。每與諸兄論經義，理趣超遠，諸兄深以歎伏。性孝友，善風儀進止。

聰既僭位，召爲右貴嬪，甚寵之。俄拜爲后，將起鷍儀殿以居之，其廷尉陳元達切諫，聰大怒，將斬之。娥時在後堂，私敕左右停刑，手疏啓曰：「伏聞將爲妾營殿，今昭德足居，鷍儀非急。四海未一，禍難猶繁，動須人力資財，尤宜慎之。廷尉之言，國家大政。夫忠臣之諫，豈爲身哉？帝王距之，亦非顧身也。妾仰謂陛下上尋明君納諫之昌，下忿闇主距諫之禍，宜賞廷尉以美爵，酬廷尉以列土，如何不惟不納，而反欲誅之？陛下此怒由妾而起，廷尉之禍由妾而招，人怨國疲，咎歸於妾，距諫害忠，亦妾之由。自古敗國喪家，未始不由婦人者也。妾每覽古事，忿之忘食，何意今日妾自爲之！後人之觀妾，亦猶妾之視前人也，復何面目仰侍巾櫛，請歸死此堂，以塞陛下誤惑之過。」聰覽之色變，謂其羣下曰：「朕比得風疾，喜怒過常。元達，忠臣也，朕甚愧之。」以娥表示元達曰：「外輔如公，內輔如此后，朕無憂矣。」及娥死，僞諡武宣皇后。

其姊英，字麗芳，亦聰敏涉學，而文詞機辯，曉達政事，過於娥。初與娥同召拜左貴嬪，尋卒，僞追諡武德皇后。

王廣女

王廣女者，不知何許人也。容質甚美，慷慨有丈夫之節。廣仕劉聰，爲西揚州刺史。蠻帥梅芳攻陷揚州，而廣被殺。王時年十五，芳納之。俄於闇室擊芳，不中，芳驚起曰：「何故反邪？」王罵曰：「蠻畜！我欲誅反賊，何謂反乎？吾聞父仇不同天，母仇不同地，汝反逆無狀，害人父母，而復以無禮陵人，吾所以不死者，欲誅汝耳！今死自吾分，不待汝殺，但恨不得梟汝首於通逵，以塞大恥。」辭氣猛厲，言終乃自殺，芳止之不可。

陝婦人

陝婦人，不知姓字，年十九。劉曜時嫠居陝縣，事叔姑甚謹，其家欲嫁之，此婦毀面自誓。後叔姑病死，其叔姑有女在夫家，先從此婦乞假不得，因而誣殺其母，有司不能察而誅之。時有羣鳥悲鳴尸上，其聲甚哀，盛夏暴尸十日，不腐，亦不爲蟲獸所敗，其境乃經歲不雨。曜遣呼延謨爲太守，既知其冤，乃斬此女，設少牢以祭其墓，諡曰孝烈貞婦，其日大雨。

靳康女

靳康女者，不知何許人也。美姿容，有志操。劉曜之誅靳氏，將納靳女爲妾，靳曰：「陛下既滅其父母兄弟，復何用妾爲！妾聞逆人之誅也，尙汚宮伐樹，而況其子女乎！」因號泣請死，曜哀之，免康一子。

韋逞母宋氏

韋逞母宋氏，不知何郡人也，家世以儒學稱。宋氏幼喪母，其父躬自養之。及長，授以周官音義，謂之曰：「吾家世學周官，傳業相繼，此又周公所制，經紀典誥，百官品物，備於此矣。吾今無男可傳，汝可受之，勿令絕世。」屬天下喪亂，宋氏諷誦不輟。

其後爲石季龍徙之於山東，宋氏與夫在徙中，推鹿車，背負父所授書，到冀州，依膠東富人程安壽，壽養護之。逞時年小，宋氏晝則樵採，夜則教逞，然紡績無廢。壽每歎曰：「學家多士大夫，得無是乎！」逞遂學成名立，仕苻堅爲太常。堅嘗幸其太學，問博士經典，乃憫禮樂遺闕。時博士盧壼對曰：「廢學既久，書傳零落，比年綴撰，正經粗集，唯周官禮注未有其師。竊見太常韋逞母宋氏世學家女，傳其父業，得周官音義，今年八十，視聽無闕，自非此母無可以傳授後生。」於是就宋氏家立講堂，置生員百二十人，隔絳紗幔而受業，號宋氏爲宣文君，賜侍婢十人。周官學復行於世，時稱韋氏宋母焉。〔七〕

張天錫妾閻氏薛氏

張天錫妾閻氏、薛氏，並不知何許人也，咸有寵於天錫。天錫寢疾，謂之曰：「汝二人將何以報我？吾死後，豈可爲人妻乎！」皆曰：「尊若不諱，妾請效死，供灑掃地下，誓無他志。」及其疾篤，二姬皆自刎。天錫疾瘳，追悼之，以夫人禮葬焉。

苻堅妾張氏

苻堅妾張氏，不知何許人，明辯有才識。堅將入寇江左，羣臣切諫不從。張氏進曰：「妾聞天地之生萬物，聖王之馭天下，莫不順其性而暢之，故黃帝服牛乘馬，因其性也；禹鑿龍門，決洪河，因水之勢也；后稷之播殖百穀，因地之氣也；湯武之滅夏商，因人之欲也。是以有因成，無因敗。今朝臣上下皆言不可，陛下復何所因也？書曰：『天聰明自我民聰明。』天猶若此，況於人主乎！妾聞人君有伐國之志者，必上觀乾象，下採衆祥。天道崇遠，非妾所知。以人事言之，未見其可。諺言：『雞夜鳴者不利行師，犬羣嗥者宮室必空，兵動馬驚，軍敗不歸。』秋冬已來，每夜羣犬大嗥，衆雞夜鳴，伏聞廄馬驚逸，武庫兵器有聲，吉凶之理，誠非微妾所論，願陛下詳而思之。」堅曰：「軍旅之事非婦人所豫也。」遂興兵。張氏請從。堅果大敗於壽春，張氏乃自殺。

竇滔妻蘇氏

竇滔妻蘇氏，始平人也，名蕙，字若蘭。善屬文。滔，苻堅時爲秦州刺史，被徙流沙，蘇氏思之，織錦爲迴文旋圖詩以贈滔。宛轉循環以讀之，詞甚悽惋，凡八百四十字，文多不錄。

苻登妻毛氏

苻登妻毛氏，不知何許人，壯勇善騎射。登爲姚萇所襲，營壘既陷，毛氏猶彎弓跨馬，率壯士數百人，與萇交戰，殺傷甚衆。衆寡不敵，爲萇所執。萇欲納之，毛氏罵曰：「吾天子后，豈爲賊羌所辱，何不速殺我！」因仰天大哭曰：「姚萇無道，前害天子，今辱皇后，皇天后土，寧不鑒照！」萇怒，殺之。

慕容垂妻段氏

慕容垂妻段氏，字元妃，僞右光祿大夫儀之女也。少而婉慧，有志操，常謂妹季妃曰：「我終不作凡人妻。」季妃亦曰：「妹亦不爲庸夫婦。」鄰人聞而笑之。垂之稱燕王，納元妃爲繼室，遂有殊寵。僞范陽王德亦娉季妃焉。姊妹俱爲垂、德之妻，卒如其志。垂既僭位，拜爲皇后。

垂立其子寶爲太子也，元妃謂垂曰：「太子姿質雍容，柔而不斷，承平則爲仁明之主，處難則非濟世之雄，陛下託之以大業，妾未見克昌之美。遼西、高陽二王，陛下兒之賢者，宜擇一以樹之。趙王麟姦詐負氣，常有輕太子之心，陛下一旦不諱，必有難作。此陛下之家事，宜深圖之。」垂不納。寶及麟聞之，深以爲恨。其後元妃又言之，垂曰：「汝欲使我爲晉獻公乎？」元妃泣而退，告季妃曰：「太子不令，羣下所知，而主上比吾爲驪戎之女，何其苦哉！主上百年之後，太子必亡社稷。范陽王有非常器度，若燕祚未終，其在王乎！」

垂死，寶嗣僞位，遣麟逼元妃曰：「后常謂主上不能嗣守大統，今竟何如？宜早自裁，以全段氏。」元妃怒曰：「汝兄弟尚逼殺母，安能保守社稷！吾豈惜死，念國滅不久耳。」遂自殺。寶議以元妃謀廢嫡統，無母后之道，不宜成喪，羣下咸以爲然。僞中書令眭邃大言於朝曰：〔八〕「子無廢母之義，漢之安思閻后親廢順帝，猶配饗安皇，先后言虛實尚未可知，宜依閻后故事。」寶從之。其後麟果作亂，寶亦被殺，德復僭稱尊號，終如元妃之言。

段豐妻慕容氏

段豐妻慕容氏，德之女也。有才慧，善書史，能鼓琴。德旣僭位，署爲平原公主。年十四，適於豐。豐爲人所譖，被殺，慕容氏寡歸，將改適僞壽光公餘熾。慕容氏謂侍婢曰：「我聞忠臣不事二君，貞女不更二夫。段氏旣遭無辜，已不能同死，豈復有心於重行哉！今主上不顧禮義嫁我，若不從，則違嚴君之命矣。」於是剋日交禮。慕容氏姿容婉麗，服飾光華，熾覩之甚喜。經再宿，慕容氏僞辭以疾，熾亦不之逼。三日還第，沐浴置酒，言笑自若，至夕，密書其帬帶云：「死後當埋我於段氏墓側，若魂魄有知，當歸彼矣。」遂於浴室自縊而死。及葬，男女觀者數萬人，莫不歎息曰：「貞哉公主！」路經餘熾宅前，熾聞挽歌之聲，慟絕良久。

呂纂妻楊氏 呂紹妻張氏

呂纂妻楊氏，弘農人也。美艷有義烈。纂被呂超所殺，楊氏與侍婢十數人殯纂於城西。將出宮，超慮齎珍物出外，使人搜之。楊氏厲聲責超曰："爾兄弟不能和睦，手刃相屠，我旦夕死人，何用金寶！"超慚而退。又問楊氏玉璽所在，楊氏怒曰："盡毀之矣。"超將妻之，謂其父桓曰："后若自殺，禍及卿宗。"桓以告楊氏，楊氏曰："大人本賣女與氐以圖富貴，一之已甚，其可再乎！"乃自殺。

時呂紹妻張氏亦有操行，年十四，紹死，便請爲尼。呂隆見而悅之，欲穢其行，張氏曰："欽樂至道，誓不受辱。"遂昇樓自投於地，二脛俱折，口誦佛經，俄然而死。

涼武昭王李玄盛后尹氏

涼武昭王李玄盛后尹氏，天水冀人也。幼好學，清辯有志節。初適扶風馬元正，元正卒，爲玄盛繼室。以再醮之故，三年不言。撫前妻子踰於己生。玄盛之創業也，謨謀經略多所毗贊，故西州諺曰："李、尹王敦煌。"

及玄盛薨，子士業嗣位，尊爲太后。士業將攻沮渠蒙遜，尹氏謂士業曰："汝新造之國，地狹人稀，靖以守之猶懼其失，云何輕舉，闚冀非望！蒙遜驍武，善用兵，汝非其敵。吾觀其數年已來有并兼之志，且天時人事似欲歸之。今國雖小，足以爲政。知足不辱，道家明誡也。且先王臨薨，遺令殷勤，志令汝曹深愼兵戰，俟時而動。言猶在耳，柰何忘之！不如勉修德政，蓄力以觀之。彼若淫暴，人將歸汝；汝苟德之不建，事之無日矣。汝此行也，非唯師敗，國亦將亡。」士業不從，果爲蒙遜所滅。

尹氏至姑臧，蒙遜引見勞之，對曰：「李氏爲胡所滅，知復何言！」或諫之曰：「母子命懸人手，柰何倨傲！且國敗子孫屠滅，何獨無悲？」尹氏曰：「興滅死生，理之大分，何爲同凡人之事，起兒女之悲！吾一婦人，不能死亡，豈憚斧鉞之禍，求爲臣妾乎！若殺我者，吾之願矣。」蒙遜嘉之，不誅，爲子茂虔娉其女爲妻。及魏氏以武威公主妻茂虔，尹氏及女遷居酒泉。旣而女卒，撫之不哭，曰：「汝死晚矣！」沮渠無諱時鎭酒泉，每謂尹氏曰：「后諸孫在伊吾，后能去不？」尹氏未測其言，答曰：「子孫流漂，託身醜虜，老年餘命，當死於此，不能作氊裘鬼也。」俄而潛奔伊吾，無諱遣騎追及之。尹氏謂使者曰：「沮渠酒泉許我歸北，何故來追？汝可斬吾首歸，終不迴矣。」使者不敢逼而還。年七十五，卒於伊吾。

史臣曰：夫繁霜降節，彰勁心於後凋；橫流在辰，表貞期於上德，匪伊君子，抑亦婦人焉。自晉政陵夷，罕樹風檢，虧閑爽操，相趨成俗，荐之以劉石，汨之以苻姚。三月歌胡，唯見爭新之飾；一朝辭漢，曾微戀舊之情。馳鶩風埃，脫落名教，頹縱忘反，於茲爲極。至若惠風之數喬屬，道韞之對孫恩，荀女釋急於重圍，張妻報怨於強寇，僭登之后，蹈死不迴，僞纂之妃，捐生匪吝，宗辛抗情而致夭，王靳守節而就終，斯皆冥踐義途，匪因教至。聳清漢之喬葉，有裕徽音；振幽谷之貞蕤，無慚雅引，比夫懸梁靡顧，齒劍如歸，異日齊風，可以激揚千載矣。

贊曰：從容陰禮，婉娩柔則。載循六行，爰昭四德。操潔風霜，譽流邦國。彤管貽訓，清芬靡忒。

校勘記

〔一〕公是卿坐　御覽五一三引「公」上有「三」字。

〔二〕何可使孤魂無所依邪　「何」，各本作「不」。通志一八五作「豈」，吳本作「何」，今從吳本。

〔三〕有庶子沈生命棄之　御覽五一七引「生」作「休」，「休」連下爲句。

〔四〕仍盡發其家僮　斠注：錢塘先賢傳贊引「仍」作「乃」。

〔五〕謝韶　各本作「謝歆」，今從謝萬傳改。世說賢媛、人名譜均作「韶」。

〔六〕悉周氏所出　「周」，各本多作「孟」，今從宋本、吳本作「周」。

〔七〕時稱韋氏宋母焉　周校：當作「韋母宋氏」。

〔八〕眭邃　「眭」，各本均作「畦」，今據魏書、北史隱逸傳、慕容廆傳及通鑑一〇八改。

晉書卷九十七

列傳第六十七

四夷

夫恢恢乾德，萬類之所資始；蕩蕩坤儀，九區之所均載。考羲軒於往統，肇承天而理物；訊炎昊於前辟，爰制地而疏疆。襲冠帶以辨諸華，限要荒以殊遐裔，區分中外，其來尚矣。九夷八狄，被青野而亙玄方；七戎六蠻，緜西宇而橫南極。繁種落，異君長，遇有道則時遵聲教，鍾無妄則爭肆虔劉，趨扇風塵，蓋其常性也。詳求遐議，歷選深謨，莫不待以羈縻，防其猾夏。

武帝受終衰魏，廓境全吳，威略既申，招攜斯廣，迷亂華之議，矜來遠之名，撫舊懷新，歲時無怠，凡四夷入貢者，有二十三國。既而惠皇失德，中宗遷播，凶徒分據，天邑傾淪，朝化所覃，江外而已，賝貢之禮，於茲殆絕，殊風異俗，所未能詳。故採其可知者，為之傳云。

北狄竊號中壤，備於載記；在其諸部種類，今略書之。

東夷 夫餘國 馬韓 辰韓 肅愼氏 倭人 裨離等十國

夫餘國

夫餘國在玄菟北千餘里，南接鮮卑，北有弱水，地方二千里，戶八萬，有城邑宮室，地宜五穀。其人强勇，會同揖讓之儀有似中國。其出使，乃衣錦罽，以金銀飾腰。其法，殺人者死，沒入其家；盜者一責十二；男女淫，婦人妬，皆殺之。若有軍事，殺牛祭天，以其蹄占吉凶，蹄解者爲凶，合者爲吉。死者以生人殉葬，有椁無棺。其居喪，男女皆衣純白，婦人著布面衣，去玉佩。出善馬及貂豽、美珠，珠大如酸棗。其國殷富，自先世以來，未嘗被破。其王印文稱「穢王之印」。國中有古穢城，本穢貊之城也。

武帝時，頻來朝貢，至太康六年，爲慕容廆所襲破，其王依慮自殺，子弟走保沃沮。帝爲下詔曰：「夫餘王世守忠孝，爲惡虜所滅，甚愍念之。若其遺類足以復國者，當爲之方計，使得存立。」有司奏護東夷校尉鮮于嬰不救夫餘，失於機略。詔免嬰，以何龕代之。明年，夫餘後王依羅遣詣龕，〔一〕求率見人還復舊國，仍請援。龕上列，遣督郵賈沈以兵送之。〔二〕廆又要之於路，沈與戰，大敗之，廆衆退，羅得復國。爾後每爲廆掠其種人，賣於中國。帝愍之，又發詔以官物贖還，下同、冀二州，禁市夫餘之口。

馬韓

韓種有三：一曰馬韓，二曰辰韓，三曰弁韓。辰韓在帶方南，東西以海爲限。

馬韓居山海之間，無城郭，凡有小國五十六所，大者萬戶，小者數千家，各有渠帥。俗少綱紀，無跪拜之禮。居處作土室，形如冢，其戶向上，舉家共在其中，無長幼男女之別。不知乘牛馬，畜者但以送葬。俗不重金銀錦罽，而貴瓔珠，用以綴衣或飾髮垂耳。其男子科頭露紒，衣布袍，履草蹻，性勇悍。國中有所調役，及起築城隍，年少勇健者皆鑿其背皮，貫以大繩，以杖搖繩，終日讙呼力作，不以爲痛。善用弓楯矛櫓，雖有鬭爭攻戰，而貴相屈服。俗信鬼神，常以五月耕種畢，羣聚歌舞以祭神；至十月農事畢，亦如之。國邑各立一人主祭天神，謂爲天君。又置別邑，名曰蘇塗，立大木，懸鈴鼓。其蘇塗之義，有似西域浮屠也，而所行善惡有異。

武帝太康元年、二年，其主頻遣使入貢方物，七年、八年、十年，又頻至。太熙元年，詣東夷校尉何龕上獻。咸寧三年復來，〔三〕明年又請內附。

辰韓

辰韓在馬韓之東，自言秦之亡人避役入韓，韓割東界以居之，立城柵，言語有類秦人，由是或謂之爲秦韓。初有六國，後稍分爲十二，又有弁辰，亦十二國，合四五萬戶，各有渠帥，皆屬於辰韓。辰韓常用馬韓人作主，雖世世相承，而不得自立，明其流移之人，故爲馬韓所制也。地宜五穀，俗饒蠶桑，善作縑布，服牛乘馬。其風俗可類馬韓，兵器亦與之同。初生子，便以石押其頭使扁。喜舞，善彈瑟，瑟形似筑。

武帝太康元年，其王遣使獻方物。二年復來朝貢，七年又來。

肅愼氏

肅愼氏一名挹婁，在不咸山北，去夫餘可六十日行。東濱大海，西接寇漫汗國，北極弱水。其土界廣袤數千里，居深山窮谷，其路險阻，車馬不通。夏則巢居，冬則穴處。父子世爲君長。無文墨，以言語爲約。有馬不乘，但以爲財產而已。無牛羊，多畜猪，食其肉，衣其皮，績毛以爲布。有樹名雒常，若中國有聖帝代立，則其木生皮可衣。無井竈，作瓦鬲，受四五升以食。坐則箕踞，以足挾肉而啖之，得凍肉，坐其上令暖。土無鹽鐵，燒木作灰，灌取汁而食之。俗皆編髮，以布作襜，徑尺餘，以蔽前後。將嫁娶，男以毛羽插女頭，女和則持歸，然後致禮娉之。婦貞而女淫，貴壯而賤老，死者其日卽葬之於野，交木作小椁，殺豬積其上，以爲死者之糧。性凶悍，以無憂哀相尚。父母死，男子不哭泣，哭者謂之不壯。相盜竊，無多少皆殺之，故雖野處而不相犯。有石砮，皮骨之甲，檀弓三尺五寸，楛矢長尺有咫。其國東北有山出石，其利入鐵，將取之，必先祈神。

周武王時，獻其楛矢、石砮。逮於周公輔成王，復遣使入賀。爾後千餘年，雖秦漢之盛，莫之致也。及文帝作相，魏景元末，來貢楛矢、石砮、弓甲、貂皮之屬。魏帝詔歸於相府，賜其王傉雞、錦罽、緜帛。至武帝元康初，復來貢獻。〔四〕元帝中興，又詣江左貢其石砮。至成帝時，通貢於石季龍，四年方達。季龍問之，答曰「每候牛馬向西南眠者三年矣，是知有大國所在，故來」云。

倭人

倭人在帶方東南大海中，依山島爲國，地多山林，無良田，食海物。舊有百餘小國相接，至魏時，有三十國通好。戶有七萬。男子無大小，悉黥面文身。自謂太伯之後，又言上古使詣中國，皆自稱大夫。昔夏少康之子封於會稽，斷髮文身以避蛟龍之害，今倭人好沈沒取魚，亦文身以厭水禽。計其道里，當會稽東冶之東。其男子衣以橫幅，但結束相連，略無縫綴。婦人衣如單被，穿其中央以貫頭，而皆被髮徒跣。其地溫暖，俗種禾稻紵麻而蠶桑織績。土無牛馬，有刀楯弓箭，以鐵爲鏃。有屋宇，父母兄弟臥息異處。食飲用俎豆。嫁娶不持錢帛，以衣迎之。死有棺無椁，封土爲冢。初喪，哭泣，不食肉。已葬，舉家入水澡浴自潔，以除不祥。其舉大事，輒灼骨以占吉凶。不知正歲四節，但計秋收之時以爲年紀。人多壽百年，或八九十。國多婦女，不淫不妬。無爭訟，犯輕罪者沒其妻孥，重者族滅其家。舊以男子爲主。漢末，倭人亂，攻伐不定，乃立女子爲王，名曰卑彌呼。宣帝之平公孫氏也，其女王遣使至帶方朝見，其後貢聘不絕。及文帝作相，又數至。泰始初，遣使重譯入貢。

裨離等十國

裨離國在肅愼西北，馬行可二百日，領戶二萬。養雲國去裨離馬行又五十日，領戶二萬。寇莫汗國去養雲國又百日行，領戶五萬餘。一羣國去莫汗又百五十日，計去肅愼五萬餘里。其風俗土壤並未詳。泰始三年，各遣小部獻其方物。至太熙初，復有牟奴國帥逸芝惟離、模盧國帥沙支臣芝、于離末利國帥加牟臣芝、蒲都國帥因末、繩余國帥馬路、沙樓國帥鈔加，各遣正副使詣東夷校尉何龕歸化。

西戎 吐谷渾 焉耆國 龜茲國 大宛國 康居國 大秦國

吐谷渾 吐延 葉延 辟奚 視連 視羆 樹洛干

吐谷渾，慕容廆之庶長兄也，其父涉歸分部落一千七百家以隸之。及涉歸卒，廆嗣位，而二部馬鬬，廆怒曰：「先公分建有別，奈何不相遠離，而令馬鬬！」吐谷渾曰：「馬爲畜耳，鬬其常性，何怒於人！乖別甚易，〔五〕當去汝於萬里之外矣。」於是遂行。廆悔之，遣其長史史那樓馮及父時耆舊追還之。吐谷渾曰：「先公稱卜筮之言，當有二子克昌，祚流後裔。我卑庶也，理無並大，今因馬而別，殆天所啓乎！諸君試驅馬令東，馬若還東，我當相隨去矣。」樓馮遣從者二千騎，擁馬東出數百步，輒悲鳴西走。如是者十餘輩，樓馮跪而言曰：「此非人事也。」遂止。鮮卑謂兄爲阿干，廆追思之，作阿干之歌，歲暮窮思，常歌之。

吐谷渾謂其部落曰：「我兄弟俱當享國，廆及曾玄纔百餘年耳。我玄孫已後，庶其昌乎！」於是乃西附陰山。屬永嘉之亂，始度隴而西，其後子孫據有西零已西甘松之界，極乎白蘭數千里。然有城郭而不居，隨逐水草，廬帳爲屋，以肉酪爲糧。其官置長史、司馬、將軍，頗識文字。其男子通服長裙，帽或戴羃䍦。婦人以金花爲首飾，辮髮縈後，綴以珠貝。其婚姻，富家厚出娉財，竊女而去。父卒，妻其羣母；兄亡，妻其諸嫂。喪服制，葬訖而除。國無常稅，調用不給，輒斂富室商人，取足而止。殺人及盜馬者罪至死，他犯則徵物以贖。地宜大麥，而多蔓菁，頗有菽粟。出蜀馬、氂牛。西北雜種謂之爲阿柴虜，或號爲野虜焉。

吐谷渾年七十二卒，有子六十人，長曰吐延，嗣。

吐延身長七尺八寸，雄姿魁傑，羌虜憚之，號曰項羽。性傲儻不羣，嘗慷慨謂其下曰：「大丈夫生不在中國，當高光之世，與韓、彭、吳、鄧並驅中原，定天下雌雄，使名垂竹帛，而潛竄窮山，隔在殊俗，不聞禮教於上京，不得策名於天府，生與麋鹿同羣，死作氈裘之鬼，雖偸觀日月，獨不愧於心乎！」性酷忍，而負其智，不能恤下，爲羌酋姜聰所刺。劍猶在其身，謂其將紇拔泥曰：「豎子刺吾，吾之過也，上負先公，下愧士女。所以控制諸羌者，以吾故也。吾死之後，善相葉延，速保白蘭。」言終而卒。在位十三年，有子十二人，長子葉延嗣。

葉延年十歲，其父爲羌酋姜聰所害，每旦縛草爲姜聰之象，哭而射之，中之則號泣，不中則瞋目大呼。其母謂曰：「姜聰，諸將已屠鱠之矣，汝何爲如此？」葉延泣曰：「誠知射草人不益於先讐，以申罔極之志耳。」性至孝，母病，五日不食，葉延亦不食。長而沈毅，好問天地造化、帝王年曆。司馬薄洛鄰曰：「臣等不學，實未審三皇何父之子，五帝誰母所生。」延曰：「自羲皇以來，符命玄象昭言著見，而卿等面牆，何其鄙哉！語曰『夏蟲不知冬冰』，良不虛也。」又曰：「禮云公孫之子得以王父字爲氏，吾祖始自昌黎光宅於此，今以吐谷渾爲氏，尊祖之義也。」在位二十三年卒，年三十三。有子四人，長子辟奚嗣。

辟奚性仁厚慈惠。初聞苻堅之盛，遣使獻馬五十匹，金銀五百斤。堅大悅，拜爲安遠將軍。

時辟奚三弟皆專恣，長史鍾惡地恐爲國害，謂司馬乞宿雲曰：「昔鄭莊公、秦昭王以一弟之寵，宗祀幾傾，況今三孽並驕，必爲社稷之患。吾與公忝當元輔，若獲保首領以沒於地，先君有問，其將何辭！吾今誅之矣。」宿雲請白辟奚，惡地曰：「吾王無斷，不可以告。」於是因羣下入覲，遂執三弟而誅之。辟奚自投於牀，惡地等奔而扶之，曰：「臣昨夢先王告臣云：『三弟將爲逆亂，汝速除之。』臣謹奉先王之命矣。」辟奚素友愛，因恍惚成疾，謂世子視連曰：「吾禍滅同生，何以見之於地下！國事大小，汝宜攝之，吾餘年殘命，寄食而已。」遂以憂卒。在位二十五年，時年四十二。有子六人，視連嗣。

視連既立，通聘於乞伏乾歸，拜爲白蘭王。視連幼廉慎有志性，以父憂卒，不知政事，不飲酒遊田七年矣。鍾惡地進曰：「夫人君者，以德御世，以威齊衆，養以五味，娛以聲色。此四者，聖帝明王之所先也，而公皆略之。昔昭公儉嗇而喪，偃王仁義而亡，然則仁義所以存身，亦所以亡己。經國者，德禮也；濟世者，刑法也。二者或差，則綱維失緒。明公奕葉重光，恩結西夏，雖仁孝發於天然，猶宜憲章周孔，不可獨追徐偃之仁，使刑德委而不建。」視連泣曰：「先王追友于之痛，悲憤升遐，孤雖纂業，尸存而已。聲色遊娛，豈所安也！綱維刑禮，付之將來。」臨終，謂其子視羆曰：〔六〕「我高祖吐谷渾公常言子孫必有興者，永爲中國之西藩，慶流百世。吾已不及，汝亦不見，當在汝之子孫輩耳。」在位十五年而卒。有二子，長曰視羆，少曰烏紇提。

視羆性英果，有雄略，嘗從容謂博士金城騫苞曰：「易云：『動靜有常，剛柔斷矣。』先王以仁宰世，不任威刑，所以剛柔靡斷，取輕鄰敵。當仁不讓，豈宜拱默者乎！今將秣馬厲兵，爭衡中國，先生以爲何如？」苞曰：「大王之言，高世之略，秦隴英豪所願聞也。」於是虛襟撫納，衆赴如歸。

乞伏乾歸遣使拜爲使持節、都督龍涸已西諸軍事、沙州牧、白蘭王。視羆不受，謂使者曰：「自晉道不綱，姦雄競逐，劉、石虐亂，秦、燕跋扈，河南王處形勝之地，宜當糾合義兵，以懲不順，奈何私相假署，擬僭羣凶！寡人承五祖之休烈，控弦之士二萬，方欲掃氛秦隴，清彼沙涼，然後飲馬涇渭，戮問鼎之豎，以一丸泥封東關，閉燕趙之路，迎天子於西京，以盡遐藩之節，終不能如季孟、子陽妄自尊大。爲吾白河南王，何不立勳帝室，策名王府，建當年之功，流芳來葉邪！」乾歸大怒，然憚其强，初猶結好，後竟遣衆擊之。視羆大敗，退保白蘭。在位十一年，年三十三卒。子樹洛干年少，傳位於烏紇堤。

烏紇堤一名大孩，性愞弱，耽酒淫色，不恤國事。乞伏乾歸之入長安也，烏紇堤屢抄其境。乾歸怒，率騎討之。烏紇堤大敗，亡失萬餘口，保於南涼，遂卒於胡國。〔七〕在位八年，時年三十五。視羆之子樹洛干立。

樹洛干九歲而孤，其母念氏聰惠有姿色，烏紇堤妻之，有寵，遂專國事。洛干十歲便自稱世子，年十六嗣立，率所部數千家奔歸莫何川，自稱大都督、車騎大將軍、大單于、吐谷渾王。化行所部，衆庶樂業，號爲戊寅可汗，沙漒雜種莫不歸附。乃宣言曰：「孤先祖避地於此，暨孤七世，思與羣賢共康休緒。今士馬桓桓，控弦數萬，孤將振威梁益，稱霸西戎，觀兵三秦，遠朝天子，諸君以爲何如？」衆咸曰：「此盛德之事也，願大王自勉！」

乞伏乾歸甚忌之，率騎二萬，攻之於赤水。樹洛干大敗，遂降乾歸，乾歸拜爲平狄將軍、赤水都護，又以其弟吐護眞爲捕虜將軍、層城都尉。其後屢爲乞伏熾磐所破，〔八〕又保白蘭，慚憤發病而卒。在位九年，時年二十四。熾磐聞其死，喜曰：「此虜矯矯，所謂有豕白蹢也。」有子四人，世子拾虔嗣。其後世嗣不絕。

焉耆國

焉耆國西去洛陽八千二百里，其地南至尉犁，北與烏孫接，方四百里。四面有大山，道險隘，百人守之，千人不過。其俗丈夫翦髮，婦人衣襦，著大袴。婚姻同華夏。好貨利，任姦詭。王有侍衞數十人，皆倨慢無尊卑之禮。

武帝太康中，其王龍安遣子入侍。安夫人獪胡之女，姙身十二月，剖脅生子，曰會，立之爲世子。會少而勇傑，安病篤，謂會曰：「我嘗爲龜茲王白山所辱，不忘於心。汝能雪之，乃吾子也。」及會立，襲滅白山，遂據其國，遣子熙歸本國爲王。會有膽氣籌略，遂霸西胡，葱嶺以東莫不率服。然恃勇輕率，嘗出宿於外，爲龜茲國人羅雲所殺。

其後張駿遣沙州刺史楊宣率衆疆理西域，宣以部將張植爲前鋒，所向風靡。軍次其國，熙距戰於賁崙城，爲植所敗。植進屯鐵門，未至十餘里，熙又率衆先要之於遮留谷。植將至，或曰：「漢祖畏於柏人，岑彭死於彭亡，今谷名遮留，殆將有伏？」植單騎嘗之，果有伏發。植馳擊敗之，進據尉犂，熙率羣下四萬人肉袒降於宣。呂光討西域，復降於光。及光僭位，熙又遣子入侍。

龜茲國

龜茲國西去洛陽八千二百八十里，俗有城郭，其城三重，中有佛塔廟千所。人以田種畜牧爲業，男女皆翦髮垂項。王宮壯麗，煥若神居。

武帝太康中，其王遣子入侍。惠懷末，以中國亂，遣使貢方物於張重華。苻堅時，堅遣其將呂光率衆七萬伐之，其王白純距境不降，光進軍討平之。

大宛國

大宛西去洛陽萬三千三百五十里，南至大月氏，北接康居，大小七十餘城。土宜稻麥，有蒲陶酒，多善馬，馬汗血。其人皆深目多鬚。其俗娶婦先以金同心指鐶爲娉，又以三婢試之，不男者絕婚。姦淫有子，皆卑其母。與人馬乘不調墜死者，馬主出斂具。善市賈，爭分銖之利，得中國金銀，輒爲器物，不用爲幣也。

太康六年，武帝遣使楊顥拜其王藍庾爲大宛王。藍庾卒，其子摩之立，遣使貢汗血馬。

康居國

康居國在大宛西北可二千里，與粟弋、伊列鄰接。其王居蘇薤城。風俗及人貌、衣服略同大宛。地和暖，饒桐柳蒲陶，多牛羊，出好馬。泰始中，其王那鼻遣使上封事，幷獻善馬。

大秦國

大秦國一名犂鞬，在西海之西，其地東西南北各數千里。有城邑，其城周迴百餘里。屋宇皆以珊瑚爲棁栭，琉璃爲牆壁，水精爲柱礎。其王有五宮，其宮相去各十里，每旦於一宮聽事，終而復始。若國有災異，輒更立賢人，放其舊王，被放者亦不敢怨。有官曹簿領，而文字習胡，亦有白蓋小車、旌旗之屬，及郵驛制置，一如中州。其人長大，貌類中國人而胡服。其土多出金玉寶物、明珠、大貝，有夜光璧、駭雞犀及火浣布，又能刺金縷繡及織錦縷罽。以金銀爲錢，銀錢十當金錢之一。安息、天竺人與之交市於海中，其利百倍。鄰國使到者，輒稟以金錢。途經大海，海水鹹苦不可食，商客往來皆齎三歲糧，是以至者稀少。

漢時都護班超遣掾甘英使其國，入海，船人曰：「海中有思慕之物，往者莫不悲懷。若漢使不戀父母妻子者，可入。」英不能渡。武帝太康中，其王遣使貢獻。

南蠻 林邑 扶南

林邑國

林邑國本漢時象林縣，則馬援鑄柱之處也，去南海三千里。後漢末，縣功曹姓區，有子曰連，殺令自立爲王，子孫相承。其後王無嗣，外孫范熊代立。熊死，子逸立。其俗皆開北戶以向日，至於居止，或東西無定。人性凶悍，果於戰鬭，便山習水，不閑平地。四時暄暖，無霜無雪，人皆倮露徒跣，以黑色爲美。貴女賤男，同姓爲婚，婦先娉壻。女嫁之時，著迦盤衣，橫幅合縫如井欄，首戴寶花。居喪翦鬢謂之孝，燔尸中野謂之葬。其王服天冠，被纓絡，每聽政，子弟侍臣皆不得近之。

自孫權以來，不朝中國。至武帝太康中，始來貢獻。咸康二年，范逸死，奴文篡位。文，日南西卷縣夷帥范椎奴也。嘗牧牛澗中，獲二鯉魚，化成鐵，用以爲刀。刀成，乃對大石嶂而呪之曰：「鯉魚變化，冶成雙刀，石嶂破者，是有神靈。」進斫之，石卽瓦解。文知其神，乃懷之。隨商賈往來，見上國制度，至林邑，遂教逸作宮室、城邑及器械。逸甚愛信之，使爲將。文乃譖逸諸子，或徙或奔。

及逸死，無嗣，文遂自立爲王。以逸妻妾悉置之高樓，從己者納之，不從者絕其食。於是乃攻大岐界、小岐界、式僕、徐狼、屈都、乾魯、扶單等諸國，幷之，有衆四五萬人。遣使通表入貢於帝，其書皆胡字。至永和三年，文率其衆攻陷日南，害太守夏侯覽，殺五六千人，餘奔九眞，以覽尸祭天，鏟平西卷縣城，遂據日南。告交州刺史朱蕃，求以日南北鄙橫山爲界。

初，徼外諸國嘗齎寶物自海路來貿貨，而交州刺史、日南太守多貪利侵侮，十折二三。至刺史姜壯時，使韓戢領日南太守，戢估較太半，又伐船調枹，聲云征伐，由是諸國恚憤。且林邑少田，貪日南之地，戢死絕，〔九〕繼以謝擢，侵刻如初。及覽至郡，又耽荒於酒，政教愈亂，故被破滅。

既而文還林邑。是歲，朱蕃使督護劉雄戍於日南，文復攻陷之。四年，文又襲九眞，害士庶十八九。明年，征西督護滕畯率交廣之兵伐文於盧容，爲文所敗，退次九眞。其年，文死，子佛嗣。

升平末，廣州刺史滕含率衆伐之，佛懼，請降，含與盟而還。至孝武帝寧康中，遣使貢獻。至義熙中，每歲又來寇日南、九眞、九德等諸郡，殺傷甚衆，交州遂致虛弱，而林邑亦用疲弊。

佛死，子胡達立，上疏貢金盤椀及金鉦等物。

扶南國

扶南西去林邑三千餘里，在海大灣中，其境廣袤三千里，有城邑宮室。人皆醜黑拳髮，倮身跣行。性質直，不爲寇盜，以耕種爲務，一歲種，三歲穫。又好雕文刻鏤，食器多以銀爲之，貢賦以金銀珠香。亦有書記府庫，文字有類於胡。喪葬婚姻略同林邑。

其王本是女子，字葉柳。時有外國人混潰者，先事神，夢神賜之弓，又敎載舶入海。混潰旦詣神祠，得弓，遂隨賈人汎海至扶南外邑。葉柳率衆禦之，混潰舉弓，葉柳懼，遂降之。於是混潰納以爲妻，而據其國。後胤衰微，子孫不紹，其將范尋復世王扶南矣。

武帝泰始初，遣使貢獻。太康中，又頻來。穆帝升平初，復有竺旃檀稱王，遣使貢馴象。帝以殊方異獸，恐爲人患，詔還之。

北狄

匈奴

匈奴之類，總謂之北狄。匈奴地南接燕趙，北暨沙漠，東連九夷，西距六戎。世世自相君臣，不稟中國正朔。夏曰薰鬻，殷曰鬼方，周曰獫狁，漢曰匈奴。其强弱盛衰、風俗好尚、區域所在，皆列於前史。

前漢末，匈奴大亂，五單于爭立，而呼韓邪單于失其國，攜率部落，入臣於漢。漢嘉其意，割幷州北界以安之。於是匈奴五千餘落入居朔方諸郡，與漢人雜處。呼韓邪感漢恩，來朝，漢因留之，賜其邸舍，猶因本號，聽稱單于，歲給緜絹錢穀，有如列侯。子孫傳襲，歷代不絕。其部落隨所居郡縣，使宰牧之，與編戶大同，而不輸貢賦。多歷年所，戶口漸滋，彌漫北朔，轉難禁制。後漢末，天下騷動，羣臣競言胡人猥多，懼必爲寇，宜先爲其防。建安中，魏武帝始分其衆爲五部，部立其中貴者爲帥，選漢人爲司馬以監督之。魏末，復改帥爲都尉。其左部都尉所統可萬餘落，居於太原故茲氏縣；右部都尉可六千餘落，居祁縣；南部都尉可三千餘落，居蒲子縣；北部都尉可四千餘落，居新興縣；中部都尉可六千餘落，居大陵縣。〔一〇〕

武帝踐阼後，塞外匈奴大水，塞泥、黑難等二萬餘落歸化，帝復納之，使居河西故宜陽城下。後復與晉人雜居，由是平陽、西河、太原、新興、上黨、樂平諸郡靡不有焉。泰始七年，單于猛叛，屯孔邪城。武帝遣婁侯何楨持節討之。楨素有志略，以猛衆凶悍，非少兵所制，乃潛誘猛左部督李恪殺猛，於是匈奴震服，積年不敢復反。其後稍因忿恨，殺害長史，〔二〕漸爲邊患。侍御史西河郭欽上疏曰：「戎狄强獷，歷古爲患。魏初人寡，西北諸郡皆爲戎居。今雖服從，若百年之後有風塵之警，胡騎自平陽、上黨不三日而至孟津，北地、西河、太原、馮翊、安定、上郡盡爲狄庭矣。宜及平吳之威，謀臣猛將之略，出北地、西河、安定，復上郡，實馮翊，於平陽已北諸縣募取死罪，徙三河、三魏見士四萬家以充之。裔不亂華，漸徙平陽、弘農、魏郡、京兆、上黨雜胡，峻四夷出入之防，明先王荒服之制，萬世之長策也。」帝不納。至太康五年，復有匈奴胡太阿厚率其部落二萬九千三百人歸化。七年，又有匈奴胡都大博及萎莎胡等各率種類大小凡十萬餘口，詣雍州刺史扶風王駿降附。明年，匈奴都督大豆得一育鞠等復率種落大小萬一千五百口，牛二萬二千頭，羊十萬五千口，車廬什物不可勝紀，來降，幷貢其方物，帝並撫納之。

北狄以部落爲類，其入居塞者有屠各種、鮮支種、寇頭種、烏譚種、赤勒種、捍蛭種、黑狼種、赤沙種、鬱鞞種、萎莎種、禿童種、勃蔑種、羌渠種、賀賴種、鍾跂種、大樓種、雍屈種、眞樹種、力羯種，凡十九種，皆有部落，不相雜錯。屠各最豪貴，故得爲單于，統領諸種。其國號有左賢王、右賢王、左奕蠡王、右奕蠡王、左於陸王、右於陸王、左漸尙王、右漸尙王、左朔方王、右朔方王、左獨鹿王、右獨鹿王、左顯祿王、右顯祿王、左安樂王、右安樂王，凡十六等，皆用單于親子弟也。其左賢王最貴，唯太子得居之。其四姓，有呼延氏、卜氏、蘭氏、喬氏。而呼延氏最貴，則有左日逐、右日逐，世爲輔相；卜氏則有左沮渠、右沮渠；蘭氏則有左當戶、右當戶；喬氏則有左都侯、右都侯。又有車陽、沮渠、餘地諸雜號，猶中國百官也。其國人有綦毋氏、勒氏，皆勇健，好反叛。武帝時，有騎督綦毋俔邪伐吳有功，遷赤沙都尉。惠帝元康中，匈奴郝散攻上黨，殺長吏，入守上郡。明年，散弟度元又率馮翊、北地羌胡攻破二郡。自此已後，北狄漸盛，中原亂矣。

史臣曰：夫宵形稟氣，是稱萬物之靈；繫土隨方，迺有羣分之異。蹈仁義者爲中寓，肆凶獷者爲外夷，譬諸草木，區以別矣。夷狄之徒，名教所絕，闚邊候隙，自古爲患，稽諸前史，憑陵匪一。軒皇北逐，唐帝南征，殷后東戡，周王西狩，皆所以禦其侵亂也。嬴劉之際，匈奴最强；元成之間，呼韓委質，漢嘉其節，處之中壤。歷年斯永，種類逾繁，舛號殊名，不可勝載。爰及泰始，匪革前迷，廣闢塞垣，更招種落，納萎莎之後附，開育鞠之新降，接帳連韝，充郊掩甸。既而沸脣成俗，鳴鏑爲羣，振鴞響而挻災，恣狼心而逞暴。何楨縱策，弗沮於姦萌；郭欽馳疏，無救於妖漸。未環星紀，坐傾都邑，黎元塗地，凶族滔天。迹其所由，抑武皇之失也。吐谷渾分緒僞燕，遠辭正嫡，率東胡之餘衆，掩西羌之舊宇，網疏政暇，地廣兵全，廓萬里之基，貽一匡之訓，弗忘忠義，良可嘉焉。吐延夙標宏偉，見方於項籍，始遵朝化，遽夭於姜聰，高節不羣，亦殊藩之秀也。葉延至孝，寄新哀於射草；辟奚深友，邁古烈於分荆；視連蒸蒸，光奉先之義；視羆矯矯，蘊經時之略；洛干童幼，早擅英規，未騁雄心，先摧凶手，奉順者必敗，豈天亡晉乎！且渾廆連枝，生自邊極，各謀孫而翼子，咸革裔而希華。廆胤姦凶，假鳳圖而竊號；渾嗣忠謹，距龍涸而歸誠。懷姦者數世而亡，資忠者累葉彌劭，積善餘慶，斯言信矣。

贊曰：逖矣前王，區別羣方。叛由德弛，朝因化昌。武后升圖，智昧遷胡。遽淪家國，多謝明謨。谷渾英奮，思矯積運；克昌其緒，實資忠訓。

校勘記

〔一〕依羅遣詣龕　御覽七八一引「遣」下有「使」字。

〔二〕督郵　周校：當照慕容廆載記作「督護」。按：通鑑八一亦作「督護」。

〔三〕咸寧三年復來　斠注：咸寧建元在太康、太熙之前，本傳先後互倒。

〔四〕至武帝元康初復來貢獻　斠注：武紀獻楛矢石砮在咸寧五年。「元康」爲惠帝年號，大誤。按：咸寧五年十二月使來，翌年春卽改元太康，疑「元康」爲「太康」之誤。

〔五〕乖別甚易　「易」，各本均作「異」，但宋書、魏書、通典、北史、通志一九五均作「易」，今據改。

〔六〕視羆　「羆」，各本均作「熊」，今據下文及魏書、北史吐谷渾傳改。

〔七〕胡國　斠注：通鑑作「胡園」。

〔八〕乞伏熾磐　「磐」，各本均作「盤」，唯殿本作「磐」，今從殿本，以歸一致。

〔九〕戰死絕　「絕」字疑衍。冊府一〇〇〇引無。

〔一〇〕居大陵縣　「大」，各本作「太」，據地理志上、劉元海載記改「大」。

〔一一〕殺害長史　周校：「長吏」誤「長史」。

晉書卷九十八

列傳第六十八

王敦 沈充

王敦字處仲，司徒導之從父兄也。父基，治書侍御史。敦少有奇人之目，尚武帝女襄城公主，拜駙馬都尉，除太子舍人。時王愷、石崇以豪侈相尚，愷嘗置酒，敦與導俱在坐，有女伎吹笛小失聲韵，愷便敺殺之，一坐改容，敦神色自若。他日，又造愷，愷使美人行酒，以客飲不盡，輒殺之。酒至敦、導所，敦故不肯持，美人悲懼失色，而敦慠然不視。導素不能飲，恐行酒者得罪，遂勉强盡觴。導還，歎曰：「處仲若當世，心懷剛忍，非令終也。」洗馬潘滔見敦而目之曰：「處仲蜂目已露，但豺聲未振，若不噬人，亦當爲人所噬。」及太子遷許昌，詔東宮官屬不得送。敦及洗馬江統、潘滔，舍人杜蕤、魯瑤等，冒禁於路側望拜流涕，時論稱之。遷給事黃門侍郎。

趙王倫篡位，敦叔父彥爲兗州刺史，倫遣敦慰勞之。會諸王起義兵，彥被齊王冏檄，懼倫兵强，不敢應命，敦勸彥起兵應諸王，故彥遂立勳績。惠帝反正，敦遷散騎常侍、左衞將軍、大鴻臚、侍中，出除廣武將軍、青州刺史。

永嘉初，徵爲中書監。于時天下大亂，敦悉以公主時侍婢百餘人配給將士，金銀寶物散之於衆，單車還洛。東海王越自滎陽來朝，敦謂所親曰：「今威權悉在太傅，而選用表請，尙書猶以舊制裁之，太傅今至，必有誅罰。」俄而越收中書令繆播等十餘人殺之。越以敦爲揚州刺史，潘滔說越曰：「今樹處仲於江外，使其肆豪强之心，是見賊也。」越不從。

其後徵拜尙書，不就。元帝召爲安東軍諮祭酒。會揚州刺史劉陶卒，帝復以敦爲揚州刺史，加廣武將軍。尋進左將軍、都督征討諸軍事、假節。帝初鎭江東，威名未著，敦與從弟導等同心翼戴，以隆中興，時人爲之語曰：「王與馬，共天下。」尋與甘卓等討江州刺史華軼，斬之。

蜀賊杜弢作亂，荆州刺史周顗退走，敦遣武昌太守陶侃、豫章太守周訪等討弢，而敦進住豫章，爲諸軍繼援。及侃破弢，敦上侃爲荆州刺史。既而侃爲弢將杜曾所敗，敦以處分失所，自貶爲廣武將軍，帝不許。侃之滅弢也，敦以元帥進鎭東大將軍、開府儀同三司，加都督江揚荆湘交廣六州諸軍事、江州刺史，封漢安侯。敦始自選置，兼統州郡焉。頃之，杜弢將杜弘南走廣州，求討桂林賊自效，敦許之。陶侃距弘不得進，乃詣零陵太守尹奉降，奉送弘與敦，敦以爲將，遂見寵待。南康人何欽所居嶮固，聚黨數千人，敦就加四品將軍，於是專擅之迹漸彰矣。

建武初，又遷征南大將軍，開府如故。中興建，拜侍中、大將軍、江州牧。遣部將朱軌、趙誘伐杜曾，爲曾所殺，敦自貶，免侍中，并辭牧不拜。尋加荆州牧，敦上疏曰：

昔漢祖以神武革命，開建帝業，繼以文帝之賢，纂承洪緒，清虛玄默，擬跡成康。賈誼歎息，以爲天下倒懸，雖言有抑揚，不失事體。今聖朝肇建，漸振宏綱，往段匹磾遣使求效忠節，尚未有勞，便以方州與之。今靳明等爲國雪恥，欲除大逆，此之志望，皆欲附翼天飛。雖功大宜報，亦宜有以裁之，當杜漸防萌，慎之在始。中間不逞，互生事變，皆非忠義，率以一朝之榮。天下漸弊，實由於此。春秋之時，天子微弱，諸侯奢侈，晉文思崇周室，至有求隧之請，襄王讓之以禮，聞義而服，自爾諸侯莫敢越度。臣謂前者賊寇未殄，苟以濟事，朝廷諸所加授，頗多爵位兼重。今自臣以下，宜皆除之，且以塞羣小矜功之望，夷狄無厭之求。若復遷延，顧望流俗，使姦狡生心，遂相怨謗，指擿朝廷，讒謏蜂起，臣有以知陛下無以正之。此安危之機，天下之望。

臣門戶特受榮任，備兼權重，渥恩偏隆，寵過公族。行路厮賤猶謂不可，臣獨何心可以安之。臣一宗誤陛下，傾覆亦將尋至；雖復灰身剖心，陛下追悔將何所及！伏願諒臣至款，及今際會，小解散之，並授賢儁，少慰有識，各得盡其所懷，則人思競勸矣。州牧之號，所不敢當，輒送所假侍中貂蟬。又宜幷官省職，以塞羣小覬覦之望。

帝優詔不許。又固辭州牧，聽爲刺史。

時劉隗用事，頗疏間王氏，導等甚不平之。敦上疏曰：

導昔蒙殊寵，委以事機，虛己求賢，竭誠奉國，遂藉恩私，居輔政之重。帝王體遠，事義不同，雖皇極初建，道教方闡，惟新之美，猶有所闕。臣每慷慨於遐遠，愧憤於門宗，是以前後表疏，何嘗不寄言及此。陛下未能少垂顧眄，暢臣微懷，云導頃見疏外，所陳如昨，而其萌已著，其爲咎責，豈惟導身而已。羣從所蒙，並過才分。導誠不能自量，陛下亦愛忘其短。常人近情，恃恩昧進，獨犯龍鱗，迷不自了。臣竊所自憂慮，未詳所由，惶愧踧踖，情如灰土。天下事大，盡理實難，導雖凡近，未有穢濁之累；既往之勳，疇昔之顧，情好綢繆，足以厲薄俗，明君臣，合德義，同古賢。昔臣親受嘉命，云：「吾與卿及茂弘當管鮑之交。」臣忝外任，漸冉十載，訓誘之誨，日有所忘；至於斯命，銘之於心，竊猶眷眷，謂前恩不得一朝而盡。

伏惟陛下聖哲日新，廣延俊乂，臨之以政，齊之以禮。頃者令導內綜機密，出錄尚書，杖節京都，并統六軍，既爲刺史，兼居重號，殊非人臣之體。流俗好評，必有譏謗，宜省錄尚書、杖節及都督。且王佐之器，當得宏達遠識、高正明斷、道德優備者，以臣闇識，未見其才。然於見人，未踰于導，加輔翼積年，實盡心力。霸王之主，何嘗不任賢使能，共相終始！管仲有三歸反坫之譏，子犯有臨河要君之責，蕭何、周勃得罪囹圄，然終爲良佐。以導之才，何能無失！當令任不過分，役其所長，以功補過，要之將來。導性慎密，尤能忍事，善於斟酌，有文章才義，動靜顧問，起予聖懷，外無過寵，公私得所。今皇祚肇建，八表承風，聖恩不終，則遐邇失望。天下荒弊，人心易動，物聽一移，將致疑惑。臣非敢苟私親親，惟欲忠於社稷。

表至，導封以還敦，敦復遣奏之。

初，敦務自矯厲，雅尚清談，口不言財色。既素有重名，又立大功於江左，專任閫外，手控强兵，羣從貴顯，威權莫貳，遂欲專制朝廷，有問鼎之心。帝畏而惡之，遂引劉隗、刁協等以爲心膂。敦益不能平，於是嫌隙始構矣。每酒後輒詠魏武帝樂府歌曰：「老驥伏櫪，志在千里。烈士暮年，壯心不已。」以如意打唾壺爲節，壺邊盡缺。及湘州刺史甘卓遷梁州，敦欲以從事中郎陳頒代卓，帝不從，更以譙王承鎭湘州。敦復上表陳古今忠臣見疑於君，而蒼蠅之人交構其間，欲以感動天子。帝愈忌憚之。俄加敦羽葆鼓吹，增從事中郎、掾屬、舍人各二人。帝以劉隗爲鎭北將軍，戴若思爲征西將軍，悉發揚州奴爲兵，外以討胡，實禦敦也。永昌元年，敦率衆內向，以誅隗爲名，上疏曰：

劉隗前在門下，邪佞諂媚，譖毁忠良，疑惑聖聽，遂居權寵，撓亂天機，威福自由，有識杜口。大起事役，勞擾士庶；外託舉義，內自封植；奢僭過制，乃以黄散爲參軍，晉魏已來，未有此比。傾盡帑藏，以自資奉；賦役不均，百姓嗟怨；免良人奴，自爲惠澤。自可使其大田以充倉廩，今便割配，皆充隗軍。臣前求迎諸將妻息，聖恩聽許，而隗絕之，使三軍之士莫不怨憤。又徐州流人辛苦經載，家計始立，隗悉驅逼，以實己府。當陛下踐阼之始，投刺王官，本以非常之慶使豫蒙榮分。而更充征役，復依舊名，普取出客，從來久遠，經涉年載，或死亡滅絕，或自贖得免，或見放遣，或父兄時事身所不及，有所不得，輒罪本主，百姓哀憤，怨聲盈路。身欲北渡，以遠朝廷爲名，而密知機要，潛行險慝，進人退士，高下任心，姦狡饕餮，未有隗比，雖無忌、宰嚭、弘恭、石顯未足爲喻。是以遐邇憤慨，羣后失望。

臣備位宰輔，與國存亡，誠乏平勃濟時之略，然自忘駑駘，志存社稷，豈忍坐視成敗，以虧聖美。事不獲已，今輒進軍，同討姦孽，願陛下深垂省察，速斬隗首，則衆望厭服，皇祚復隆。隗首朝懸，諸軍夕退。昔太甲不能遵明湯典，顛覆厥度，幸納伊尹之勳，殷道復昌。漢武雄略，亦惑江充讒佞邪說，至乃父子相屠，流血丹地，終能克悟，不失大綱。今日之事，有踰於此，願陛下深垂三思，諮詢善道，則四海乂安，社稷永固矣。

又曰：

陛下昔鎮揚州，虛心下士，優賢任能，寬以得衆，故君子盡心，小人畢力。臣以闇蔽，豫奉徽猷，是以遐邇望風，有識自竭，王業遂隆，惟新克建，四海延頸，咸望太平。自從信隗已來，刑罰不中，街談巷議，皆云如吳之將亡。聞之惶惑，精魂飛散，不覺胸臆摧破，泣血橫流。陛下當全祖宗之業，存神器之重，察臣前後所啓，奈何棄忽忠言，遂信姦佞，誰不痛心！願出臣表，諮之朝臣，介石之幾，不俟終日，令諸軍早還，不至虛擾。

敦黨吳興人沈充起兵應敦。敦至蕪湖，又上表罪狀刁協。帝大怒，下詔曰：「王敦憑恃寵靈，敢肆狂逆，方朕太甲，欲見幽囚。是可忍也，孰不可忍也！今親率六軍，以誅大逆，有殺敦者，封五千戶侯。」召戴若思、劉隗並會京師。敦兄含時爲光祿勳，叛奔於敦。

敦至石頭，欲攻劉隗，其將杜弘曰：「劉隗死士衆多，未易可克，不如攻石頭。周札少恩，兵不爲用，攻之必敗。札敗，則隗自走。」敦從之。札果開城門納弘。諸將與敦戰，王師敗績。既入石頭，擁兵不朝，放肆兵士劫掠內外。官省奔散，惟有侍中二人侍帝。帝脫戎衣，著朝服，顧而言曰：「欲得我處，但當早道，我自還琅邪，何至困百姓如此！」敦收周顗、戴若思害之。以敦爲丞相、江州牧，進爵武昌郡公，邑萬戶，使太常荀崧就拜，又加羽葆鼓吹，並僞讓不受。還屯武昌，多害忠良，寵樹親戚，以兄含爲衞將軍、都督沔南軍事、領南蠻校尉、荊州刺史，以義陽太守任愔督河北諸軍事、南中郎將，敦又自督寧、益二州。

及帝崩，太寧元年，敦諷朝廷徵己，明帝乃手詔徵之，語在明帝紀。又使兼太常應詹拜授加黃鉞，班劍武賁二十人，奏事不名，入朝不趨，劍履上殿。敦移鎭姑孰，帝使侍中阮孚齎牛酒犒勞，敦稱疾不見，使主簿受詔。以王導爲司徒，敦自爲揚州牧。

敦既得志，暴慢愈甚，四方貢獻多入己府，將相嶽牧悉出其門。徙含爲征東將軍、都督揚州江西諸軍事，從弟舒爲荊州，彬爲江州，邃爲徐州。含字處弘，凶頑剛暴，時所不齒，以敦貴重，故歷顯位。敦以沈充、錢鳳爲謀主，諸葛瑤、鄧嶽、周撫、李恒、謝雍爲爪牙。充等並凶險驕恣，共相驅扇，殺戮自己；又大起營府，侵人田宅，發掘古墓，剽掠市道，士庶解體，咸知其禍敗焉。敦從弟豫章太守棱日夜切諫，敦怒，陰殺之。敦無子，養含子應。及敦病甚，拜應爲武衞將軍以自副。錢鳳謂敦曰：「脫其不諱，便當以後事付應。」敦曰：「非常之事，豈常人所能！且應年少，安可當大事。我死之後，莫若解衆放兵，歸身朝廷，保全門戶，此計之上也。退還武昌，收兵自守，貢獻不廢，亦中計也。及吾尚存，悉衆而下，萬一僥倖，計之下也。」鳳謂其黨曰：「公之下計，乃上策也。」遂與沈充定謀，須敦死後作難。

敦又忌周札，殺之而盡滅其族。常從督冉曾、公乘雄等爲元帝腹心，敦又害之。以宿衞尙多，奏令三番休二。及敦病篤，詔遣侍中陳晷、散騎常侍虞駿問疾。時帝將討敦，微服至蕪湖，察其營壘，又屢遣大臣訊問其起居。遷含驃騎大將軍、開府儀同三司，含子瑜散騎常侍。

敦以溫嶠爲丹楊尹，欲使覘伺朝廷。嶠至，具言敦逆謀。帝欲討之，知其爲物情所畏服，乃僞言敦死，於是下詔曰：

先帝以聖德應運，創業江東，司徒導首居心膂，以道翼讚。故大將軍敦參處股肱，或內或外，夾輔之勳，與有力焉。階緣際會，遂據上宰，杖節專征，委以五州。刁協、劉隗立朝不允，敦抗義致討，情希鷙拳，兵雖犯順，猶嘉乃誠，禮秩優崇，人臣無貳。事解之後，劫掠城邑，放恣兵人，侵及宮省；背違赦信，誅戮大臣；縱凶極逆，不朝而退。六合阻心，人情同憤。先帝含垢忍恥，容而不責，委任如舊，禮秩有加。朕以不天，尋丁酷罰，煢煢在疚，哀悼靡寄。而敦曾無臣子追遠之誠，又無輔孤同獎之操，繕甲聚兵，盛夏來至，輒以天官假授私屬，將以威脅朝廷，傾危宗社。朕愍其狂戾，冀其覺悟，故且含隱以觀其終。而敦矜其不義之强，有侮弱朝廷之志，棄親用羈，背賢任惡。錢鳳豎子，專爲謀主，逞其凶慝，誣罔忠良。周嵩亮直，讜言致禍；周札、周莚累世忠義，聽受讒構，殘夷其宗。秦人之酷，刑不過五。敦之誅戮，傍濫無辜，滅人之族，莫知其罪。天下駭心，道路以目。神怒人怨，篤疾所嬰，昏荒悖逆，日以滋甚，輒立兄息以自承代，多樹私黨，莫非同惡，〔一〕未有宰相繼體而不由王命者也。頑凶相獎，無所顧忌，擅錄冶工，輒割運漕，志騁凶醜，以闚神器。社稷之危，匪夕則旦。天不長姦，敦以隕斃。鳳承凶宄，彌復煽逆。是可忍也，孰不可忍也！

今遣司徒導，鎮南將軍、丹楊尹嶠，建威將軍趙胤武旅三萬，十道並進；平西將軍邃率兗州刺史遐、奮武將軍峻、奮威將軍瞻精銳三萬，水陸齊勢；朕親御六軍，左衞將軍亮，右衞將軍胤，護軍將軍詹，領軍將軍瞻，中軍將軍壼，驍騎將軍艾，驃騎將軍、南頓王宗，鎮軍將軍、汝南王祐，太宰、西陽王羕被練三千，組甲三萬，總統諸軍，討鳳之罪。罪止一人，朕不濫刑。有能殺鳳送首，封五千戶侯，賞布五千匹。

冠軍將軍鄧嶽志氣平厚，識經邪正；前將軍周撫質性詳簡，義誠素著；功臣之胄，情義兼常，往年從敦，情節不展，畏逼首領，不得相違，論其乃心，無貳王室，朕嘉其誠，方任之以事。其餘文武，諸爲敦所授用者，一無所問，刺史二千石不得輒離所職。書到奉承，自求多福，無或猜嫌，以取誅滅。敦之將士，從敦彌年，怨曠日久，或父母隕沒，或妻子喪亡，不得奔赴，銜哀從役，朕甚愍之，希不悽愴。其單丁在軍無有兼重者，皆遣歸家，終身不調，其餘皆與假三年，休訖還臺，當與宿衞同例三番。明承詔書，朕不負信。

又詔曰：「敢有捦王敦姓名而稱大將軍者，軍法從事。」

敦病轉篤，不能御衆，使錢鳳、鄧嶽、周撫等率衆三萬向京師。含謂敦曰：「此家事，吾便當行。」於是以含爲元帥。鳳等問敦曰：「事克之日，天子云何？」敦曰：「尚未南郊，何得稱天子！便盡卿兵勢，保護東海王及裴妃而已。」乃上疏罪狀溫嶠，以誅姦臣爲名。

含至江寧，司徒導遺含書曰：

近承大將軍困篤緜緜，或云已有不諱，悲怛之情，不能自勝。尋知錢鳳大嚴，欲肆姦逆，朝士忿憤，莫不扼腕。去月二十三日，得征北告，劉遐、陶瞻、蘇峻等深懷憂慮，不謀同辭。都邑大小及二宮宿衞咸懼有往年之掠，不復保其妻孥，是以聖主發赫斯之命，具如檄旨。近有嘉詔，崇兄八命，望兄奬羣賢忠義之心，抑姦細不逞之計，當還武昌，盡力藩任。卒奉來告，乃承與犬羊俱下，雖當逼迫，猶以罔然。兄立身率素，見信明於門宗，年踰耳順，位極人臣，仲玉、安期亦不足作佳少年，本來門戶，良可惜也！

兄之此舉，謂可得如大將軍昔年之事乎？昔年佞臣亂朝，人懷不寧，如導之徒，心思外濟。今則不然。大將軍來屯于湖，漸失人心，君子危怖，百姓勞弊。將終之日，委重安期，安期斷乳未幾日，又乏時望，〔二〕便可襲宰相之迹邪？自開闢以來，頗有宰相孺子者不？諸有耳者皆是將禪代意，〔三〕非人臣之事也。先帝中興，遺愛在人。聖主聰明，德洽朝野，思與賢哲弘濟艱難。不北面而執臣節，乃私相樹建，肆行威福，凡在人臣，誰不憤歎！此直錢鳳不良之心聞於遠近，自知無地，遂唱姦逆。至如鄧伯山、周道和恒有好情，往來人士咸皆明之，方欲委任，與共戮力，非徒無慮而已也。

導門戶小大受國厚恩，兄弟顯寵，可謂隆矣。導雖不武，情在寧國。今日之事，明目張膽爲六軍之首，寧忠臣而死，不無賴而生矣。但恨大將軍桓文之勳不遂，而兄一旦爲逆節之臣，負先人平素之志，既沒之日，何顏見諸父於黃泉，謁先帝於地下邪？執省來告，爲兄羞之，且悲且慚。願速建大計，惟取錢鳳一人，使天下獲安，家國有福，故是竹素之事，非惟免禍而已。

夫福如反手，用之卽是。導所統六軍，石頭萬五千人，宮內後苑二萬人，護軍屯金城六千人，劉遐已至，征北昨已濟江萬五千人。以天子之威，文武畢力，豈可當乎！事猶可追，兄早思之。大兵一奮，導以爲灼炟也。

含不答。

帝遣中軍司馬曹渾等擊含于越城，含軍敗，敦聞，怒曰：「我兄老婢耳，門戶衰矣！兄弟才兼文武者，世將、處季皆早死，今世事去矣。」語參軍呂寶曰：「我當力行。」因作勢而起，困乏復臥。

鳳等至京師，屯于水南。帝親率六軍以禦鳳，頻戰破之。敦謂羊鑒及子應曰：「我亡後，應便即位，先立朝廷百官，然後乃營葬事。」初，敦始病，夢白犬自天而下嚙之，又見刁協乘軺車導從，瞋目令左右執之。俄而敦死，時年五十九。應祕不發喪，裹尸以席，蠟塗其外，埋于廳事中，與諸葛瑤等恒縱酒淫樂。

沈充自吳率衆萬餘人至，與含等合。充司馬顧颺說充曰：「今舉大事，而天子已扼其喉，情離衆沮，鋒摧勢挫，持疑猶豫，必致禍敗。今若決破栅塘，因湖水灌京邑，肆舟艦之勢，極水軍之用，此所謂不戰而屈人之兵，上策也。藉初至之銳，并東南衆軍之力，〔四〕十道俱進，衆寡過倍，理必摧陷，中策也。轉禍爲福，因敗爲成，召錢鳳計事，因斬之以降，下策也。」充不能用，颺逃歸於吳。含復率衆渡淮，蘇峻等逆擊，大敗之，充亦燒營而退。

既而周光斬錢鳳，吳儒斬沈充，並傳首京師。有司議曰：「王敦滔天作逆，有無君之心，宜依崔杼、王淩故事，剖棺戮尸，以彰元惡。」於是發瘞出尸，焚其衣冠，跽而刑之。敦、充首同日懸于南桁，觀者莫不稱慶。敦首既懸，莫敢收葬者。尙書令郗鑒言於帝曰：「昔王莽漆頭以輗車，董卓然腹以照市，王淩儭土，徐馥焚首。前朝誅楊駿等，皆先極官刑，後聽私殯。然春秋許齊襄之葬紀侯，魏武義王修之哭袁譚。由斯言之，王誅加於上，私義行於下。臣以爲可聽私葬，於義爲弘。」詔許之，於是敦家收葬焉。含父子乘單船奔荆州刺史王舒，舒使人沈之于江，餘黨悉平。

敦眉目疏朗，性簡脫，有鑒裁，學通左氏，口不言財利，尤好清談，時人莫知，惟族兄戎異之。經略指麾，千里之外肅然，而麾下擾而不能整。武帝嘗召時賢共言伎藝之事，人人皆有所說，惟敦都無所關，意色殊惡。自言知擊鼓，因振袖揚枹，音節諧韵，神氣自得，傍若無人，舉坐歎其雄爽。石崇以奢豪矜物，廁上常有十餘婢侍列，皆有容色，置甲煎粉、沈香汁，有如廁者，皆易新衣而出。客多羞脫衣，而敦脫故著新，意色無怍。羣婢相謂曰：「此客必能作賊。」又嘗荒恣於色，體爲之弊，左右諫之，敦曰：「此甚易耳。」乃開後閤，驅諸婢妾數十人並放之，時人歎異焉。

沈充字士居。少好兵書，頗以雄豪聞於鄉里。敦引爲參軍，充因薦同郡錢鳳。鳳字世儀，敦以爲鎧曹參軍，數得進見。知敦有不臣之心，因進邪說，遂相朋構，專弄威權，言成禍福。遭父喪，外託還葬，而密爲敦使，與充交構。

初，敦參軍熊甫見敦委任鳳，將有異圖，因酒酣謂敦曰：「開國承家，小人勿用，佞倖在位，鮮不敗業。」敦作色曰：「小人阿誰？」甫無懼容，因此告歸。臨與敦別，因歌曰：「徂風飈起蓋山陵，氛霧蔽日玉石焚。往事既去可長歎，念別惆悵復會難。」敦知其諷己而不納。

明帝將伐敦，遣其鄉人沈禎諭充，〔五〕許以爲司空。充謂禎曰：「三司具瞻之重，豈吾所任！幣厚言甘，古人所畏。且丈夫共事，終始當同，寧可中道改易，人誰容我！」禎曰：「不然。舍忠與順，未有不亡者也。大將軍阻兵不朝，爵賞自己，五尺之童知其異志。今此之舉，將行篡弒耳，豈同於往年乎？是以疆場諸將莫不歸赴本朝，內外之士咸願致死，正以移國易主，義不北面以事之也，奈何協同逆圖，當不義之責乎！朝廷坦誠，禎所知也。〔六〕賊之黨類，猶宥其罪，與之更始，況見機而作邪！」充不納。率兵臨發，謂其妻子曰：「男兒不豎豹尾，終不還也。」及敗歸吳興，亡失道，誤入其故將吳儒家。儒誘充內重壁中，因笑謂充曰：「三千戶侯也。」充曰：「封侯不足貪也。爾以大義存我，我宗族必厚報汝。若必殺我，汝族滅矣。」儒遂殺之。充子勁竟滅吳氏。勁見忠義傳。

史臣曰：琅邪之初鎮建鄴，龍德猶潛，雖當璧膺圖預定於冥兆，豐功厚利未被於黎氓。王敦歷官中朝，威名夙著，作牧淮海，望實逾隆，遂能託魚水之深期，定金蘭之密契，弼成王度，光佐中興，卜世延百二之期，論都創三分之業，此功固不細也。既而負勳高而圖非望，恃勢逼而肆驕陵。釁隙起自刁劉，禍難成於錢沈。興晉陽之甲，纏象魏之兵。蜂目既露，豺聲又發，擅竊國命，殺害忠良，遂欲篡盜乘輿，逼遷龜鼎。賴嗣君英略，晉祚靈長，諸侯釋位，股肱勠力，用能運茲廟算，殄彼凶徒，克固鴻圖，載清天步者矣。

桓溫 孟嘉

桓溫字元子，宣城太守彝之子也。生未朞而太原溫嶠見之，曰：「此兒有奇骨，可試使啼。」及聞其聲，曰：「眞英物也！」彝以嶠所賞，故遂名之曰溫。嶠笑曰：「果爾，後將易吾姓也。」彝爲韓晃所害，涇令江播豫焉。溫時年十五，枕戈泣血，志在復讎。至年十八，會播已終，子彪兄弟三人居喪，置刃杖中，以爲溫備。溫詭稱弔賓，得進，刃彪於廬中，并追二弟殺之，時人稱焉。

溫豪爽有風概，姿貌甚偉，面有七星。少與沛國劉惔善，惔嘗稱之曰：「溫眼如紫石稜，鬚作蝟毛磔，孫仲謀、晉宣王之流亞也。」選尚南康長公主，拜駙馬都尉，襲爵萬寧男，除琅邪太守，累遷徐州刺史。

溫與庾翼友善，恒相期以寧濟之事。翼嘗薦溫於明帝曰：〔七〕「桓溫少有雄略，願陛下勿以常人遇之，常壻畜之，宜委以方召之任，託其弘濟艱難之勳。」翼卒，以溫爲都督荆梁四州諸軍事、安西將軍、荆州刺史、領護南蠻校尉、假節。

時李勢微弱，溫志在立勳于蜀，永和二年，率衆西伐。時康獻太后臨朝，溫將發，上疏而行。朝廷以蜀險遠，而溫兵寡少，深入敵場，甚以爲憂。初，諸葛亮造八陣圖於魚復平沙之上，壘石爲八行，行相去二丈。溫見之，謂「此常山蛇勢也」。文武皆莫能識之。及軍次彭模，乃命參軍周楚、孫盛守輜重，自將步卒直指成都。勢使其叔父福及從兄權等攻彭模，楚等禦之，福退走。溫又擊權等，三戰三捷，賊衆散，自閒道歸成都。勢於是悉衆與溫戰于笮橋，參軍龔護戰沒，衆懼欲退，而鼓吏誤鳴進鼓，於是攻之，勢衆大潰。溫乘勝直進，焚其小城，勢遂夜遁九十里，至晉壽葭萌城，其將鄧嵩、昝堅勸勢降，乃面縛輿櫬請命。溫解縛焚櫬，送于京師。溫停蜀三旬，舉賢旌善，僞尚書僕射王誓、中書監王瑜、〔八〕鎮東將軍鄧定、散騎常侍常璩等，皆蜀之良也，並以爲參軍，百姓咸悅。軍未旋而王誓、鄧定、隗文等反，溫復討平之。振旅還江陵，進位征西大將軍、開府，封臨賀郡公。

及石季龍死，溫欲率衆北征，先上疏求朝廷議水陸之宜，久不報。時知朝廷杖殷浩等以抗己，溫甚忿之，然素知浩，弗之憚也。以國無他釁，遂得相持彌年，雖有君臣之跡，亦相羈縻而已，八州士衆資調，殆不爲國家用。聲言北伐，拜表便行，順流而下，行達武昌，衆四五萬。殷浩慮爲溫所廢，將謀避之，又欲以騶虞幡住溫軍，內外噂喈，人情震駭。簡文帝時爲撫軍，與溫書明社稷大計，疑惑所由。溫卽迴軍還鎭，上疏曰：

臣近親率所統，欲北掃趙魏，軍次武昌，獲撫軍大將軍、會稽王昱書，說風塵紛紜，妄生疑惑，辭旨危急，憂及社稷。省之惋愕，不解所由，形影相顧，隕越無地。臣以闇蔽，忝荷重任，雖才非其人，職在靜亂。寇讎不滅，國恥未雪，幸因開泰之期，遇可乘之會，匹夫有志，猶懷憤慨，臣亦何心，坐觀其弊！故荷戈驅馳，不遑寧處，前後表陳，于今歷年矣。丹誠坦然，公私所察，有何纖介，容此嫌忌？豈醜正之徒心懷怵惕，操弄虛說，以惑朝聽？

昔樂毅竭誠，垂涕流奔；霍光盡忠，上官告變。讒說殄行，姦邪亂德，乃歷代之常患，存亡之所由也。今主上富於陽秋，陛下以聖淑臨朝，恭己委任，責成羣下，方寄會通於羣才，布德信於遐荒。況臣世蒙殊恩，服事三朝，身非羈旅之賓，跡無韓彭之釁，而反間起於胸心，交亂過於四國，此古賢所以歎息於既往，而臣亦大懼於當年也。今寇賊冰消，大事垂定，晉之遺黎鵠立南望，赴義之衆慷慨卽路，元凶之命懸在漏刻，而橫議妄生，成此貝錦，使垂滅之賊復獲蘇息，所以痛心絕氣，悲慨彌深。臣雖所存者公，所務者國；然外難未弭，而內弊交興，則臣本心陳力之志也。

進位太尉，固讓不拜。

時殷浩至洛陽修復園陵，經涉數年，屢戰屢敗，器械都盡。溫復進督司州，因朝野之怨，乃奏廢浩，自此內外大權一歸溫矣。溫遂統步騎四萬發江陵，水軍自襄陽入均口，至南鄉，步自淅川以征關中，命梁州刺史司馬勳出子午道。別軍攻上洛，獲苻健荊州刺史郭敬，進擊青泥，破之。健又遣子生、弟雄衆數萬屯嶢柳、愁思堆以距溫，〔九〕遂大戰，生親自陷陣，殺溫將應誕、劉泓，死傷千數。溫軍力戰，生衆乃散。雄又與將軍桓沖戰白鹿原，又爲沖所破。雄遂馳襲司馬勳，勳退次女媧堡。溫進至霸上，健以五千人深溝自固，居人皆安堵復業，持牛酒迎溫於路者十八九，耆老感泣曰：「不圖今日復見官軍！」初，溫恃麥熟，取以爲軍資，而健芟苗清野，軍糧不屬，收三千餘口而還。帝使侍中黃門勞溫于襄陽。

初，溫自以雄姿風氣是宣帝、劉琨之儔，有以其比王敦者，意甚不平。及是征還，於北方得一巧作老婢，訪之，乃琨伎女也，一見溫，便潸然而泣。溫問其故，答曰：「公甚似劉司空。」溫大悅，出外整理衣冠，又呼婢問。婢云：「面甚似，恨薄；〔一〇〕眼甚似，恨小；鬚甚似，恨赤；形甚似，恨短；聲甚似，恨雌。」溫於是褫冠解帶，昏然而睡，不怡者數日。

母孔氏卒，上疏解職，欲送葬宛陵，詔不許。贈臨賀太夫人印綬，謚曰敬，遣侍中弔祭，謁者監護喪事，旬月之中，使者八至，軺軒相望於道。溫葬畢視事，欲修復園陵，移都洛陽，表疏十餘上，不許。進溫征討大都督、督司冀二州諸軍事，委以專征之任。

溫遣督護高武據魯陽，輔國將軍戴施屯河上，勒舟師以逼許洛，以譙梁水道既通，請徐豫兵乘淮泗入河。溫自江陵北伐，行經金城，見少爲琅邪時所種柳皆已十圍，慨然曰：「木猶如此，人何以堪！」攀枝執條，泫然流涕。於是過淮泗，踐北境，與諸僚屬登平乘樓，眺矚中原，慨然曰：「遂使神州陸沈，百年丘墟，王夷甫諸人不得不任其責！」袁宏曰：「運有興廢，豈必諸人之過！」溫作色謂四座曰：「頗聞劉景升有千斤大牛，噉芻豆十倍於常牛，負重致遠，曾不若一羸牸，魏武入荊州，以享軍士。」意以況宏，坐中皆失色。師次伊水，姚襄屯水北，距水而戰。溫結陣而前，親被甲督弟沖及諸將奮擊，襄大敗，自相殺死者數千人，越北芒而西走，追之不及，遂奔平陽。溫屯故太極殿前，徙入金墉城，謁先帝諸陵，陵被侵毀者皆繕復之，兼置陵令。遂旋軍，執降賊周成以歸，遷降人三千餘家於江漢之間。遣西陽太守滕畯出黃城，討蠻賊文盧等，又遣江夏相劉岵、義陽太守胡驥討妖賊李弘，皆破之，傳首京都。溫還軍之後，司、豫、青、兗復陷于賊。升平中，改封南郡公，降臨賀爲縣公，以封其次子濟。

隆和初，寇逼河南，太守戴施出奔，冠軍將軍陳祐告急，溫使竟陵太守鄧遐率三千人助祐，并欲還都洛陽，上疏曰：

巴蜀既平，逆胡消滅，時來之會既至，休泰之慶顯著。而人事乖違，屢喪王略，復使二賊雙起，海內崩裂，河洛蕭條，山陵危逼，所以遐邇悲惶，痛心於既往者也。伏惟陛下稟乾坤自然之姿，挺羲皇玄朗之德，鳳棲外藩，龍飛皇極，時務陵替，備徹天聽，人之情僞，盡知之矣。是以九域宅心，幽遐企踵，思佇雲羅，混網四裔。誠宜遠圖廟算，大存經略，光復舊京，疆理華夏，使惠風陽澤洽被八表，霜威寒飈陵振無外，豈不允應靈休，天人齊契！今江河悠闊，風馬殊邈，故向義之徒覆亡相尋，而建節之士猶繼踵無悔。況辰極既迴，衆星斯仰，本源既運，枝泒自遷；則晉之餘黎欣皇德之攸憑，羣凶妖逆知滅亡之無日，騁思順之心，鼓雷霆之勢，則二豎之命不誅而自絕矣。故員通貴於無滯，明哲尙於應機，砎如石焉，所以成務。若乃海運既徙，而鵬翼不舉，永結根於南垂，廢神州於龍漠，令五尺之童掩口而歎息。

夫先王經始，玄聖宅心，畫爲九州，制爲九服，貴中區而內諸夏，誠以晷度自中，霜露惟均，冠冕萬國，朝宗四海故也。自强胡陵暴，中華蕩覆，狼狽失據，權幸揚越，蠖屈以待龍伸之會，潛蟠以俟風雲之期，蓋屯圮所鍾，非理勝而然也。而喪亂緬邈，五十餘載，先舊徂沒，後來童幼，班荆輟音，積習成俗，遂望絕於本邦，宴安於所託。眷言悼之，不覺悲歎！臣雖庸劣，才不周務，然攝官承乏，屬當重任，願竭筋骨，宣力先鋒，翦除荆棘，驅諸豺狼。自永嘉之亂，播流江表者，請一切北徙，以實河南，資其舊業，反其土宇，勤農桑之務，盡三時之利，導之以義，齊之以禮，使文武兼宣，信順交暢，井邑既修，綱維粗舉。然後陛下建三辰之章，振旂旗之旌，冕旒錫鑾，朝服濟江，則宇宙之內誰不幸甚！

夫人情昧安，難與圖始；非常之事，衆人所疑。伏願陛下決玄照之明，斷常均之外，責臣以興復之效，委臣以終濟之功。此事既就，此功既成，則陛下盛勳比隆前代，周宣之詠復與當年。如其不效，臣之罪也，褰裳赴鑊，其甘如薺。

詔曰：「在昔喪亂，忽涉五紀，戎狄肆暴，繼襲凶跡，眷言西顧，慨歎盈懷！知欲躬率三軍，蕩滌氛穢，廓清中畿，光復舊京，非夫外身殉國，孰能若此者哉！諸所處分，委之高算。但河洛丘墟，所營者廣，經始之勤，致勞懷也。」於是改授并、司、冀三州，以交廣遼遠，罷都督，溫表辭不受。又加侍中、大司馬、都督中外諸軍事、假黃鉞。

溫以既總督內外，不宜在遠，又上疏陳便宜七事：其一，朋黨雷同，私議沸騰，宜抑杜浮競，莫使能植。其二，戶口凋寡，不當漢之一郡，宜并官省職，令久於其事。其三，機務不可停廢，常行文案宜爲限日。其四，宜明長幼之禮，奬忠公之吏。其五，褒貶賞罰，宜允其實。其六，宜述遵前典，敦明學業。其七，宜選建史官，以成晉書。有司皆奏行之。尋加羽葆鼓吹，置左右長史、司馬、從事中郎四人。受鼓吹，餘皆辭。復率舟軍進合肥。加揚州牧、錄尚書事，使侍中顏旄宣旨，召溫入參朝政。溫上疏曰：

方攘除羣凶，掃平禍亂，當竭天下智力，與衆共濟，而朝議咸疑，聖詔彌固，事異本圖，豈敢執遂！至於入參朝政，非所敢聞。臣違離宮省二十餘載，韓韓戎務，役勤思苦，若得解帶逍遙，鳴玉闕廷，參贊無爲之契，豫聞曲成之化，雖實不敏，豈不是願！但顧以江漢艱難，不同曩日，而益梁新平，寧州始服，懸兵漢川，戍禦彌廣，加强蠻盤牙，勢處上流，江湖悠遠，當制命侯伯，自非望實重威，無以鎮御遐外。臣知捨此之艱危，敢背之而無怨，願奮臂投身造事中原者，實恥帝道皇居仄陋於東南，痛神華桑梓遂埋於戎狄。若憑宗廟之靈，則雲徹席卷，呼吸蕩清。如當假息游魂，則臣據河洛，親臨二寇，廣宣皇靈，襟帶秦趙，遠不五載，大事必定。

今臣昱以親賢贊國，光輔二世，卽無煩以臣疏鈍，並間機務。且不有行者，誰扞牧圉？表裏相濟，實深實重。伏願陛下察臣所陳，兼訪內外，乞時還屯，撫寧方隅。

詔不許，復徵溫。溫至赭圻，詔又使尚書車灌止之，溫遂城赭圻，固讓內錄，遙領揚州牧。屬鮮卑攻洛陽，陳祐出奔，簡文帝時輔政，會溫於冽洲，議征討事，溫移鎮姑孰。會哀帝崩，事遂寢。

溫性儉，每讌惟下七奠柈茶果而已。然以雄武專朝，窺覦非望，或臥對親僚曰：「爲爾寂寂，將爲文景所笑。」衆莫敢對。既而撫枕起曰：「既不能流芳後世，不足復遺臭萬載邪！」嘗行經王敦墓，望之曰：「可人，可人！」其心迹若是。時有遠方比丘尼名有道術，於別室浴，溫竊窺之。尼倮身先以刀自破腹，次斷兩足。浴竟出，溫問吉凶，尼云：「公若作天子，亦當如是。」

太和四年，又上疏悉衆北伐。平北將軍郗愔以疾解職，又以溫領平北將軍、徐兗二州刺史，率弟南中郎沖、西中郎袁眞步騎五萬北伐。百官皆於南州祖道，都邑盡傾。軍次湖陸，〔二〕攻慕容暐將慕容忠，獲之，進次金鄉。時亢旱，水道不通，乃鑿鉅野三百餘里以通舟運，自清水入河。暐將慕容垂、傅末波等率衆八萬距溫，戰于林渚。溫擊破之，遂至枋頭。先使袁眞伐譙梁，開石門以通運。眞討譙梁皆平之，而不能開石門，軍糧竭盡。溫焚舟步退，自東燕出倉垣，經陳留，鑿井而飲，行七百餘里。垂以八千騎追之，戰于襄邑，溫軍敗績，死者三萬人。溫甚恥之，歸罪於眞，表廢爲庶人。眞怨溫誣己，據壽陽以自固，潛通苻堅、慕容暐。

帝遣侍中羅含以牛酒犒溫於山陽，使會稽王昱會溫于涂中，詔以溫世子給事熙爲征虜將軍、豫州刺史、假節。及南康公主薨，詔賻布千匹，錢百萬，溫辭不受。又陳息熙三年之孤，且年少未宜使居偏任，詔不許。發州人築廣陵城，移鎮之。時溫行役既久，又兼疾癘，死者十四五，百姓嗟怨。

袁眞病死，其將朱輔立其子瑾以嗣事。慕容暐、苻堅並遣軍援瑾，溫使督護竺瑤、矯陽之等與水軍擊之。時暐軍已至，瑤等與戰於武丘，破之。溫率二萬人自廣陵又至，瑾嬰城固守，溫築長圍守之。苻堅乃使其將王鑒、張蚝等率兵以救瑾，屯洛澗，先遣精騎五千次於肥水北。溫遣桓伊及弟子石虔等逆擊，大破之，瑾衆遂潰，生擒之，幷其宗族數十人及朱輔送於京都而斬之，瑾所侍養乞活數百人悉坑之，以妻子爲賞。溫以功，詔加班劍十人，犒軍於路次，文武論功賞賜各有差。

溫既負其才力，久懷異志，欲先立功河朔，還受九錫。既逢覆敗，名實頓減，於是參軍郗超進廢立之計，溫乃廢帝而立簡文帝。詔溫依諸葛亮故事，甲仗百人入殿，賜錢五千萬，絹二萬匹，布十萬匹。溫多所廢徙，誅庾倩、殷涓、曹秀等。是時溫威勢翕赫，侍中謝安見而遙拜，溫驚曰：「安石，卿何事乃爾！」安曰：「未有君拜於前，臣揖於後。」時溫有腳疾，詔乘輿入朝，既見，欲陳廢立本意，帝便泣下數十行，溫兢懼不得一言而出。

初，元明世，郭璞爲讖曰：「君非無嗣，兄弟代禪。」謂成帝有子，而以國祚傳弟。又曰：「有人姓李，兒專征戰。譬如車軸，脫在一面。」兒者，子也；李去子木存，車去軸爲亘，合成

「桓」字也。又曰：「爾來，爾來，河內大縣。」爾來謂自爾已來爲元始，溫字元子也；故河內大縣，溫也。成康既崩，桓氏始大，故連言之。又曰：「頳子之薨，延我國祚。痛子之隕，皇運其暮。」二子者，元子、道子也。溫志在篡奪，事未成而死，幸之也。會稽王道子雖首亂晉國，而其死亦晉衰之由也，故云痛也。

溫復還白石，上疏求歸姑孰。詔曰：「夫乾坤體合，而化成萬物；二人同心，則不言所利。古之哲王咸賴元輔，姬旦光于四表，而周道以隆；伊尹格于皇天，而殷化以洽。大司馬明德應期，光大深遠，上合天心，含章時發，用集大命，在予一人，功美博陸，道固萬世。今進公丞相，其大司馬本官皆如故，留公京都，以鎮社稷。」溫固辭，仍請還鎮。遣侍中王坦之徵溫入相，增邑爲萬戶，又辭。詔以西府經袁眞事故，軍用不足，給世子熙布三萬匹，米六萬斛，又以熙弟濟爲給事中。

及帝不豫，詔溫曰：「吾遂委篤，足下便入，冀得相見。便來，便來！」於是一日一夜頻有四詔。溫上疏曰：「聖體不和，以經積日，愚心惶恐，無所寄情。夫盛衰常理，過備無害，故漢高枕疾，呂后問相，孝武不豫，霍光啓嗣。嗚噎以問身後，蓋所存者大也。今皇子幼稚，而朝賢時譽惟謝安、王坦之才識智能皆簡在聖鑒。內輔幼君，外禦强寇，實羣情之大懼，然理盡於此。陛下便宜崇授，使羣下知所寄，而安等奉命陳力，公私爲宜。至如臣溫位兼將相，加陛下垂布衣之顧，但朽邁疾病，懼不支久，無所復堪託以後事。」疏未及奏而帝崩，遺詔家國事一稟之於公，如諸葛武侯、王丞相故事。溫初望簡文臨終禪位於己，不爾便爲周公居攝。事既不副所望，故甚憤怨，與弟沖書曰：「遺詔使吾依武侯、王公故事耳。王、謝處大事之際，日憤憤少懷。」

及孝武即位，詔曰：「先帝遺敕云：『事大司馬如事吾。』令答表便可盡敬。」又詔：「大司馬社稷所寄，先帝託以家國，內外衆事便就關公施行。」復遣謝安徵溫入輔，加前部羽葆鼓吹，武賁六十人，溫讓不受。及溫入朝，赴山陵，詔曰：「公勳德尊重，師保朕躬，兼有風患，其無敬。」又敕尚書安等於新亭奉迎，百僚皆拜于道側。當時豫有位望者咸戰慴失色，或云因此殺王、謝，內外懷懼。溫既至，以盧悚入宮，乃收尚書陸始付廷尉，責替慢罪也。於是拜高平陵，左右覺其有異，既登車，謂從者曰：「先帝向遂靈見。」既不述帝所言，故衆莫之知，但見將拜時頻言「臣不敢」而已。又問左右殷涓形狀，答者言肥短，溫云：「向亦見在帝側。」初，殷浩既爲溫所廢死，涓頗有氣尚，遂不詣溫，而與武陵王晞游，故溫疑而害之，竟不識也。及是，亦見涓爲祟，因而遇疾。凡停京師十有四日，歸於姑孰，遂寢疾不起。諷朝廷加己九錫，累相催促。謝安、王坦之聞其病篤，密緩其事。錫文未及成而薨，時年六十二。皇太后與帝臨於朝堂三日，詔賜九命袞冕之服，又朝服一具，衣一襲，東園祕器，錢二百萬，布二千匹，臘五百斤，以供喪事。及葬，一依太宰安平獻王、漢大將軍霍光故事，賜九旒鸞輅，黃屋左纛，轀輬車，挽歌二部，羽葆鼓吹，武賁班劍百人，優册即前南郡公增七千五百戶，進地方三百里，賜錢五千萬，絹二萬匹，布十萬匹，追贈丞相。

初，沖問溫以謝安、王坦之所任，溫曰：「伊等不爲汝所處分。」溫知己存彼不敢異，害之無益於沖，更失時望，所以息謀。

溫六子：熙、濟、歆、〔二〕禕、偉、玄。熙字伯道，初爲世子，後以才弱，使沖領其衆。及溫病，熙與叔祕謀殺沖，沖知之，徙于長沙。濟字仲道，與熙同謀，俱徙長沙。歆字叔道，賜爵臨賀公。禕最愚，不辨菽麥。偉字幼道，平厚篤實，居藩爲士庶所懷。歷使持節、督荆益寧秦梁五州諸軍事、安西將軍、領南蠻校尉、荆州刺史、西昌侯，贈驃騎將軍、開府儀同三司。玄嗣爵，別有傳。

孟嘉字萬年，江夏鄳人，吳司空宗曾孫也。嘉少知名，太尉庾亮領江州，辟部廬陵從事。嘉還都，亮引問風俗得失，對曰：「還傳當問吏。」亮舉麈尾掩口而笑，謂弟翼曰：「孟嘉故是盛德人。」轉勸學從事。褚裒時爲豫章太守，正旦朝亮，裒有器識，亮大會州府人士，嘉坐次甚遠。裒問亮：「聞江州有孟嘉，其人何在？」亮曰：「在坐，卿但自覓。」裒歷觀，指嘉謂亮曰：「此君小異，將無是乎？」亮欣然而笑，喜裒得嘉，奇嘉爲裒所得，乃益器焉。

後爲征西桓溫參軍，溫甚重之。九月九日，溫燕龍山，僚佐畢集。時佐吏並著戎服，有風至，吹嘉帽墮落，嘉不之覺。溫使左右勿言，欲觀其舉止。嘉良久如廁，溫令取還之，命孫盛作文嘲嘉，著嘉坐處。嘉還見，即答之，其文甚美，四坐嗟歎。

嘉好酣飲，愈多不亂。溫問嘉：「酒有何好，而卿嗜之？」嘉曰：「公未得酒中趣耳。」又問：「聽妓，絲不如竹，竹不如肉，何謂也？」嘉答曰：「漸近使之然。」〔一三〕一坐咨嗟。轉從事中郎，遷長史。年五十三卒于家。

史臣曰：桓溫挺雄豪之逸氣，韞文武之奇才，見賞通人，夙標令譽。時既豺狼孔熾，疆埸多虞，受寄扞城，用恢威略，乃踰越險阻，戡定岷峨，獨克之功，有可稱矣。及觀兵洛汭，修復五陵，引旆秦郊，威懷三輔，雖未能梟除凶逆，亦足以宣暢王靈。既而總戎馬之權，居形勝之地，自謂英猷不世，勳績冠時。挾震主之威，蓄無君之志，企景文而慨息，想處仲而思齊，睥睨漢廷，窺覦周鼎。復欲立奇功於趙魏，允歸望於天人；然後步驟前王，憲章虞夏。逮乎石門路阻，襄邑兵摧，懟謀略之乖違，恥師徒之撓敗，遷怒於朝廷，委罪於偏裨，廢主以立威，殺人以逞欲，曾弗知寶命不可以求得，神器不可以力征。豈不悖哉！豈不悖哉！斯實斧鉞之所宜加，人神之所同棄。然猶存極光寵，沒享哀榮，是知朝政之無章，主威之不立也。

贊曰：播越江濆，政弱權分。元子恃力，處仲矜勳。迹旣陵上，志亦無君。罪浮浞豷，心窺舜禹。樹威外略，稱兵內侮。惟身與嗣，竟罹齊斧。

校勘記

〔一〕莫非同惡　「非」，各本作「能」，宋本作「非」，與通志一三〇合，今從之。

〔二〕安期斷乳未幾日又乏時望　「未」，各本作「來」；「乏」，各本作「於」。今從宋本作「未」、作「乏」。

〔三〕皆是將禪代意　通志一三〇「皆」下有「謂」字。

〔四〕并東南衆軍之力　通鑑九三作「并東西衆軍之力」，胡注云：東軍謂沈充軍，西軍謂王含、錢鳳等軍也。按：疑此「南」字誤。

〔五〕沈禎　通鑑九三「禎」作「楨」。

〔六〕禎所知也　「知」，各本作「具」。今從宋本、吳本。

〔七〕翼嘗薦溫於明帝　舉正：「明帝」，翼傳作「成帝」，爲是。按：通鑑九七亦作「成帝」。

〔八〕王瑜　李班、李勢載記作「王嘏」。疑此誤。

〔九〕愁思塠　「塠」，各本作「搥」，今從殿本。載記作「堆」，「堆」「塠」同。

〔一〇〕面甚似恨薄　御覽五〇〇引「面」作「脣」。

〔一一〕湖陸　見卷一四校記。

〔一二〕歆　「歆」，各本作「韵」。斠注：世說政事注引桓氏譜云歆字叔道，溫第三子。「韵」當爲「歆」字之誤。按：桓玄傳亦作「歆」，今據改。

〔一三〕漸近使之然　世說識鑒注引嘉別傳作「漸近自然」。

晉書卷九十九

列傳第六十九

桓玄

桓玄字敬道，一名靈寶，大司馬溫之孽子也。其母馬氏嘗與同輩夜坐，於月下見流星墜銅盆水中，忽如二寸火珠，冏然明淨，競以瓢接取，馬氏得而吞之，若有感，遂有娠。及生玄，有光照室，占者奇之，故小名靈寶。妳媪每抱詣溫，輒易人而後至，云其重兼常兒，溫甚愛異之。臨終，命以爲嗣，襲爵南郡公。

年七歲，溫服終，府州文武辭其叔父沖，沖撫玄頭曰：「此汝家之故吏也。」玄因涕淚覆面，衆並異之。及長，形貌瓌奇，風神疏朗，博綜藝術，善屬文。常負其才地，以雄豪自處，衆咸憚之，朝廷亦疑而未用。年二十三，始拜太子洗馬，時議謂溫有不臣之跡，故折玄兄弟而爲素官。

太元末，出補義興太守，鬱鬱不得志。嘗登高望震澤，歎曰：「父爲九州伯，兒爲五湖長！」棄官歸國。自以元勳之門而負謗於世，乃上疏曰：

臣聞周公大聖而四國流言，樂毅王佐而被謗騎劫，巷伯有豺獸之慨，蘇公興飄風之刺，惡直醜正，何代無之！先臣蒙國殊遇，姻婭皇極，常欲以身報德，投袂乘機，西平巴蜀，北清伊洛，使竊號之寇繫頸北闕，園陵修復，大恥載雪，飲馬灞滻，懸旌趙魏，勤王之師，功非一捷。太和之末，皇基有潛移之懼，遂乃奉順天人，翼登聖朝，明離既朗，四凶兼澄。向使此功不建，此事不成，宗廟之事豈可孰念！昔太甲雖迷，商祚無憂；昌邑雖昏，弊無三孽。因茲而言，晉室之機危於殷漢，先臣之功高於伊霍矣。而負重既往，蒙謗淸時，聖世明王黜陟之道，不聞廢忽顯明之功，探射冥冥之心，啓嫌謗之塗，開邪枉之路者也。先臣勤王艱難之勞，匡復克平之勳，朝廷若其遺之，臣亦不復計也。至於先帝龍飛九五，陛下之所以繼明南面，請問談者，誰之由邪？誰之德邪？豈惟晉室永安，祖宗血食，於陛下一門，實奇功也。

自頃權門日盛，醜政實繁，咸稱述時旨，互相扇附，以臣之兄弟皆晉之罪人，臣等復何理可以苟存聖世？何顏可以尸饗封祿？若陛下忘先臣大造之功，信貝錦萋菲之說，臣等自當奉還三封，受戮市朝，然後下從先臣，歸先帝於玄宮耳。若陛下述遵先旨，追錄舊勳，竊望少垂愷悌覆蓋之恩。

疏寢不報。

玄在荆楚積年，優游無事，荆州刺史殷仲堪甚敬憚之。及中書令王國寶用事，謀削弱方鎭，內外騷動，知王恭有憂國之言，玄潛有意於功業，乃說仲堪曰：「國寶與君諸人素已爲對，唯患相弊之不速耳。今旣執權要，與王緒相爲表裏，其所迴易，罔不如志。孝伯居元舅之地，正情爲朝野所重，必未便動之，唯當以君爲事首。君爲先帝所拔，超居方任，人情未以爲允，咸謂君雖有思致，非方伯人。若發詔徵君爲中書令，用殷顗爲荆州，〔一〕君何以處之？」仲堪曰：「憂之久矣，君謂計將安出？」玄曰：「國寶姦兇，天下所知，孝伯疾惡之情每至而當，今日之會，以理推之，必當過人。君若密遣一人，信說王恭，宜興晉陽之師，以內匡朝廷，已當悉荆楚之衆順流而下，推王爲盟主，僕等亦皆投袂，當此無不響應。此事旣行，桓文之舉也。」仲堪持疑未決。俄而王恭信至，招仲堪及玄匡正朝廷。國寶旣死，於是兵罷。玄乃求爲廣州，會稽王道子亦憚之，不欲使在荆楚，故順其意。

隆安初，詔以玄督交廣二州、建威將軍、平越中郎將、廣州刺史、假節，玄受命不行。其年，王恭又與庾楷起兵討江州刺史王愉及譙王尙之兄弟。玄、仲堪謂恭事必克捷，一時響應。仲堪給玄五千人，與楊佺期俱爲前鋒。軍至湓口，王愉奔於臨川，玄遣偏將軍追獲之。

玄、佺期至石頭，仲堪至蕪湖。恭將劉牢之背恭歸順。恭既死，庾楷戰敗，奔於玄軍。既而詔以玄爲江州，仲堪等皆被換易，乃各迴舟西還，屯於尋陽，共相結約，推玄爲盟主。玄始得志，乃連名上疏申理王恭，求誅尙之、牢之等。朝廷深憚之，乃免桓脩，復仲堪以相和解。

初，玄在荆州豪縱，士庶憚之，甚於州牧。仲堪親黨勸殺之，仲堪不聽。及還尋陽，資其聲地，故推爲盟主，玄逾自矜重。佺期爲人驕悍，常自謂承藉華胄，江表莫比，而玄每以寒士裁之，佺期甚憾，即欲於壇所襲玄　仲堪惡佺期兄弟虓勇，恐克玄之後復爲己害，苦禁之。於是各奉詔還鎭。玄亦知佺期有異謀，潛有呑幷之計，於是屯於夏口。

隆安中，詔加玄都督荆州四郡，以兄偉爲輔國將軍、南蠻校尉。仲堪慮玄跋扈，遂與佺期結婚爲援。初，玄既與仲堪、佺期有隙，恒慮掩襲，求廣其所統。朝廷亦欲成其釁隙，故分佺期所督四郡與玄，佺期甚忿懼。會姚興侵洛陽，佺期乃建牙，聲云援洛，密欲與仲堪共襲玄。仲堪雖外結佺期而疑其心，距而不許，猶慮弗能禁，復遣從弟遹屯於北境以遏佺期。佺期既不能獨舉，且不測仲堪本意，遂息甲。南蠻校尉楊廣，佺期之兄也，欲距桓偉，仲堪不聽，乃出廣爲宜都、建平二郡太守，加征虜將軍。佺期弟孜敬先爲江夏相，玄以兵襲而召之。既至，以爲諮議參軍。玄於是興軍西征，亦聲云救洛，與仲堪書，說佺期受國恩而棄山陵，宜共罪之。今親率戎旅，逕造金墉，使仲堪收楊廣，如其不爾，無以相信。仲堪本計欲兩全之，既得玄書，知不能禁，乃曰：「君自沔而行，不得一人入江也。」玄乃止。

後荆州大水，仲堪振恤飢者，倉廩空竭。玄乘其虛而伐之，先遣軍襲巴陵。梁州刺史郭銓當之所鎮，路經夏口，玄聲云朝廷遣銓爲己前鋒，〔三〕乃授以江夏之衆，使督諸軍並進，密報兄偉令爲內應。偉遑遽不知所爲，乃自齎疏示仲堪。仲堪執偉爲質，令與玄書，辭甚苦至。玄曰：「仲堪爲人不能專決，常懷成敗之計，爲兒子作慮，我兄必無憂矣。」

玄既至巴陵，仲堪遣衆距之，爲玄所敗。玄進至楊口，又敗仲堪弟子道護，乘勝至零口，去江陵二十里，仲堪遣軍數道距之。佺期自襄陽來赴，與兄廣共擊玄，玄懼其銳，乃退軍馬頭。佺期等方復追玄苦戰，佺期敗，走還襄陽，仲堪出奔酇城，玄遣將軍馮該躡佺期，獲之。廣爲人所縛，送玄，並殺之。仲堪聞佺期死，乃將數百人奔姚興，至冠軍城，爲該所得，玄令害之。

於是遂平荆雍，乃表求領江、荆二州。詔以玄都督荆司雍秦梁益寧七州、後將軍、荆州刺史、假節，以桓脩爲江州刺史。玄上疏固爭江州，於是進督八州及楊豫八郡，復領江州刺史。玄又輒以偉爲冠軍將軍、雍州刺史。時寇賊未平，朝廷難違其意，許之。玄於是樹用腹心，兵馬日盛，屢上疏求討孫恩，詔輒不許。其後恩逼京都，玄建牙聚衆，外託勤王，實欲觀釁而進，復上疏請討之。會恩已走，玄又奉詔解嚴。以偉爲江州，鎮夏口；司馬刁暢爲輔國將軍，督八郡，鎭襄陽；遣桓振、皇甫敷、馮該等戍湓口。移沮漳蠻二千戶於江南，立武寧郡；更招集流人，立綏安郡。又置諸郡丞。詔徵廣州刺史刁逵、豫章太守郭昶之，玄皆留不遣。自謂三分有二，知勢運所歸，屢上禎祥以爲己瑞。

初，庾楷既奔於玄，玄之求討孫恩也，以爲右將軍。玄既解嚴，楷亦去職。楷以玄方與朝廷構怨，恐事不克，禍及於己，乃密結於後將軍元顯，許爲內應。元興初，元顯稱詔伐玄，玄從兄石生時爲太傅長史，密書報玄。玄本謂揚土饑饉，孫恩未滅，必未遑討己，可得蓄力養衆，觀釁而動。既聞元顯將伐之，甚懼，欲保江陵。長史卞範之說玄曰：「公英略威名振於天下，元顯口尙乳臭，劉牢之大失物情，若兵臨近畿，示以威賞，則土崩之勢可翹足而待，何有延敵入境自取蹙弱者乎！」玄大悅，乃留其兄偉守江陵，抗表率衆，下至尋陽，移檄京邑，罪狀元顯。檄至，元顯大懼，下船而不克發。玄既失人情，而興師犯順，慮衆不爲用，恒有迴旆之計。既過尋陽，不見王師，意甚悅，其將吏亦振。庾楷謀泄，收縶之。至姑孰，使其將馮該、苻宏、皇甫敷、索元等先攻譙王尙之，尙之敗。劉牢之遣子敬宣詣玄降。

玄至新亭，元顯自潰。玄入京師，矯詔曰：「義旗雲集，罪在元顯。太傅已別有教，其解嚴息甲，以副義心。」又矯詔加己總百揆，侍中、都督中外諸軍事、丞相、錄尙書事、揚州牧，領徐州刺史，又加假黃鉞、羽葆鼓吹、班劍二十人，置左右長史、司馬、從事中郎四人，甲仗二百人上殿。玄表列太傅道子及元顯之惡，徙道子於安成郡，〔三〕害元顯於市。於是玄入居太傅府，害太傅中郎毛泰、泰弟游擊將軍邃、太傅參軍荀遜、前豫州刺史庾楷父子、吏部郎袁遵、譙王尙之等，流尙之弟丹楊尹恢之、廣晉伯允之、驃騎長史王誕、太傅主簿毛遁等於交廣諸郡，尋追害恢之、允之於道。以兄偉爲安西將軍、荊州刺史，領南蠻校尉，從兄謙爲左僕射、加中軍將軍、領選，脩爲右將軍、徐兗二州刺史，石生爲前將軍、江州刺史，長史卞範之爲建武將軍、丹楊尹，王謐爲中書令、領軍將軍。大赦，改元爲大亨。玄讓丞相，自署太尉、領平西將軍、豫州刺史。又加袞冕之服，綠綟綬，增班劍爲六十人，劍履上殿，入朝不趨，讚奏不名。

玄將出居姑孰，訪之於衆，王謐對曰：「公羊有言，周公何以不之魯？欲天下一乎周也。願靜根本，以公旦爲心。」玄善其對而不能從。遂大築城府，臺館山池莫不壯麗，乃出鎭焉。既至姑孰，固辭錄尙書事，詔許之，而大政皆諮焉，小事則決於桓謙、卞範之。

自禍難屢構，干戈不戢，百姓厭之，思歸一統。及玄初至也，黜凡佞，擢儁賢，君子之道粗備，京師欣然。後乃陵侮朝廷，幽擯宰輔，豪奢縱欲，衆務繁興，於是朝野失望，人不安業。時會稽饑荒，玄令賑貸之。百姓散在江湖採梠，內史王愉悉召之還。請米，米既不多，吏不時給，頓仆道路死者十八九焉。玄又害吳興太守高素、輔國將軍竺謙之、謙之從兄高平相朗之、輔國將軍劉襲、襲弟彭城內史季武、冠軍將軍孫無終等，皆牢之之黨，北府舊將也。襲兄冀州刺史軌及寧朔將軍高雅之、牢之子敬宣並奔慕容德。玄諷朝廷以己平元顯功，封豫章公，食安成郡地方二百二十五里，邑七千五百戶；平仲堪、佺期功，封桂陽郡公，地方七十五里，邑二千五百戶；本封南郡如故。玄以豫章改封息昇，桂陽郡公賜兄子濬，〔四〕降爲西道縣公。又發詔爲桓溫諱，有姓名同者一皆改之，贈其母馬氏豫章公太夫人。

元興二年，玄詐表請平姚興，又諷朝廷作詔，不許。玄本無資力，而好爲大言，既不克行，乃云奉詔故止。初欲飾裝，無他處分，先使作輕舸，載服玩及書畫等物。或諫之，玄曰：「書畫服玩既宜恒在左右，且兵凶戰危，脫有不意，當使輕而易運。」衆咸笑之。

是歲，玄兄偉卒，贈開府、驃騎將軍，以桓脩代之。從事中郎曹靖之說玄以桓脩兄弟職居內外，恐權傾天下，玄納之，乃以南郡相桓石康爲西中郎將、荆州刺史。偉服始以公除，玄便作樂。初奏，玄撫節慟哭，既而收淚盡歡。玄所親仗唯偉，偉既死，玄乃孤危。而不臣之迹已著，自知怨滿天下，欲速定篡逆，殷仲文、卞範之等又共催促之，於是先改授羣司，解琅邪王司徒，遷太宰，加殊禮，以桓謙爲侍中、衞將軍、開府、錄尚書事，王謐散騎常侍、中書監，領司徒，桓胤中書令，加桓脩散騎常侍、撫軍大將軍。置學官，教授二品子弟數百人。又矯詔加其相國，總百揆，封南郡、南平、宜都、天門、零陵、營陽、桂陽、衡陽、義陽、建平十郡爲楚王，揚州牧，領平西將軍、豫州刺史如故，加九錫備物，楚國置丞相已下，一遵舊典。又諷天子御前殿而策授焉。玄屢僞讓，詔遣百僚敦勸，又云：「當親降鑾輿乃受命。」矯詔贈父溫爲楚王，南康公主爲楚王后。以平西長史劉瑾爲尚書，刁逵爲中領軍，王嘏爲太常，殷叔文爲左衞，〔五〕皇甫敷爲右衞，凡衆官合六十餘人，爲楚官屬。玄解平西、豫州，以平西文武配相國府。

新野人庾仄聞玄受九錫，乃起義兵，襲馮該於襄陽，走之。仄有衆七千，於城南設壇，祭祖宗七廟。南蠻參軍庾彬、安西參軍楊道護、江安令鄧襄子謀爲內應。仄本仲堪黨，桓偉既死，石康未至，故乘間而發，江陵震動。桓濟之子亮起兵於羅縣，自號平南將軍、湘州刺史，以討仄爲名。南蠻校尉羊僧壽與石康共攻襄陽，仄衆散，奔姚興，彬等皆遇害。長沙相陶延壽以亮乘亂起兵，遣收之。玄徙亮於衡陽，誅其同謀桓奧等。

玄僞上表求歸藩，又自作詔留之，遣使宣旨，玄又上表固請，又諷天子作手詔固留焉。玄好逞僞辭，塵穢簡牘，皆此類也。謂代謝之際宜有禎祥，乃密令所在上臨平湖開除清朗，使衆官集賀。矯詔曰：「靈瑞之事非所敢聞也，斯誠相國至德，故事爲之應。太平之化，於是乎始，六合同悅，情何可言！」又詐云江州甘露降王成基家竹上。玄以歷代咸有肥遁之士，而己世獨無，乃徵皇甫謐六世孫希之爲著作，并給其資用，皆令讓而不受，號曰高士，時人名爲「充隱」。議復肉刑，斷錢貨，迴復改異，造革紛紜，志無一定，條制森然，動害政理。性貪鄙，好奇異，尤愛寶物，珠玉不離於手。人士有法書好畫及佳園宅者，悉欲歸己，猶難逼奪之，皆蒱博而取。遣臣佐四出，掘果移竹，不遠數千里，百姓佳果美竹無復遺餘。信悅諂譽，逆忤讜言，或奪其所憎與其所愛。

十一月，玄矯制加其冕十有二旒，建天子旌旗，出警入蹕，乘金根車，駕六馬，備五時副車，置旄頭雲罕，樂儛八佾，設鍾虡宮縣，妃爲王后，世子爲太子，其女及孫爵命之號皆如舊制。玄乃多斥朝臣爲太宰僚佐，又矯詔使王謐兼太保，領司徒，奉皇帝璽禪位於己。又諷帝以禪位告廟，出居永安宮，移晉神主於琅邪廟。

初，玄恐帝不肯爲手詔，又慮璽不可得，逼臨川王寶請帝自爲手詔，因奪取璽。比臨軒，璽已久出，玄甚喜。百官到姑孰勸玄僭僞位，玄僞讓，朝臣固請，玄乃於城南七里立郊，登壇篡位，以玄牡告天，百僚陪列，而儀注不備，忘稱萬歲，又不易帝諱。榜爲文告天皇后帝云：「晉帝欽若景運，敬順明命，以命于玄。夫天工人代，帝王所以興，匪君莫治，惟德司其元，故承天理物，必由一統。並聖不可以二君，非賢不可以無主，故世換五帝，鼎遷三代。爰暨漢魏，咸歸勳烈。晉自中葉，仍世多故，海西之亂，皇祚殆移，九代廓寧之功，升明黜陟之勳，微禹之德，左衽將及。太元之末，君子道消，積釁基亂。鍾於隆安，禍延士庶，理絕人倫。玄雖身在草澤，見棄時班，義情理感，胡能無慨！投袂克清之勞，阿衡撥亂之績，皆仰憑先德遺愛之利，玄何功焉！屬當理運之會，猥集樂推之數，以寡昧之身踵下武之重，膺革泰之始，託王公之上，誠仰藉洪基，德漸有由。夕惕祗懷，罔知攸厝。君位不可以久虛，人神不可以乏饗，是用敢不奉以欽恭大禮，敬簡良辰，升壇受禪，告類上帝，以永綏衆望，式孚萬邦，惟明靈是饗。」乃下書曰：「夫三才相資，天人所以成功，理由一統，貞夫所以司契，帝王之興，其源深矣。自三五已降，世代參差，雖所由或殊，其歸一也。朕皇考宣武王聖德高邈，誕啓洪基，景命攸歸，理貫自昔。中間屯險，弗克負荷，仰瞻宏業，殆若綴旒。藉否終之運，遇時來之會，用獲除姦救溺，拯拔人倫。晉氏以多難荐臻，曆數唯旣，典章唐虞之準，述遵漢魏之則，用集天祿於朕躬。惟德不敏，辭不獲命，稽若令典，遂升壇燎于南郊，受終于文祖。思覃斯慶，願與億兆聿茲更始。」於是大赦，改元永始，賜天下爵二級，孝悌力田人三級，鰥寡孤獨不能自存者穀人五斛。其賞賜之制，徒設空文，無其實也。初出僞詔，改年爲建始，右丞王悠之曰：〔六〕「建始，趙王倫僞號也。」又改爲永始，復是王莽始執權之歲，其兆號不祥，冥符僭逆如此。又下書曰：「夫三恪作賓，有自來矣。爰曁漢魏，咸建疆宇。晉氏欽若曆數，禪位于朕躬，宜則是古訓，授茲茅土。以南康之平固縣奉晉帝爲平固王，車旗正朔一如舊典。」遷帝居尋陽，卽陳留王處鄴宮故事。降永安皇后爲零陵君，琅邪王爲石陽縣公，武陵王遵爲彭澤縣侯。追尊其父溫宣武皇帝，廟稱太廟，南康公主爲宣皇后。封子昇爲豫章郡王，叔父雲孫放之爲寧都縣王，豁孫稚玉爲臨沅縣王，豁次子石康爲右將軍、武陵郡王，祕子蔚爲醴陵縣王，贈沖太傅、宣城郡王，加殊禮，依晉安平王故事，以孫胤襲爵，爲吏部尚書，沖次子謙爲揚州刺史、新安郡王，謙弟脩爲撫軍大將軍、安成郡王，兄歆臨賀縣王，禕富陽縣王，贈偉侍中、大將軍、義興郡王，以子濬襲爵，爲輔國將軍，濬弟邈西昌縣王。封王謐爲武昌公，班劍二十人，卞範之爲臨汝公，殷仲文爲東興公，馮該爲魚復侯。又降始安郡公爲縣公，長沙爲臨湘縣公，廬陵爲巴丘縣公，各千戶。其康樂、武昌、南昌、望蔡、建興、永脩、觀陽皆降封百戶，公侯之號如故。又普進諸征鎮軍號各有差。以相國左長史王綏爲中書令。崇桓謙母庾氏爲宣城太妃，加殊禮，給以輦乘。號溫墓曰永崇陵，置守衞四十人。

玄入建康宮，逆風迅激，旍旗儀飾皆傾偃。及小會于西堂，設妓樂，殿上施絳綾帳，縷黃金爲顏，四角作金龍，頭銜五色羽葆旒蘇，羣臣竊相謂曰：「此頗似轜車，亦王莽仙蓋之流也。龍角，所謂亢龍有悔者也。」又造金根車，駕六馬。是月，玄臨聽訟觀閱囚徒，罪無輕重，多被原放。有干輿乞者，時或卹之。其好行小惠如此。自以水德，壬辰，臘于祖。〔七〕改尚書都官郎爲賊曹，又增置五校、三將及强弩、積射武衞官。元興三年，玄之永始二年也，尚書答「春蒐」字誤爲「春菟」，凡所關署皆被降黜。玄大綱不理，而糾擿纖微，皆此類也。以其妻劉氏爲皇后，將修殿宇，乃移入東宮。又開東掖、平昌、廣莫及宮殿諸門，皆爲三道。更造大輦，容三十人坐，以二百人舁之。性好畋遊，以體大不堪乘馬，又作徘徊輿，施轉關，令迴動無滯。既不追尊祖曾，疑其禮儀，問於羣臣。散騎常侍徐廣據晉典宜追立七廟，又敬其父則子悅，位彌高者情理得申，道愈廣者納敬必普也。玄曰：「禮云三昭、三穆，與太祖爲七，然則太祖必居廟之主也，昭穆皆自下之稱，則非逆數可知也。禮，太祖東向，左昭右穆。如晉室之廟，則宣帝在昭穆之列，不得在太祖之位。昭穆既錯，太祖無寄，失之遠矣。」玄曾祖以上名位不顯，故不欲序列，且以王莽九廟見譏於前史，遂以一廟矯之，郊廟齋二日而已。祕書監卞承之曰：「祭不及祖，知楚德之不長也。」又毀晉小廟以廣臺榭。其庶母蒸嘗，靡有定所，忌日見賓客遊宴，唯至亡時一哭而已。朞服之內，不廢音樂。玄出遊水門，飄風飛其儀蓋。夜，濤水入石頭，大桁流壞，殺人甚多。大風吹朱雀門樓，上層墜地。

玄自篡盜之後，驕奢荒侈，遊獵無度，以夜繼晝。兄偉葬日，旦哭晚遊，或一日之中屢出馳騁。性又急暴，呼召嚴速，直官咸繫馬省前，禁內讙雜，無復朝廷之體。於是百姓疲苦，朝野勞瘁，怨怒思亂者十室八九焉。於是劉裕、劉毅、何無忌等共謀興復。裕等斬桓脩於京口，斬桓弘於廣陵，河內太守辛扈興、弘農太守王元德、振威將軍童厚之、竟陵太守劉邁謀爲內應。至期，裕遣周安穆報之，而邁惶遽，遂以告玄。玄震駭，卽殺扈興等，安穆馳去得免。封邁重安侯，〔八〕一宿又殺之。

裕率義軍至竹里，玄移還上宮，百僚步從，召侍官皆入止省中。赦揚、豫、徐、兗、青、冀六州，加桓謙征討都督、假節，以殷仲文代桓脩，遣頓丘太守吳甫之、右衞將軍皇甫敷北距義軍。裕等於江乘與戰，臨陣斬甫之，進至羅落橋，與敷戰，復梟其首。玄聞之大懼，乃召諸道術人推算數爲厭勝之法，乃問衆曰：「朕其敗乎？」曹靖之對曰：「神怒人怨，臣實懼焉。」玄曰：「人或可怨，神何爲怒？」對曰：「移晉宗廟，飄泊失所，大楚之祭，不及於祖，此其所以怒也。」玄曰：「卿何不諫？」對曰：「輦上諸君子皆以爲堯舜之世，臣何敢言！」玄愈忿懼，使桓謙、何澹之屯東陵，卞範之屯覆舟山西，衆合二萬，以距義軍。裕至蔣山，使羸弱貫油帔登山，分張旗幟，數道並前。玄偵候還云：「裕軍四塞，不知多少。」玄益憂惶，遣武衞將軍庾頤之配以精卒，副援諸軍。於時東北風急，義軍放火，煙塵張天，鼓譟之音震駭京邑。劉裕執鉞麾而進，謙等諸軍一時奔潰。玄率親信數千人聲言赴戰，遂將其子昇、兄子濬出南掖門，西至石頭，使殷仲文具船，相與南奔。

初，玄在姑孰，將相星屢有變；篡位之夕，月及太白，又入羽林，玄甚惡之。及敗走，腹心勸其戰，玄不暇答，直以策指天。而經日不得食，左右進以粗飯，咽不能下。昇時年數歲，抱玄胸而撫之，玄悲不自勝。

劉裕以武陵王遵攝萬機，立行臺，總百官。遣劉毅、劉道規躡玄，誅玄諸兄子及石康兄權、振兄洪等。

玄至尋陽，江州刺史郭昶之給其器用兵力。殷仲文自後至，望見玄舟，旌旗輿服備帝者之儀，歎息曰：「敗中復振，故可也。」玄於是逼乘輿西上。桓歆聚黨向歷陽，宣城內史諸葛長民擊破之。玄於道作起居注，敍其距義軍之事，自謂經略指授，算無遺策，諸將違節度，以致虧喪，非戰之罪。於是不遑與羣下謀議，唯耽思誦述，宣示遠近。玄至江陵，石康納之，張幔屋於城南，署置百官，以卞範之爲尙書僕射，其餘職多用輕資。於是大修舟師，曾未三旬，衆且二萬，樓船器械甚盛。謂其羣黨曰：「卿等並淸塗翼從朕躬，都下竊位者方應謝罪軍門，其觀卿等入石頭，無異雲霄中人也。」

玄以奔敗之後，懼法令不肅，遂輕怒妄殺，人多離怨。殷仲文諫曰：「陛下少播英譽，遠近所服，遂掃平荆雍，一匡京室，聲被八荒矣。旣據有極位，而遇此圮運，非爲威不足也。百姓喁喁，想望皇澤，宜弘仁風，以收物情。」玄怒曰：「漢高、魏武幾遇敗，但諸將失利耳！以天文惡，故還都舊楚，而羣小愚惑，妄生是非，方當糾之以猛，未宜施之以恩也。」玄左右稱玄爲「桓詔」，桓胤諫曰：「詔者，施於辭令，不以爲稱謂也。漢魏之主皆無此言，唯聞北虜以苻堅爲『苻詔』耳。願陛下稽古帝則，令萬世可法。」玄曰：「此事已行，今宣敕罷之，更爲不祥。必其宜革，可待事平也。」荆州郡守以玄播越，或遣使通表，有匪寧之辭，玄悉不受，仍乃更令所在表賀遷都。〔九〕

玄遣遊擊將軍何澹之、武衞將軍庾稚祖、〔一〇〕江夏太守桓道恭就郭銓以數千人守溢口。又遣輔國將軍桓振往義陽聚衆，至弋陽，爲龍驤將軍胡譁所破，振單騎走還。何無忌、劉道規等破郭銓、何澹之、郭昶之於桑落洲，進師尋陽。玄率舟艦二百發江陵，使苻宏、羊僧壽爲前鋒。以鄱陽太守徐放爲散騎常侍，欲遣說解義軍，謂放曰：「諸人不識天命，致此妄作，遂懼禍屯結，不能自反。卿三州所信，可明示朕心，若退軍散甲，當與之更始，各授位任，令不失分。江水在此，朕不食言。」放對曰：「劉裕爲唱端之主，劉毅兄爲陛下所誅，並不可說也。輒當申聖旨於何無忌。」玄曰：「卿使若有功，當以吳興相敍。」放遂受使，入無忌軍。

魏詠之破桓歆於歷陽，諸葛長民又敗歆於芍陂，歆單馬渡淮。毅率道規及下邳太守孟懷玉與玄戰於峥嶸洲。於時義軍數千，玄兵甚盛，而玄懼有敗衄，常漾輕舸於舫側，故其衆莫有鬬心。義軍乘風縱火，盡鋭爭先，玄衆大潰，燒輜重夜遁，郭銓歸降。玄故將劉統、馮稚等聚黨四百人，襲破尋陽城，毅遣建威將軍劉懷肅討平之。玄留永安皇后及皇后於巴陵。殷仲文時在玄艦，求出別船收集散軍，因叛玄，奉二后奔於夏口。玄入江陵城，馮該勸使更下戰，玄不從，欲出漢川，投梁州刺史桓希，而人情乖阻，制令不行。玄乘馬出城，至門，左右於闇中斫之，不中，前後相殺交橫，玄僅得至船。於是荆州別駕王康產奉帝入南郡府舍，太守王騰之率文武營衞。

時益州刺史毛璩使其從孫祐之、參軍費恬送弟璠喪葬江陵，有衆二百，璩弟子脩之爲玄屯騎校尉，誘玄以入蜀，玄從之。達枚回洲，恬與祐之迎擊玄，矢下如雨。玄嬖人丁仙期、萬蓋等以身蔽玄，並中數十箭而死。玄被箭，其子昇輒拔去之。益州督護馮遷抽刀而前，玄拔頭上玉導與之，仍曰：「是何人邪？敢殺天子！」遷曰：「欲殺天子之賊耳。」遂斬之，時年三十六。又斬石康及濬等五級，庾頤之戰死。昇云：「我是豫章王，諸君勿見殺。」送至江陵市斬之。

初，玄在宮中，恒覺不安，若爲鬼神所擾，語其所親云：「恐已當死，故與時競。」元興中，衡陽有雌雞化爲雄，八十日而冠萎。〔二〕及玄建國於楚，衡陽屬焉，自篡盜至敗，時凡八旬矣。其時有童謠云：「長干巷，巷長干，今年殺郎君，後年斬諸桓。」其凶兆符會如此。郎君，謂元顯也。

是月，王騰之奉帝入居太府。桓謙亦聚衆沮中，爲玄舉哀，立喪庭，僞謚爲武悼皇帝。毅等傳送玄首，梟於大桁，百姓觀者莫不欣幸。

何無忌等攻桓謙於馬頭，桓蔚於龍洲，皆破之。義軍乘勝競進，振、該等距戰於靈溪，道規等敗績，死沒者千餘人。義軍退次尋陽，更繕舟甲。毛璩自領梁州，遣將攻漢中，殺桓希。江夏相張暢之、高平太守劉懷肅攻何澹之於西塞磯，破之。振遣桓蔚代王曠守襄陽。道規進討武昌，破僞太守王旻。魏詠之、劉藩破桓石綏於白茅。義軍發尋陽。桓亮自號江州刺史，侵豫章，江州刺史劉敬宣討走之。義軍進次夏口。僞鎮東將軍馮該等守夏口，揚武將軍孟山圖據魯城，輔國將軍桓山客守偃月壘。[一三]劉毅攻魯城，道規攻偃月壘，無忌與檀祗列艦中流，以防越逸。義軍騰赴，叫聲動山谷，自辰及午，二城俱潰，馮該散走，生擒山客。毅等平巴陵。毛璩遣涪陵太守文處茂東下，振遣桓放之爲益州，屯夷陵，處茂距戰，放之敗走，還江陵。

義熙元年正月，南陽太守魯宗之起義兵襲襄陽，破僞雍州刺史桓蔚。無忌諸軍次江陵之馬頭，振擁帝出營江津。魯宗之率衆於柞溪，破僞武賁中郎溫楷，進至紀南。振自擊宗之，宗之失利。時蜀軍據靈溪，毅率無忌、道規等破馮該軍，推鋒而前，卽平江陵。振見火起，知城已陷，乃與謙等北走。是日，安帝反正。大赦天下，唯逆黨就戮，詔特免桓胤一人。桓亮自豫章，自號鎮南將軍、湘州刺史。苻宏寇安成、廬陵，劉敬宣遣將討之，宏走入湘中。二月，桓謙、何澹之、溫楷等奔於姚興。桓振與宏出自涓城，襲破江陵，劉懷肅自雲杜伐振等，破之。廣武將軍唐興斬振及僞輔國將軍桓珍，毅於臨鄣斬僞零陵太守劉叔祖。〔一三〕桓亮、苻宏復出寇湘中，害郡守長吏，檀祗討宏於湘東，斬之，廣武將軍郭彌斬亮於益陽，其餘擁衆假號皆討平之。詔徙桓胤及諸黨與於新安諸郡。

三年，東陽太守殷仲文與永嘉太守駱球謀反，欲建桓胤爲嗣，曹靖之、桓石松、卞承之、劉延祖等潛相交結，劉裕以次收斬之，幷誅其家屬。後桓謙走入蜀，蜀賊譙縱以謙爲荆州刺史，使率兵而下，荆楚之衆多應之。謙至枝江，荆州刺史劉道規斬之，梁州刺史傅歆又斬桓石綏，桓氏遂滅。

卞範之

卞範之字敬祖，濟陰宛句人也。〔一四〕識悟聰敏，見美於當世。太元中，自丹楊丞爲始安太守。桓玄少與之遊，及玄爲江州，引爲長史，委以心膂之任，潛謀密計，莫不決之。後玄將爲篡亂，以範之爲丹楊尹。範之與殷仲文陰撰策命，進範之爲征虜將軍、散騎常侍。玄僭位，以範之爲侍中，班劍二十人，進號後將軍，封臨汝縣公。其禪詔，即範之文也。

玄既奢侈無度，範之亦盛營館第。自以佐命元勳，深懷矜伐，以富貴驕人，子弟傲慢，衆咸畏嫉之。義軍起，範之屯兵於覆舟山西，爲劉毅所敗，隨玄西走，玄又以範之爲尚書僕射。玄爲劉毅等所敗，左右分散，唯範之在側。玄平，斬於江陵。

殷仲文

殷仲文，南蠻校尉顗之弟也。少有才藻，美容貌。從兄仲堪薦之於會稽王道子，即引爲驃騎參軍，甚相賞待。俄轉諮議參軍，後爲元顯征虜長史。會桓玄與朝廷有隙，玄之姊，仲文之妻，疑而間之，左遷新安太守。仲文於玄雖爲姻親，而素不交密，及聞玄平京師，便棄郡投焉。玄甚悅之，以爲諮議參軍。時王謐見禮而不親，卞範之被親而少禮，而寵遇隆重，兼於王、卞矣。玄將爲亂，使總領詔命，以爲侍中，領左衞將軍。玄九錫，仲文之辭也。

初，玄篡位入宮，其牀忽陷，羣下失色，仲文曰：「將由聖德深厚，地不能載。」玄大悅。以佐命親貴，厚自封崇，輿馬器服，窮極綺麗，後房伎妾數十，絲竹不絕音。性貪吝，多納貨賄，家累千金，常若不足。玄爲劉裕所敗，隨玄西走，其珍寶玩好悉藏地中，皆變爲土。至巴陵，因奉二后投義軍，而爲鎭軍長史，轉尙書。

帝初反正，抗表自解曰：「臣聞洪波振壑，川無恬鱗；驚飇拂野，林無靜柯。何者？勢弱則受制於巨力，質微則無以自保。於理雖可得而言，於臣實非所敢譬。昔桓玄之代，誠復驅逼者衆。至如微臣，罪實深矣，進不能見危授命，亡身殉國；退不能辭粟首陽，拂衣高謝。

遂乃宴安昏寵，叨昧僞封，錫文篡事，曾無獨固。名義以之俱淪，情節自茲兼撓，宜其極法，以判忠邪。會鎭軍將軍劉裕匡復社稷，大弘善貸，佇一戮於微命，申三驅於大信，既惠之以首領，又申之以縶維。於時皇輿否隔，天人未泰，用忘進退，是以僶俛從事，自同令人。今宸極反正，唯新告始，憲章既明，品物思舊，臣亦胡顏之厚，可以顯居榮次！乞解所職，待罪私門。違離闕庭，乃心慕戀。」詔不許。

仲文因月朔與衆至大司馬府，府中有老槐樹，顧之良久而歎曰：「此樹婆娑，無復生意！」仲文素有名望，自謂必當朝政，又謝混之徒疇昔所輕者，並皆比肩，常怏怏不得志。忽遷爲東陽太守，意彌不平。劉毅愛才好士，深相禮接，臨當之郡，游宴彌日。行至富陽，慨然歎曰：「看此山川形勢，當復出一伯符。」何無忌甚慕之。東陽，無忌所統，仲文許當便道修謁，無忌故益欽遲之，令府中命文人殷闡、孔甯子之徒撰義構文，以俟其至。仲文失志恍惚，遂不過府。無忌疑其薄己，大怒，思中傷之。時屬慕容超南侵，無忌言於劉裕曰：「桓胤、殷仲文乃腹心之疾，北虜不足爲憂。」義熙三年，又以仲文與駱球等謀反，及其弟南蠻校尉叔文並伏誅。仲文時照鏡不見其面，數日而遇禍。

仲文善屬文，爲世所重，謝靈運嘗云：「若殷仲文讀書半袁豹，則文才不減班固。」言其文多而見書少也。

史臣曰：桓玄纂凶，父之餘基。挾姦回之本性，含怒於失職；苞藏其豕心，抗表以稱冤。登高以發憤，觀釁而動，竊圖非望。始則假寵於仲堪，俄而戮殷以逞欲，遂得據全楚之地，驅勁勇之兵，因晉政之陵遲，乘會稽之酗醬，縱其狙詐之計，扇其陵暴之心，敢率犬羊，稱兵內侮。天長喪亂，凶力實繁，踰年之間，奄傾晉祚，自謂法堯禪舜，改物君臨，鼎業方隆，卜年惟永。俄而義旗電發，忠勇雷奔，半辰而都邑廓清，踰月而凶渠卽戮，更延墜曆，復振頹綱。是知神器不可以闇干，天祿不可以妄處者也。夫帝王者，功高宇內，道濟含靈，龍宮鳳曆表其祥，彤雲玄石呈其瑞，然後光臨大寶，克享鴻名，允徯后之心，副樂推之望。若桓玄之幺麼，豈足數哉！適所以干紀亂常，傾宗絕嗣，肇金行之禍難，成宋氏之驅除者乎！

贊曰：靈寶隱賊，世載凶德。信順未孚，姦回是則。肆逆遷鼎，憑威縱慝。違天虐人，覆宗殄國。

校勘記

〔一〕殷顗　「顗」，各本作「覬」，今據本傳改。

〔二〕朝廷遣銓爲己前鋒　「銓」，各本作「佺期」。校文：殷仲堪傳，玄使郭銓等擊敗各軍於江西口。

「佺」當爲「銓」之誤，又衍「期」字。按：丁說是。通鑑一一一正作「遣銓爲己先鋒」，今據改。

〔三〕安成郡　各本作「安城郡」，今從宋本作「安成郡」，與地理志下、通鑑一一二、通志一三〇合。

〔四〕賜兄子濬　「濬」，各本均作「俊」。周校：「俊」當作「濬」。按：濬，偉之子，下文「以子濬襲爵」可證。世說人名譜亦作「濬」，因據改。

〔五〕殷叔文　據殷仲文傳，「叔文」當爲「仲文」之誤。

〔六〕右丞王悠之　斠注：魏書桓玄傳作「左丞王納之」。按：納之，臨之子。

〔七〕朧于祖　「于」，各本誤作「子」，今從宋本。

〔八〕重安侯　「重安」，各本作「安重」，地理志無安重，宋書、南史武帝紀、通鑑一一三均作「重安」，今據改。

〔九〕仍乃更令所在表賀遷都　校文：「乃」字衍。

〔一〇〕庾稚祖　周校：安紀作「庾稚」。

〔一一〕冠葵　「冠葵」下各本有「具」字，今依五行志上、御覽九一八引删。

〔一二〕桓山客　見卷八五校記。下同。

〔一三〕臨鄣　劉毅傳「鄣」作「嶂」，當從之。

〔一四〕宛句　見卷一四校記。

晉書卷一百

列傳第七十

王彌

王彌，東萊人也。家世二千石。祖頎，魏玄菟太守，武帝時，至汝南太守。彌有才幹，博涉書記。少游俠京都，隱者董仲道見而謂之曰：「君豺聲豹視，好亂樂禍，若天下騷擾，不作士大夫矣。」

惠帝末，妖賊劉柏根起於東萊之惤縣，彌率家僮從之，柏根以爲長史。柏根死，聚徒海渚，爲苟純所敗，亡入長廣山爲羣賊。彌多權略，凡有所掠，必豫圖成敗，舉無遺策，弓馬迅捷，膂力過人，青土號爲「飛豹」。後引兵入寇青徐，兗州刺史苟晞逆擊，大破之。彌退集亡散，衆復大振，晞與之連戰，不能克。彌進兵寇泰山、魯國、譙、梁、陳、汝南、潁川、襄城諸郡，入許昌，開府庫，取器杖，所在陷沒，多殺守令，有衆數萬，朝廷不能制。

會天下大亂，進逼洛陽，京邑大震，宮城門晝閉。司徒王衍等率百官距守，彌屯七里澗，王師進擊，大破之。彌謂其黨劉靈曰：「晉兵尚强，歸無所厝。劉元海昔爲質子，我與之周旋京師，深有分契，今稱漢王，將歸之，可乎？」靈然之。乃渡河歸元海。元海聞而大悅，遣其侍中兼御史大夫郊迎，致書於彌曰：「以將軍有不世之功，超時之德，故有此迎耳。遲望將軍之至，孤今親行將軍之館，輒拂席洗爵，敬待將軍。」及彌見元海，勸稱尊號，元海謂彌曰：「孤本謂將軍如竇周公耳，今眞吾孔明、仲華也。烈祖有云：『吾之有將軍，如魚之有水。』」於是署彌司隸校尉，加侍中、特進，彌固辭。使隨劉曜寇河內，又與石勒攻臨漳。

永嘉初，寇上黨，圍壺關，東海王越遣淮南內史王曠、安豐太守衞乾等討之，及彌戰於高都、長平間，大敗之，死者十六七。元海進彌征東大將軍，封東萊公。與劉曜、石勒等攻魏郡、汲郡、頓丘，陷五十餘壁，皆調爲軍士。又與勒攻鄴，安北將軍和郁棄城而走。懷帝遣北中郎將裴憲次白馬討彌，車騎將軍王堪次東燕討勒，平北將軍曹武次大陽討元海。武部將軍彭默爲劉聰所敗，見害，衆軍皆退。聰渡黃河，帝遣司隸校尉劉暾、將軍宋抽等距之，皆不能抗。彌、聰以萬騎至京城，焚二學。東海王越距戰於西明門，彌等敗走。彌復以二千騎寇襄城諸縣，河東、平陽、弘農、上黨諸流人之在潁川、襄城、汝南、南陽、河南者數萬家，爲舊居人所不禮，皆焚燒城邑，殺二千石長吏以應彌。彌又以二萬人會石勒寇陳郡、潁川，屯陽翟，遣弟璋與石勒共寇徐兗，因破越軍。

彌後與曜寇襄城，遂逼京師。時京邑大饑，人相食，百姓流亡，公卿奔河陰。曜、彌等遂陷宮城，至太極前殿，縱兵大掠。幽帝於端門，逼辱羊皇后，殺皇太子詮，〔二〕發掘陵墓，焚燒宮廟，城府蕩盡，百官及男女遇害者三萬餘人，遂遷帝於平陽。

彌之掠也，曜禁之，彌不從。曜斬其牙門王延以徇，彌怒，與曜阻兵相攻，死者千餘人。彌長史張嵩諫曰：「明公與國家共興大事，事業甫耳，便相攻討，何面見主上乎！平洛之功誠在將軍，然劉曜皇族，宜小下之。晉二王平吳之鑒，其則不遠，願明將軍以爲慮。縱將軍阻兵不還，其若子弟宗族何！」彌曰：「善，微子，吾不聞此過也。」於是詣曜謝，結分如初。彌曰：「下官聞過，乃是張長史之功。」曜謂嵩曰：「君爲朱建矣，豈況范生乎！」各賜嵩金百斤。彌謂曜曰：「洛陽天下之中，山河四險之固，城池宮室無假營造，可徙平陽都之。」曜不從，焚燒而去。彌怒曰：「屠各子，豈有帝王之意乎！汝柰天下何！」遂引衆東屯項關。

初，曜以彌先入洛，不待己，怨之，至是嫌隙遂構。劉暾說彌還據青州，彌然之，乃以左長史曹嶷爲鎮東將軍，給兵五千，多齎寶物還鄉里，招誘亡命，且迎其室。彌將徐邈、高梁輒率部曲數千人隨嶷去，彌益衰弱。

初，石勒惡彌驍勇，常密爲之備。彌之破洛陽也，多遺勒美女寶貨以結之。時勒擒苟晞，以爲左司馬，彌謂勒曰：「公獲苟晞而用之，何其神妙！使晞爲公左，彌爲公右，天下不足定也！」勒愈忌彌，陰圖之。劉暾又勸彌徵曹嶷，藉其衆以誅勒。於是彌使暾詣青州，令曹嶷引兵會己，而詐要勒共向青州。暾至東阿，爲勒游騎所獲。勒見彌與嶷書，大怒，乃殺暾。彌未之知，勒伏兵襲彌，殺之，幷其衆。

張昌

張昌，本義陽蠻也。少爲平氏縣吏，武力過人，每自占卜，言應當富貴。好論攻戰，儕類咸共笑之。及李流寇蜀，昌潛遁半年，聚黨數千人，盜得幢麾，詐言臺遣其募人討流。會壬午詔書發武勇以赴益土，號曰「壬午兵」。自天下多難，數術者云當有帝王興於江左，及此調發，人咸不樂西征，昌黨因之誑惑，百姓各不肯去。而詔書催遣嚴速，所經之界停留五日者，二千石免。由是郡縣官長皆躬出驅逐，展轉不遠，屯聚而爲劫掠。是歲江夏大稔，流人就食者數千口。

太安二年，昌於安陸縣石巖山屯聚，去郡八十里，諸流人及避戍役者多往從之。昌乃易姓名爲李辰。太守弓欽遣軍就討，輒爲所破。昌徒衆日多，遂來攻郡。欽出戰，大敗，乃將家南奔沔口。鎭南大將軍、新野王歆遣騎督靳滿討昌於隨郡西，大戰，滿敗走，昌得其器杖，據有江夏，即其府庫。造妖言云：「當有聖人出。」山都縣吏丘沈遇於江夏，昌名之爲聖人，盛車服出迎之，立爲天子，置百官。沈易姓名爲劉尼，稱漢後，以昌爲相國，昌兄味爲車騎將軍，弟放廣武將軍，各領兵。於石巖中作宮殿，又於巖上織竹爲鳥形，衣以五綵，聚肉於其傍，衆鳥羣集，詐云鳳皇降，又言珠袍、玉璽、鐵券、金鼓自然而至。乃下赦書，建元神鳳，郊祀、服色依漢故事。其有不應其募者，族誅。又流訛言云：「江淮已南當圖反逆，官軍大起，悉誅討之。」羣小互相扇動，人情惶懼，江沔間一時猋起，豎牙旗，鳴鼓角，以應昌，旬月之間，衆至三萬，皆以絳科頭，撍之以毛。江夏、義陽士庶莫不從之，惟江夏舊姓江安令王傴、秀才呂蕤不從。昌以三公位徵之，傴、蕤密將宗室北奔汝南〔三〕，投豫州刺史劉喬。鄉人期思令李權、常安令吳鳳、孝廉吳暢糾合善士，得五百餘家，追隨傴等，不豫妖逆。

新野王歆上言：「妖賊張昌、劉尼妄稱神聖，犬羊萬計，絳頭毛面，挑刀走戟，其鋒不可當。請臺勑諸軍，三道救助。」於是劉喬率諸軍據汝南以禦賊，前將軍趙驤領精卒八千據宛，助平南將軍羊伊距守。昌遣其將軍黃林爲大都督，率二萬人向豫州，前驅李宮欲掠取汝水居人，喬遣將軍李楊逆擊，大破之。林等東攻弋陽，太守梁桓嬰城固守。又遣其將馬武破武昌，害太守，昌自領其衆。西攻宛，破趙驤，害羊伊。進攻襄陽，害新野王歆。昌別率石冰東破江、揚二州，僞置守長。當時五州之境皆畏逼從逆。又遣其將陳貞、陳蘭、張甫等攻長沙、湘東、零陵諸郡。昌雖跨帶五州，樹立牧守，皆桀盜小人而無禁制，但以劫掠爲務，人情漸離。

是歲，詔以寧朔將軍、領南蠻校尉劉弘鎮宛，弘遣司馬陶侃、參軍蒯桓、皮初等率衆討昌於竟陵，劉喬又遣將軍李楊、督護尹奉總兵向江夏。侃等與昌苦戰累日，大破之，納降萬計，昌乃沈竄于下儁山。〔三〕明年秋，乃擒之，傳首京師，同黨並夷三族。

陳敏

陳敏字令通，廬江人也。少有幹能，以郡廉吏補尚書倉部令史。及趙王倫篡逆，三王起義兵，久屯不散，京師倉廩空虛，敏建議曰：「南方米穀皆積數十年，時將欲腐敗，而不漕運以濟中州，非所以救患周急也。」朝廷從之，以敏爲合肥度支，遷廣陵度支。

張昌之亂，遣其將石冰等趣壽春，都督劉準憂惶計無所出。時敏統大軍在壽春，謂準曰：「此等本不樂遠戍，故逼迫成賊。烏合之衆，其勢易離。敏請合率運兵，公分配衆力，破之必矣。」準乃益敏兵擊之，破吳弘、石冰等，敏遂乘勝逐北，戰數十合。時冰衆十倍，敏以少擊衆，每戰皆克，遂至揚州。迴討徐州賊封雲，雲將張統斬雲降。敏以功爲廣陵相。時惠帝幸長安，四方交爭，敏遂有割據江東之志。其父聞之，怒曰：「滅我門者，必此兒也！」父亡，去職。

東海王越當西迎大駕，承制起敏爲右將軍、假節、前鋒都督，致書於敏曰：

將軍建謀富國，則有大漕之勳。及遭冰昌之亂，則首率義徒，以寡敵衆。外無强兵之援，內無運籌之侶，隻身挺立，雄略從橫，擢奇謀於馬首，奮靈計於臨危，金聲振於江外，精光赫於揚楚。攻堅陷嶮，三十餘戰，師徒無虧，勍敵自滅。五州復全，苞茅入貢，豈非將軍之功力哉！

今羯賊屯結，遊魂河濟，鼠伏雉竄，藏匿陳留，始欲姦盜，終圖不軌。將軍孫吳之術既明，已試之功先著，孤與將軍情分特隆，想割草土之哀，抑難居之思，捨絰執戈，來卹國難。天子遠巡，鑾輿未反，引領東眷，有懷山陵。當憑將軍勠力，王略有旋。將軍率將所領，承書風發，米布軍資，惟將軍所運。

時越討豫州刺史劉喬，敏引兵會之，與越俱敗於蕭。

敏因中國大亂，遂請東歸，收兵據歷陽。會吳王常侍甘卓自洛至，敎卓假稱皇太弟命，拜敏爲揚州刺史，并假江東首望顧榮等四十餘人爲將軍、郡守，榮並僞從之。敏爲息娶卓女，遂相爲表裏。揚州刺史劉機、丹楊太守王廣等皆棄官奔走。〔四〕敏弟昶知顧榮等有貳心，勸敏殺之，敏不從。昶將精兵數萬據烏江，弟恢率錢端等南寇江州，刺史應邈奔走，弟斌東略諸郡，遂據有吳越之地。敏命寮佐以己爲都督江東軍事、大司馬、楚公，封十郡，加九錫，列上尚書，稱自江入河，奉迎鑾駕。

東海王軍諮祭酒華譚聞敏自相署置，而顧榮等並江東首望，悉受敏官爵，乃遺榮等書曰：

石冰之亂，朝廷錄敏微功，故加越次之禮，授以上將之任，庶有韓盧一噬之效。而本性凶狡，素無識達，貪榮干運，逆天而動，阻兵作威，盜據吳會，內用凶弟，外委軍吏，上負朝廷寵授之榮，下孤宰輔過禮之惠。天道伐惡，人神所不祐。雖阻長江，命危朝露。忠節令圖，君子高行，屈節附逆，義士所恥。王蠋匹夫，志不可屈；於期慕義，隕首燕庭。況吳會仁人並受國寵，或剖符名郡，或列爲近臣，而便辱身姦人之朝，降節逆叛之黨，稽顙屈膝，不亦羞乎！昔龔勝絕粒，不食莽朝；魯連赴海，恥爲秦臣。君子義行，同符千載，遙度雅量，豈獨是安！

昔吳之武烈，稱美一代，雖奮奇宛葉，亦受折襄陽。討逆雄氣，志存中夏，臨江發怒，命訖丹徒。賴先主承運，雄謀天挺，尚內倚慈母仁明之教，外杖子布廷爭之忠，又有諸葛、顧、步、張、朱、陸、全之族，故能鞭笞百越，稱制南州。然兵家之興，不出三世，運未盈百，歸命入臣。今以陳敏倉部令史，七第頑冗，六品下才，欲躡桓王之高蹤，蹈大皇之絕軌，遠度諸賢，猶當未許也。諸君垂頭，不能建翟義之謀；而顧生俛眉，已受羈絆之辱。皇輿東軒，行卽紫館，百僚垂纓，雲翔鳳闕，廟勝之謨，潛運帷幄。然後發荆州武旅，順流東下，徐州銳鋒，南據堂邑；征東勁卒，耀威歷陽；飛橋越橫江之津，泛舟涉瓜步之渚；威震丹楊，擒寇建鄴，而諸賢何顏見中州之士邪！

小寇隔津，音符道闊，引領南望，情存舊懷。忠義之人，何世蔑有！夫危而不能安，亡而不能存，將何貴乎！永長宿德，情所素重；彥先垂髮，分著金石；公冑早交，恩紀特隆；令伯義聲，親好密結。上欲與諸賢效翼紫宸，建功帝籍。如其不爾，亦可泛舟河渭，擊楫清歌。何爲辱身小寇之手，以蹈逆亂之禍乎！昔爲同志，今已殊域；往爲一體，今成異身。瞻江長歎，非子誰思！願圖良策，以存嘉謀也。

敏凡才無遠略，一旦據有江東，刑政無章，不爲英俊所服，且子弟凶暴，所在爲患。周玘、顧榮之徒常懼禍敗，又得譚書，皆有慚色。玘、榮遣使密報征東大將軍劉準遣兵臨江，己爲內應。準遣揚州刺史劉機、寧遠將軍衡彥等出歷陽，敏使弟昶及將軍錢廣次烏江以距之，又遣弟閎爲歷陽太守，〔五〕戍牛渚。錢廣家在長城，玘鄉人也，玘潛使圖昶。廣遣其屬何康、錢象投募送白事於昶，昶頫頭視書，康揮刀斬之，稱州下已殺敏，敢有動者誅三族，吹角爲內應。廣先勒兵在朱雀橋，陳兵水南，玘、榮又說甘卓，卓遂背敏。敏率萬餘人將與卓戰，未獲濟，榮以白羽扇麾之，敏衆潰散。敏單騎東奔至江乘，爲義兵所斬，母及妻子皆伏誅，於是會稽諸郡並殺敏諸弟無遺焉。

王如

王如，京兆新豐人也。初爲州武吏，遇亂流移至宛。時諸流人有詔並遣還鄉里，如以關中荒殘，不願歸，征南將軍山簡、南中郎將杜蕤各遣兵送之，而促期令發。如遂潛結諸無賴少年，夜襲二軍，破之。杜蕤悉衆擊如，戰于涅陽，蕤軍大敗。山簡不能禦，移屯夏口，如又破襄城。於是南安龐寔、〔六〕馮翊嚴嶷、長安侯脫等各帥其黨攻諸城鎭，多殺令長以應之。未幾，衆至四五萬，自號大將軍，領司、雍二州牧。

如懼石勒之攻己也，乃厚賂於勒，結爲兄弟，勒亦假其强而納之。時侯脫據宛，與如不協，如說勒曰：「侯脫雖名漢臣，其實漢賊。如常恐其來襲，兄宜備之。」勒素怒脫貳己，憚如脣齒，故不攻之。及聞如言，甚悅，遂夜令三軍蓐食待命，鷄鳴而駕，後出者斬，晨壓宛門攻之，旬有二日而克之，勒遂斬脫。如於是大掠沔漢，進逼襄陽。征南山簡使將趙同帥師擊之，經年不能克，智力並屈，遂嬰城自守。王澄帥軍赴京都，如邀擊破之。

如連年種穀皆化爲莠，軍中大飢，其黨互相攻劫，官軍進討，各相率來降。如計無所出，歸于王敦。敦從弟棱愛如驍武，請敦配己麾下。敦曰：「此輩䝙險難蓄，汝性忌急，不能容養，更成禍端。」棱固請，與之。棱置諸左右，甚加寵遇。如數與敦諸將角射，屢鬬爭爲過失，棱果不容而杖之，如甚以爲恥。初，敦有不臣之迹，棱每諫之，敦常怒其異己。及敦聞如爲棱所辱，密使人激怒之，勸令殺棱。如詣棱，因閑宴，請劍舞爲歡，棱從之。如於是舞刀爲戲，漸漸來前。棱惡而呵之不止，叱左右使牽去，如直前害棱。敦聞而陽驚，亦捕如誅之。

杜曾

杜曾，新野人，南中郎將蕤之從祖弟也。少驍勇絕人，能被甲游於水中。始爲新野王歆鎭南參軍，歷華容令，至南蠻司馬。凡有戰陣，勇冠三軍。

會永嘉之亂，荆州荒梗，故牙門將胡亢聚衆於竟陵，自號楚公，假曾竟陵太守。亢後與其黨自相猜貳，誅其驍將數十人，曾心不自安，潛謀圖之，乃卑身屈節以事於亢，亢弗之覺，甚信任之。會荆州賊王沖自號荆州刺史，部衆亦盛，屢遣兵抄亢所統，亢患之，問計於曾，曾勸令擊之，亢以爲然。曾白亢取帳下刀戟付工磨之，因潛引王沖之兵。亢遣精騎出距沖，城中空虛，曾因斬亢而并其衆，自號南中郎將，領竟陵太守。曾求南郡太守劉務女不得，盡滅其家。會愍帝遣第五猗爲安南將軍、荆州刺史，曾迎猗於襄陽，爲兄子娶猗女，遂分據沔漢。

時陶侃新破杜弢，乘勝擊曾，有輕曾之色。侃司馬魯恬言於侃曰：「古人爭戰，先料其將，今使君諸將無及曾者，未易可逼也。」侃不從，進軍圍之於石城。時曾軍多騎，而侃兵無馬，曾密開門，突侃陣，出其後，反擊其背，侃師遂敗，投水死者數百人。曾將趨順陽，下馬拜侃，告辭而去。既而致箋於平南將軍荀崧，求討丹水賊以自效，崧納之。侃遺崧書曰：「杜曾凶狡，所將之卒皆豺狼也，可謂鴟梟食母之物。此人不死，州土未寧，足下當識吾言。」崧以宛中兵少，藉曾爲外援，不從侃言。曾復率流亡二千餘人圍襄陽，數日不下而還。及王廙爲荆州刺史，曾距之，廙使將朱軌、趙誘擊曾，皆爲曾所殺。王敦遣周訪討之，屢戰不能克，訪潛遣人緣山開道，出曾不意以襲之，曾衆潰，其將馬儁、蘇溫等執曾詣訪降。訪欲生致武昌，而朱軌息昌、趙誘息胤皆乞曾以復冤，於是斬曾，而昌、胤臠其肉而啗之。

杜弢

杜弢字景文，蜀郡成都人也。祖植，有名蜀土，武帝時爲符節令。父眕，略陽護軍。弢初以才學著稱，州舉秀才。遭李庠之亂，〔七〕避地南平，太守應詹愛其才而禮之。後爲醴陵令。

時巴蜀流人汝班、蹇碩等數萬家，布在荊湘間，而爲舊百姓之所侵苦，並懷怨恨。會蜀賊李驤殺縣令，屯聚樂鄉，衆數百人，弢與應詹擊驤，破之。蜀人杜疇、蹇撫等復擾湘州，參軍馮素與汝班不協，言於刺史荀眺曰：「流人皆欲反。」眺以爲然，欲盡誅流人。班等懼死，聚衆以應疇。時弢在湘中，賊衆共推弢爲主，弢自稱梁益二州牧、平難將軍、湘州刺史，攻破郡縣，眺委城走廣州。廣州刺史郭訥遣始興太守嚴佐率衆攻弢，弢逆擊破之。荊州刺史王澄復遣王機擊弢，敗於巴陵。弢遂縱兵肆暴，僞降於山簡，簡以爲廣漢太守。眺之走也，州人推安成太守郭察領州事，因率衆討弢，反爲所敗，察死之。弢遂南破零陵，東侵武昌，害長沙太守崔敷、宜都太守杜鑒、邵陵太守鄭融等。元帝命征南將軍王敦、荊州刺史陶侃等討之，前後數十戰，弢將士多物故，於是請降。帝不許。弢乃遺應詹書曰：

天步艱難，始自吾州，州黨流移，在於荊土。其所遇值，蔑之如遺，頓伏死亡者略復過半，備嘗荼毒，足下之所鑒也。客主難久，嫌隙易構，不謂樂鄉起變出於不意，時與足下思散疑結，求擒其黨帥，惟患算不經遠，力不陷堅耳。及在湘中，懼死求生，遂相結聚，欲守善自衞，天下小定，然後輸誠盟府。尋山公鎮夏口，卽具陳之。此公鑒開塞之會，察窮通之運，納吾於衆疑之中，非高識玄覩，孰能若此！西州人士得沐浴於清流，豈惟滌蕩瑕穢，乃骨肉之施。此公薨逝，斯事中廢，賢愚痛毒，竊心自悼。欲遣滕永文、張休豫詣大府備列起事以來本末，但恐貪功殉名之徒將讒間於聖主之聽，戮吾使於市朝以彰叛逆之罪，故未敢遣之。而甘陶卒至，水陸十萬，旌旗曜於山澤，舟艦盈於三江，威則威矣，然吾衆竊未以爲懼。晉文伐原，以全信爲本，故能使諸侯歸之。陶侃宣赦書而繼之以進討，豈所以崇奉明詔，示軌憲於四海！逼向義之夫以爲叛逆之虜，蹴思善之衆以極不赦之責，非不戰而屈人之算也。驅略烏合，欲與必死者求一戰，未見爭衡之機權也。吾之赤心，貫於神明，西州人士，卿粗悉之耳。寧當令抱枉於時，不證於大府邪！

昔虞卿不榮大國之相，與魏齊同其安危；司馬遷明言於李陵，雖刑殘而無慨。足下抗威千里，聲播汝衡，進宜爲國思靜難之略，退與舊交措枉直之正，不亦綽然有餘裕乎！望卿騰吾箋令，時達盟府，遣大使光臨，使吾得披露肝膽，沒身何恨哉！伏想盟府必結紐於紀綱，爲一匡於聖世，使吾廁列義徒，負戈前驅，迎皇輿於閶闔，掃長蛇於荒裔，雖死之日，猶生之年也。若然，先清方夏，却定中原，吾得十年之糧，使泝流西歸，夷李雄之逋寇，修禹貢之舊獻，展微勞以補往愆，復州邦以謝鄰國，亦其志也，惟所裁處耳。

吾遠州寒士，與足下出處殊倫，誠不足感神交而濟其傾危。但顯吾忠誠，則汝嶽荷忠順之恕，衡湘無伐叛之虞，隆足下宏納之望，拯吾徒陷溺之艱，焉可金玉其音哉！然顒顒十餘萬口，亦勞瘁於警備，思放逸於南畝矣。衡嶽、江、湘列吾左右，若往言有貳，血誠不亮，益梁受殃，不惟鄙門而已。

詹甚哀之，乃啓呈弢書，并上言曰：「弢益州秀才，素有清望，文理旣優，幹事兼美。往因使流寓，居詹郡界，其貞心堅白，詹所委究。李驤爲變樂鄉，劫略良善，弢時出家財，招募忠勇，登壇歃血，義誠慷慨。會驤攻燒南平，弢遂東下巴漢，與湘中鄉人相遇，推其素望，遂相憑結。論弢本情，非首作亂階者也。然破湘川，實弢之罪，亦由兵交其間，遂使滋蔓。按弢今書，血誠亦至矣。昔朱鮪自疑於洛陽，光武指河水以明心，鮪感義歸誠，終展力報施，受封侯之寵，由恕過以錄功也。詹竊謂今者當圮運之會，思弘遠猷，故齊赦射鉤之誅，晉貰斬祛之戮，用能濟翼戴之高勳，隆一匡之美譽，況弢等素無斯愆而稽顙投命邪！以爲可遣大使宣揚聖旨，雲澤沾之於上，百姓沐浴於下，則上下交泰，江左無風塵之虞矣。」帝乃使前南海太守王運受弢降，宣詔書大赦，凡諸反逆一皆除之，加弢巴東監軍。

弢受命後，諸將殉功者攻擊之不已，弢不勝憤怒，遂殺運而使其將王眞領精卒三千爲奇兵，出江南，向武陵，斷官軍運路。陶侃使伏波將軍鄭攀邀擊，大破之，眞步走湘城。於是侃等諸軍齊進，眞遂降侃，衆黨散潰。弢乃逃遁，不知所在。

王機 兄矩

王機字令明，長沙人也。父毅，廣州刺史，甚得南越之情。機美姿儀，俶儻有度量。陳恢之亂，機年十七，率衆擊破之。嘗慕王澄爲人，澄亦雅知之，以爲己亞，遂與友善，內綜心膂，外爲牙爪。尋用爲成都內史。機終日醉酒，不存政事，由是百姓怨之，人情騷動。

會澄遇害，機懼禍及，又屬杜弢所在發墓，而獨爲機守冢，機益自疑。就王敦求廣州，敦不許。會廣州人背刺史郭訥，迎機爲刺史，機遂將奴客門生千餘人入廣州，州部將溫邵率衆迎機。敦遣參軍葛幽追之，及於廬陵，機叱幽曰：「何以敢來？欲取死邪？」幽不敢逼而歸。郭訥聞邵之納機也，乃遣兵擊邵，反爲所破。訥又遣機父兄時吏距之，咸倒戈迎機，訥衆皆散，乃握節而避機。機遂入城就訥求節，訥歎曰：「昔蘇武不失其節，前史以爲美談。此節天朝所假，義不相與，自可遣兵來取之。」機慚而止。

機自以篡州，懼爲王敦所討，乃更求交州。時杜弢餘黨杜弘奔臨賀，送金數千兩與機，求討桂林賊以自效。機爲列上，朝廷許之。王敦以機難制，又欲因機討梁碩，故以降杜弘之勳轉爲交州刺史。碩聞而遣子侯候機於鬱林，機怒其迎遲，責云：「須至州當相收拷。」碩子馳使報碩，碩曰：「王郎已壞廣州，何可復來破交州也！」乃禁州人不許迎之。府司馬杜讚以碩不迎機，率兵討碩，爲碩所敗。碩恐諸僑人爲機，於是悉殺其良者，乃自領交阯太守。機既爲碩所距，遂往鬱林。〔八〕時杜弘大破桂林賊還，遇機於道，機勸弘取交州。弘素有意，乃執機節曰：「當相與迭持，何可獨捉！」機遂以節與之。於是機與弘及溫邵、劉沈等並反。

尋而陶侃爲廣州，到始興，州人皆諫不可輕進，侃不聽。及至州，諸郡縣皆已迎機矣。侃先討溫邵、劉沈，皆殺之。機遣牙門屈藍還州，詐言增糧，密招誘所部，欲以距侃。侃即收藍斬之，遣督護許高討機走之，病死于道。高掘出其尸斬首，幷殺其二子焉。

機兄矩，字令式。美姿容，每出游，觀者盈路。初爲南平太守，豫討陳恢有功，遷廣州刺史。將赴職，忽見一人持奏謁矩，自云京兆杜靈之。矩問之，答稱：「天上京兆，被使召君爲主簿。」矩意甚惡之。至州月餘卒。

祖約

祖約字士少，豫州刺史逖之弟也。初以孝廉爲成皋令，與逖甚相友愛。永嘉末，隨逖過江。元帝稱制，引爲掾屬，與陳留阮孚齊名。後轉從事中郎，典選舉。

約妻無男而性妬，約亦不敢違忤。嘗夜寢於外，忽爲人所傷，疑其妻所爲，約求去職，帝不聽，約便從右司馬營東門私出。司直劉隗劾之曰：「約幸荷殊寵，顯位選曹，銓衡人物，衆所具瞻。當敬以直內，義以方外，杜漸防萌，式遏寇害。而乃變起蕭牆，患生婢妾，身被刑傷，虧其膚髮。羣小噂啥，噂聲遠被，塵穢清化，垢累明時。天恩含垢，猶復慰喻，而約違命輕出，既無明智以保其身，又孤恩廢命，宜加貶黜，以塞衆謗。」帝不之罪。隗重加執據，終不許。

及逖有功於譙沛，約漸見任遇。逖卒，自侍中代逖爲平西將軍、豫州刺史，領逖之衆。約異母兄光祿大夫納密言於帝曰：「約內懷陵上之心，抑而使之可也。今顯侍左右，假其權勢，將爲亂階矣。」帝不納。時人亦謂納與約異生，忌其寵貴，故有此言。而約竟無綏馭之才，不爲士卒所附。

及王敦舉兵，約歸衞京都，率衆次壽陽，逐敦所署淮南太守任台，以功封五等侯，進號鎭西將軍，使屯壽陽，爲北境藩扞。自以名輩不後郗、卞，而不豫明帝顧命，又望開府，及諸所表請多不見許，遂懷怨望。石聰嘗以衆逼之，約屢表請救，而官軍不至。聰既退，朝議又欲作涂塘以遏胡寇，約謂爲棄己，彌懷憤恚。先是，太后使蔡謨勞之，約見謨，瞋目攘袂，非毀朝政。及蘇峻舉兵，遂推崇約而罪執政，約聞而大喜。從子智及衍並傾險好亂，又讚成其事，於是命逖子沛內史渙、〔九〕女壻淮南太守許柳以兵會峻。逖妻，柳之姊也，固諫不從。及峻克京都，矯詔以約爲侍中、太尉、尚書令。潁川人陳光率其屬攻之，約左右閻禿貌類約，光謂爲約而擒之，約踰垣獲免。光奔於石勒，而約之諸將復陰結於勒，請爲內應。勒遣石聰來攻之，約衆潰，奔歷陽。遣兄子渙攻桓宣于皖城，會毛寶援宣，擊渙，敗之。趙胤復遣將軍甘苗從三焦上歷陽，約懼而夜遁，其將牽騰率衆出降。

約以左右數百人奔於石勒，勒薄其爲人，不見者久之。勒將程遐說勒曰：「天下粗定，當顯明逆順，此漢高祖所以斬丁公也。今忠於事君者莫不顯擢，背叛不臣者無不夷戮，此天下所以歸伏大王也。祖約猶存，臣切惑之。〔一〇〕且約大引賓客，又占奪鄉里先人田地，地主多怨。」於是勒乃詐約曰：「祖侯遠來，未得喜歡，可集子弟一時俱會。」至日，勒辭之以疾，令遐請約及其宗室。約知禍及，大飲致醉。既至於市，抱其外孫而泣。遂殺之，并其親屬中外百餘人悉滅之，婦女伎妾班賜諸胡。

初，逖有胡奴曰王安，待之甚厚。及在雍丘，告之曰：「石勒是汝種類，吾亦不在爾一人。」乃厚資遣之，遂爲勒將。祖氏之誅也，安多將從人於市觀省，潛取逖庶子道重，藏之爲沙門，時年十歲。石氏滅後來歸。

蘇峻

蘇峻字子高，長廣掖人也。〔二〕父模，安樂相。峻少爲書生，有才學，仕郡主簿。年十八，舉孝廉。永嘉之亂，百姓流亡，所在屯聚，峻糾合得數千家，結壘於本縣。于時豪傑所在屯聚，而峻最强。遣長史徐瑋宣檄諸屯，示以王化，又收枯骨而葬之，遠近感其恩義，推峻爲主。遂射獵於海邊青山中。

元帝聞之，假峻安集將軍。時曹嶷領青州刺史，表峻爲掖令，峻辭疾不受。嶷惡其得衆，恐必爲患，將討之。峻懼，率其所部數百家汎海南渡。既到廣陵，朝廷嘉其遠至，轉鷹揚將軍。會周堅反於彭城，峻助討之，有功，除淮陵內史，遷蘭陵相。

王敦作逆，詔峻討敦。卜之不吉，遲迴不進。及王師敗績，峻退保盱眙。淮陵故吏徐深、艾穀重請峻爲內史，詔聽之，加奮威將軍。

太寧初，更除臨淮內史。王敦復肆逆，尚書令郗鑒議召峻及劉遐援京都，敦遣峻兄說峻曰：「富貴可坐取，何爲自來送死？」峻不從，遂率衆赴京師，頓於司徒故府。道遠行速，軍人疲困。沈充、錢鳳謀曰：「北軍新到，未堪攻戰，擊之必克。若復猶豫，後難犯也。」賊於其夜度竹格渚，拔栅將戰，峻率其將韓晃於南塘橫截，大破之。又隨庾亮追破沈充。進使持節、冠軍將軍、歷陽內史，加散騎常侍，封邵陵公，食邑一千八百戶。

峻本以單家聚衆於擾攘之際，歸順之後，志在立功，既有功於國，威望漸著。至是有銳卒萬人，器械甚精，朝廷以江外寄之。而峻頗懷驕溢，自負其衆，潛有異志，撫納亡命，得罪之家有逃死者，峻輒蔽匿之。衆力日多，皆仰食縣官，運漕者相屬，稍有不如意，便肆忿言。

時明帝初崩，委政宰輔，護軍庾亮欲徵之。峻聞將徵，遣司馬何仍詣亮曰：「討賊外任，遠近從命，至於內輔，實非所堪。」不從，遂下優詔徵峻爲大司農，加散騎常侍，位特進，以弟逸代領部曲。峻素疑亮欲害己，表曰：「昔明皇帝親執臣手，使臣北討胡寇。今中原未靖，無用家爲，乞補青州界一荒郡，以展鷹犬之用。」復不許。峻嚴裝將赴召，而猶豫未決，參軍任讓謂峻曰：「將軍求處荒郡而不見許，事勢如此，恐無生路，不如勒兵自守。」峻從之，遂不應命。朝廷遣使諷諭之，峻曰：「臺下云我欲反，豈得活邪！我寧山頭望廷尉，不能廷尉望山頭。往者國危累卵，非我不濟，狡兔既死，獵犬理自應烹，但當死報造謀者耳。」於是遣參軍徐會結祖約，謀爲亂，而以討亮爲名。約遣祖渙、許柳率衆助峻，峻遣將韓晃、張健等襲姑孰，進逼慈湖，殺于湖令陶馥及振威將軍司馬流。峻自率渙、柳衆萬人，乘風濟自橫江，次於陵口，與王師戰，頻捷，遂據蔣陵覆舟山，率衆因風放火，臺省及諸營寺署一時蕩盡。遂陷宮城，縱兵大掠，侵逼六宮，窮凶極暴，殘酷無道。驅役百官，光祿勳王彬等皆被捶撻，逼令擔負登蔣山。裸剝士女，皆以壞席苫草自鄣，無草者坐地以土自覆，哀號之聲震動內外。時官有布二十萬匹，金銀五千斤，錢億萬，絹數萬匹，他物稱是，峻盡廢之。〔一二〕矯詔大赦，惟庾亮兄弟不在原例。自爲驃騎領軍將軍，〔一三〕錄尚書事，許柳丹楊尹，加前將軍馬雄左衞將軍，祖渙驍騎將軍，復弋陽王羕爲西陽王、太宰、錄尚書事，羕息播亦復本官。於是改易官司，置其親黨，朝廷政事一皆由之。又遣韓晃入義興，張健、〔一四〕管商、弘徽等入晉陵。

時溫嶠、陶侃已唱義於武昌，峻聞兵起，用參軍賈寧計，還據石頭，更分兵距諸義軍，所過無不殘滅。嶠等將至，峻遂還天子於石頭，逼迫居人，盡聚之後苑，使懷德令匡術守苑城。嶠等既到，乃築壘於白石，峻率衆攻之，幾至陷沒。東西抄掠，多所擒虜，兵威日盛，戰無不克，由是義衆沮衄，人懷異計。朝士之奔義軍者，皆云：「峻狡黠有智力，其徒黨驍勇，所向無敵。惟當以天討有罪，誅滅不久；若以人事言之，未易除也。」溫嶠怒曰：「諸君怯懦，乃是譽賊。」及後累戰不捷，嶠亦深憚之。管商等進攻吳郡，焚吳縣、海鹽、嘉興，敗諸義軍。韓晃又攻宣城，害太守桓彝。商等又焚餘杭，而大敗於武康，退還義興。嶠與趙胤率步兵萬人，從白石南上，欲以臨之。峻與匡孝將八千人逆戰，峻遣子碩與孝以數十騎先薄趙胤，敗之。峻望見胤走，曰：「孝能破賊，我更不如乎！」因舍其衆，與數騎北下突陣，不得入，將迴趨白木陂，牙門彭世、李千等投之以矛，墜馬，斬首臠割之，焚其骨，三軍皆稱萬歲。峻司馬任讓等共立峻弟逸爲主。求峻尸不獲，碩乃發庾亮父母墓，剖棺焚尸。逸閉城自守。韓晃聞峻死，引兵赴石頭。管商及弘徽進攻庱亭壘，督護李閎及輕車長史滕含擊破之，斬首千級。商率衆走延陵，李閎與庱亭諸軍追之，斬獲數千級。商詣庾亮降，匡術舉苑城降。韓晃與蘇逸等并力攻術，不能陷。溫嶠等選精銳將攻賊營，碩率驍勇數百渡淮而戰，於陣斬碩。晃等震懼，以其衆奔張健於曲阿，門阨不得出，更相蹈藉，死者萬數。逸爲李湯所執，斬於車騎府。

管商之降也，餘衆並歸張健。健又疑弘徽等不與己同，盡殺之，更以舟軍自延陵向長塘，小大二萬餘口，金銀寶物不可勝數。揚烈將軍王允之與吳興諸軍擊健，大破之，獲男女萬餘口。健復與馬雄、韓晃等輕軍俱走，閎率銳兵追之，及於巖山，攻之甚急。健等不敢下山，惟晃獨出，帶兩步靫箭，却據胡牀，彎弓射之，傷殺甚衆。箭盡，乃斬之。健等遂降，並梟其首。

孫恩

孫恩字靈秀，琅邪人，孫秀之族也。世奉五斗米道。恩叔父泰，字敬遠，師事錢唐杜子恭。而子恭有祕術，嘗就人借瓜刀，其主求之，子恭曰：「當卽相還耳。」既而刀主行至嘉興，有魚躍入船中，破魚得瓜刀。其爲神效往往如此。子恭死，泰傳其術。然浮狡有小才，誑誘百姓，愚者敬之如神，皆竭財產，進子女，以祈福慶。王珣言於會稽王道子，流之於廣州。廣州刺史王懷之以泰行鬱林太守，南越亦歸之。太子少傅王雅先與泰善，言於孝武帝，以泰知養性之方，因召還。道子以爲徐州主簿，猶以道術眩惑士庶。稍遷輔國將軍、新安太守。王恭之役，泰私合義兵，得數千人，爲國討恭。黃門郎孔道、鄱陽太守桓放之、驃騎諮議周勰等皆敬事之，會稽世子元顯亦數詣泰求其祕術。泰見天下兵起，以爲晉祚將終，乃扇動百姓，私集徒衆，三吳士庶多從之。于時朝士皆懼泰爲亂，以其與元顯交厚，咸莫敢言。會稽內史謝輶發其謀，道子誅之。

恩逃于海。衆聞泰死，惑之，皆謂蟬蛻登仙，故就海中資給。恩聚合亡命得百餘人，志欲復讎。及元顯縱暴吳會，百姓不安，恩因其騷動，自海攻上虞，殺縣令，因襲會稽，害內史王凝之，有衆數萬。於是會稽謝鍼、吳郡陸瓌、吳興丘尫、義興許允之、臨海周胄、永嘉張永及東陽、新安等凡八郡，一時俱起，殺長吏以應之，旬日之中，衆數十萬。於是吳興太守謝邈，永嘉太守謝逸，〔一五〕嘉興公顧胤，南康公謝明慧，黃門郎謝沖、張琨，中書郎孔道，太子洗馬孔福，烏程令夏侯愔等皆遇害。吳國內史桓謙，〔一六〕義興太守魏傿，〔一七〕臨海太守、新蔡王崇等並出奔。於是恩據會稽，自號征東將軍，號其黨曰「長生人」，宣語令誅殺異己，有不同者戮及嬰孩，由是死者十七八。畿內諸縣處處蜂起，朝廷震懼，內外戒嚴。遣衞將軍謝琰、鎭北將軍劉牢之討之，並轉鬬而前。吳會承平日久，人不習戰，又無器械，故所在多被破亡。諸賊皆燒倉廩，焚邑屋，刊木堙井，虜掠財貨，相率聚於會稽。其婦女有嬰累不能去者，囊簏盛嬰兒投於水，而告之曰：「賀汝先登仙堂，我尋後就汝。」

初，恩聞八郡響應，告其屬曰：「天下無復事矣，當與諸君朝服而至建康。」既聞牢之臨江，復曰：「我割浙江，不失作句踐也。」尋知牢之已濟江，乃曰：「孤不羞走矣。」乃虜男女二十餘萬口，一時逃入海。懼官軍之躡，乃緣道多棄寶物子女，時東土殷實，莫不粲麗盈目，牢之等遽於收斂，故恩復得逃海。朝廷以謝琰爲會稽，率徐州文武戍海浦。

隆安四年，恩復入餘姚，破上虞，進至刑浦。〔一八〕琰遣參軍劉宣之距破之，恩退縮。少日，復寇刑浦，害謝琰。朝廷大震，遣冠軍將軍桓不才、輔國將軍孫無終、寧朔將軍高雅之擊之，恩復還於海。於是復遣牢之東屯會稽，吳國內史袁山松築扈瀆壘，〔一九〕緣海備恩。

明年，恩復入浹口，雅之敗績。牢之進擊，恩復還于海。轉寇扈瀆，害袁山松，仍浮海向京口。牢之率衆西擊，未達，而恩已至，劉裕乃總兵緣海距之。及戰，恩衆大敗，狼狽赴船。尋又集衆，欲向京都，朝廷駭懼，陳兵以待之。恩至新州，〔二〇〕不敢進而退，北寇廣陵，陷之，乃浮海而北。劉裕與劉敬宣并軍躡之於郁洲，累戰，恩復大敗，由是漸衰弱，復沿海還南。裕亦尋海要截，復大破恩於扈瀆，恩遂遠迸海中。

及桓玄用事，恩復寇臨海，臨海太守辛景討破之。恩窮慼，乃赴海自沈，妖黨及妓妾謂之水仙，投水從死者百數。餘衆復推恩妹夫盧循爲主。自恩初入海，所虜男女之口，其後戰死及自溺并流離被傳賣者，至恩死時裁數千人存，而恩攻沒謝琰、袁山松，陷廣陵，前後數十戰，亦殺百姓數萬人。

盧循

盧循字于先，小名元龍，司空從事中郎諶之曾孫也。雙眸冏徹，瞳子四轉，善草隸弈棋之藝。沙門慧遠有鑒裁，見而謂之曰：「君雖體涉風素，而志存不軌。」循娶孫恩妹。及恩作亂，與循通謀。恩性酷忍，循每諫止之，人士多賴以濟免。恩亡，餘衆推循爲主。元興二年正月，寇東陽，八月，攻永嘉。劉裕討循至晉安，循窘急，泛海到番禺，寇廣州，逐刺史吳隱之，自攝州事，號平南將軍，遣使獻貢。時朝廷新誅桓氏，中外多虞，乃權假循征虜將軍、廣州刺史、平越中郎將。

義熙中，劉裕伐慕容超，循所署始興太守徐道覆，循之姊夫也，使人勸循乘虛而出，循不從。道覆乃至番禺，說循曰：「朝廷恒以君爲腹心之疾，劉公未有旋日，不乘此機而保一日之安，若平齊之後，劉公自率衆至豫章，遣銳師過嶺，雖復君之神武，必不能當也。今日之機，萬不可失。旣克都邑，劉裕雖還，無能爲也。君若不同，便當率始興之衆直指尋陽。」循甚不樂此舉，無以奪其計，乃從之。

初，道覆密欲裝舟艦，乃使人伐船材於南康山，僞云將下都貨之。後稱力少不能得致，卽於郡賤賣之，價減數倍，居人貪賤，賣衣物而市之。贛石水急，出船甚難，皆儲之。如是者數四，故船版大積，而百姓弗之疑。及道覆舉兵，案賣券而取之，無得隱匿者，乃幷力裝之，旬日而辦。遂舉衆寇南康、廬陵、豫章諸郡，守相皆委任奔走。鎭南將軍何無忌率衆距之，兵敗被害。

循遣道覆寇江陵，未至，爲官軍所敗，馳走告循曰：「請幷力攻京都，若克之，江陵非所憂也。」乃連旗而下，戎卒十萬，舳艫千計，敗衞將軍劉毅於桑落洲，逕至江寧。道覆素有膽決，知劉裕已還，欲乾沒一戰，請於新亭至白石，焚舟而上，數道攻之。循多謀少決，欲以萬全之計，固不聽。道覆以循無斷，乃歎曰：「我終爲盧公所誤，事必無成。使我得爲英雄驅馳，天下不足定也！」裕懼其侵軼，乃栅石頭，斷柤浦，〔三〕以距之。循攻栅不利，船艦爲暴風所傾，人有死者。列陣南岸，戰又敗績。乃進攻京口，寇掠諸縣，無所得。循謂道覆曰：「師老矣！弗能復振。可據尋陽，幷力取荆州，徐更與都下爭衡，猶可以濟。」因自蔡洲南走，復據尋陽。裕先遣羣率追討，自統大衆繼進，又敗循於雷池。循欲遁還豫章，〔三三〕乃悉力柵斷左里。裕命衆攻柵，循衆雖死戰，猶不能抗。裕乘勝擊之，循單舸而走，收散卒得千餘人，還保廣州。裕先遣孫處從海道據番禺城，循攻之不下。道覆保始興，因險自固。循乃襲合浦，克之，進攻交州。至龍編，刺史杜慧度譎而敗之。

循勢屈，知不免，先鴆妻子十餘人，又召妓妾問曰：「我今將自殺，誰能同者？」多云：「雀鼠貪生，就死實人情所難。」有云：「官尚當死，某豈願生！」於是悉鴆諸辭死者，因自投於水。慧度取其尸斬之，及其父嘏，同黨盡獲，傳首京都。

譙縱

譙縱，巴西南充人也。祖獻之，有重名於西土。縱少而謹愼，蜀人愛之。爲安西府參軍。義熙元年，刺史遣縱及侯暉等領諸縣氐進兵東下。暉有貳志，因梁州人不樂東也，將圖益州刺史毛璩，與巴西陽昧結謀於五城水口，共逼縱爲主。縱懼而不當，走投於水，暉引出而請之，至於再三，遂以兵逼縱於輿上。攻璩弟西夷校尉瑾於涪城，城陷，瑾死之，縱乃自號梁、秦二州刺史。璩聞縱反，自略城步還成都，〔三三〕遣參軍王瓊率三千人討縱，又遣弟瑗領四千兵繼瓊後進。縱遣弟明子及暉距瓊於廣漢，〔三四〕瓊擊破暉等，追至緜竹。明子設二伏以待之，大敗瓊衆，死者十八九。益州營戶李騰開城以納縱。

毛璩既死，縱以從弟洪爲益州刺史，明子爲鎮東將軍、巴州刺史，率其衆五千人屯白帝，自稱成都王。明年，遣使稱藩於姚興，將順流東寇，以討車騎將軍劉裕爲名，乞師於姚興，且請桓謙爲助，興遣之。

九年，劉裕以西陽太守朱齡石爲益州刺史，寧朔將軍臧喜、〔三〕下邳太守劉鍾、蘭陵太守蒯恩等率衆二萬，自江陵討縱。初謀元率，僉難其人，齡石資名素淺，裕違衆拔之，授以麾下之半。臧喜，裕妻弟也，位出其右，又隸焉。齡石次於白帝，縱遣譙道福重兵守涪。齡石師次平模，去成都二百里，縱遣其大將軍侯暉、尙書僕射譙詵屯平模，夾岸連城，層樓重柵，衆未能攻。齡石謂劉鍾曰：「天方暑熱，賊今固險，攻之難拔，祇困我師。吾欲蓄銳息兵，伺隙而進，卿以爲何如？」鍾曰：「不然。前揚聲言大將由內水，故道福不敢捨涪，今重軍逼之，出其不意，侯暉之徒已破膽矣。正可因其兇而攻之，勢當必克。克平模之後，自可鼓行而前，成都必不能守。若緩兵相持，虛實相見，涪軍復來，難爲敵也。進不能戰，退無所資，二萬餘人因爲蜀子虜耳。」從之。翌日，進攻皆克，斬侯暉等，於是遂進。縱之城守者相次瓦解，縱乃出奔。其尙書令馬耽封倉庫以待王師。及齡石入成都，誅縱同祖之親，餘皆安堵，使復其業。

縱之走也，先如其墓，縱女謂縱曰：「走必不免，祇取辱焉。等死，死於先人之墓可也。」縱不從，投道福於涪。道福怒謂縱曰：「大丈夫居如斯功業，安可棄哉！今欲為降虜，豈可而得！人誰不死，何懼之甚！」因投縱以劍，中其馬鞍。縱去之，乃自縊。道福謂其徒曰：「吾養爾等，正為今日。蜀之存亡，實係在我，不在譙王。我尚在，猶足一戰。」士咸許諾。乃散金帛以賜其衆，衆受之而走。道福獨奔廣漢，廣漢人杜瑾執之。朱齡石徙馬耽於越巂，追殺之。耽之徙也，謂其徒曰：「朱侯不送我京師，滅衆口也，吾必不免。」乃盥洗而臥，引繩而死。須臾，齡石師至，〔二八〕遂戮尸焉。

史臣曰：惠皇失御，政紊朝危，難起蕭牆，毒痛函夏，九州波駭，五嶽塵飛，干戈日尋，戎車競逐。王彌好亂樂禍，挾詐懷姦，命儔嘯侶，伺間候隙，助悖逆於平陽，肆殘忍於都邑，遂使生靈塗炭，神器流離，邦國軫麥秀之哀，宮廟興黍離之痛，豈天意乎？豈人事乎？何醜虜之猖狂而亂離之斯瘼者也！張昌等或鴟張淮浦，或蟻聚荆衡，招烏合之凶徒，逞豺狼之貪暴，憑陵險隘，偭强江湖，〔二七〕未淹歲稔，咸至誅戮，實自取之，非為不幸。峻約同惡相濟，生此亂階，孫盧同類相求，嗣成妖逆。至乃干戈掃地，災沴滔天，雖樊謝之毒被含靈，李郭之禍延宮闕，方凶比暴，弗是加也。譙縱乘茲釁隙，肆彼姦謀，旋踵而亡，無足論矣。

贊曰：中朝蹙政，王彌肇亂。神器流離，生靈塗炭。羣妖伺隙，構茲多難。荐食荆衡，陵虐江漢。孫盧姦慝，約峻殘賊。窮凶極暴，爲鬼爲蜮。縱竊岷峨，旋至顛踣。

校勘記

〔一〕皇太子詮　清河康王傳「詮」作「銓」。

〔二〕密將宗室　通志一三〇「宗」作「家」。

〔三〕昌乃沈竄于下僞山　周校：「昌乃沈」當作「昌及沈」。斠注：沈卽上文之丘沈也。

〔四〕王廣　周校：惠紀、顧榮傳作「王曠」。按：通鑑八六亦作「王曠」。

〔五〕弟閎爲歷陽太守　陳訓傳、通鑑八六「閎」作「宏」。

〔六〕南安龐寔　周校：懷紀作「新平人龐寔」。

〔七〕遭李庠之亂　校文：「庠」當作「特」。

〔八〕遂往鬱林　「往」，各本作「住」，宋本作「往」，張元濟以爲作「往」是，今從之。

〔九〕內史渙　桓宣傳「渙」作「煥」。下同。蘇峻傳亦同，不再出校。

〔一〇〕臣切惑之　通志一三〇、册府九四二「切」作「竊」。

〔一一〕長廣掖人也　地理志下掖屬東萊國，長廣郡有挺縣，疑「掖」乃「挺」之誤。

〔一二〕峻盡廢之　「廢」，殿本及通鑑九四作「費」。

〔一三〕自爲驃騎領軍將軍　成紀、建康實錄七、通鑑九四皆無「領軍」二字。

〔一四〕張健　斠注：成紀、魏書司馬叡傳均作「張瑾」。按：建康實錄七亦作「張瑾」。

〔一五〕謝逸　安紀、通鑑一一一「謝逸」作「司馬逸」，宋書、南史張進之傳作「司馬逸之」。

〔一六〕桓謙　「謙」，各本作「謹」，誤。桓謙有傳。安紀、劉牢之傳、通鑑一一一及魏書司馬叡傳均作「謙」，今據改。

〔一七〕魏傿　安紀、世說賞譽注引魏氏譜、通鑑一一一作「魏隱」，謝琰傳作「魏鄢」。

〔一八〕刑浦　謝琰傳、通鑑一一一作「邢浦」。

〔一九〕扈瀆壘　袁山松傳、宋書南史武帝紀、通鑑一一一「扈」均作「滬」。

〔二〇〕新州　通志一三〇及通鑑一一二作「新洲」，胡注云，新洲在京口西大江中。

〔二一〕柤浦　安紀、宋書南史宋武帝紀、蒯恩傳、通鑑一一五均作「查浦」。

〔二二〕循欲遁還豫章　各本「欲」作「叉」，局本作「欲」，與通志一三〇合，今從之。

〔二三〕自略城步還成都　「略城」，各本作「洛城」，今據毛璩傳及通鑑一一四改。

〔二四〕明子　安紀作「子明」。

〔二五〕臧喜　見卷八四校記。

〔二六〕齡石師至　齡石師未至越巂，通鑑一一六、通志一三〇「師」作「使」，疑是。

〔二七〕倔强江湖　「倔」，各本作「屈」，今從宋本。